FIOR D'ALIZA

PARIS.—IMPRIMÉ CHEZ BONAVENTURE ET DUCESSOIS,
55, QUAI DES AUGUSTINS, 55.

MES CONFIDENCES

FIOR D'ALIZA

PAR

A. DE LAMARTINE

PARIS
E. DENTU, ÉDITEUR,
LIBRAIRE DE LA SOCIÉTÉ DES GENS DE LETTRES
PALAIS-ROYAL, 17 ET 19, GALERIE D'ORLÉANS

1863
Tous droits réservés.

FIOR D'ALIZA

CHAPITRE PREMIER

I.

. . . .
. . . .

Après ces grandes fièvres de l'âme qui l'exaltent jusqu'au ciel et qui la précipitent tour à tour jusque dans l'abattement du désespoir, on reste quelque temps dans une sorte d'immobilité insensible, comme un homme tombé d'un haut lieu à terre, qui ne sent plus battre ses tempes, et qui ne donne plus aucun signe de vie.

Telle était ma situation morale après tant de vicissitudes de cœur, et après la perte, par la mort ou autrement, de tant de personnes adorées. On éprouve alors comme une convalescence de l'âme, qui n'est ni le trouble de l'adolescence, ni la paix de l'âge mûr, ni la pleine santé, ni la maladie ; état mixte, et, pour ainsi dire, neutre et passif, pendant lequel les blessures de l'âme se cicatrisent pour nous laisser vivre de nouveau, malgré tout le sang que nous avons perdu. Cet état, sans ivresse, n'est cependant pas sans douceur ; c'est le recueillement du soir dans le demi-jour d'une triste enceinte ; c'est la mélancolie qui n'espère plus, mais qui n'aura plus à désespérer ; c'est ce qu'on appelle la résignation précoce, où les pensées religieuses surgissent en nous après les tempêtes, comme ces rayons calmants de l'astre nocturne qui se glissent entre deux nuages sur les dernières ondulations de l'Océan qui se tait.

II.

Les démarches obligeantes de madame la marquise de Sainte-Aulaire et de madame la duchesse de

Broglie, mes deux principales protectrices auprès du ministre des affaires étrangères, qui était alors M. Pasquier, de centenaire mémoire, venaient d'emporter ma nomination au poste de troisième secrétaire de l'ambassade de Naples; je m'occupais de mon prochain départ, et pendant ces jours d'adieux à mes amitiés déjà nombreuses à Paris, M. Gosselin, libraire et imprimeur déjà célèbre, se pressait d'imprimer et de donner au public mes premiers essais de poésie, intitulés : *Méditations poétiques et religieuses*.

C'était un mince petit volume d'une magnifique impression, édité à cinq ou six cents exemplaires, et qui paraissait plus fait pour être offert par un auteur timide à un petit nombre d'amis d'élite et de femmes de goût, qu'à être lancé à grand nombre dans le rapide courant de la publicité anonyme; je n'avais pas même permis à M. de Genoude et au duc de Rohan, mes amis, qui s'en occupaient à mon défaut, d'y mettre mon nom. « Si cela réussit, leur disais-je, on saura bien le découvrir, et si cela échoue, l'insaisissable anonyme ne donnera qu'une ombre sans corps à saisir à la critique. »

III.

Le volume ne fut mis en vente que la veille de mon départ de Paris. La seule nouvelle que j'eus de mon sort, dans la matinée de mon départ, fut un mot de M. Gosselin m'annonçant que le public d'élite se portait en foule à sa librairie pour retenir les exemplaires, et un billet de l'oracle, le prince de Talleyrand, à son amie, la sœur du fameux prince Poniatowski, billet qu'elle m'envoyait à huit heures du matin, et dans lequel le grand diplomate lui disait qu'il avait passé la nuit à me lire, et que l'âme avait enfin son poëte. Je n'aspirais pas au génie, l'âme me suffisait; tous mes pauvres vers n'étaient que des soupirs.

IV.

Je partis sur ce bon augure et je m'arrêtai seulement quelques jours, dans ma famille, à Mâcon, où m'attendait un nouveau bonheur, préparé et négocié par ma mère en mon absence.

J'avais eu l'occasion, l'année précédente, de rencontrer à Chambéry une jeune personne anglaise, d'un extérieur gracieux, d'une imagination poétique, d'une naissance distinguée, alliée aux plus illustres familles de son pays. Son père, colonel d'un des régiments de milice levés par M. Pitt pendant les anxiétés patriotiques du camp de Boulogne, était mort récemment; sa mère, qui n'avait d'autre enfant que cette fille, lui avait donné une instruction grave et des talents de peinture et de musique qui dépassaient la portée de l'amateur. Sa fortune lui permettait de compléter, par des voyages sur le continent et par la pratique des langues étrangères, cette éducation soignée d'une fille unique. Elle l'avait liée, dès sa plus tendre enfance, en Angleterre, avec une famille émigrée de Savoie, celle du marquis de La Pierre, gentilhomme de haute distinction, retirée à Londres depuis l'expulsion du roi de Sardaigne.

Le marquis de La Pierre était mort en exil; il avait laissé en mourant une nombreuse et belle famille, composée de : la marquise de La Pierre, sa veuve, et de quatre filles d'une beauté remarquable et d'un caractère accompli : l'une a épousé le marquis de Grimaldi, aide de camp du roi Charles-Albert ; trois autres vivent à Turin dans la pratique de toutes les vertus pieuses. Après le renversement de 1815, le marquis de La Pierre fit des démarches auprès du roi de Sardaigne afin d'obtenir des indemnités pour ses biens confisqués pendant la Révolution. Les négociations ne furent terminées qu'après sa mort, mais en 1819 sa veuve revint à Chambéry avec sa belle famille, chercher quelques débris de son antique opulence. Mademoiselle B***, que je devais épouser, presque inséparable de ses amies, profita de cette circonstance pour venir, avec sa mère, rejoindre la marquise de La Pierre et visiter le continent. Elle se fixa avec sa mère, à Chambéry, dans la maison de ses amies, comme une cinquième fille de cette charmante famille.

V.

Cette famille, respectée et recherchée de tous les

étrangers de la ville et de la campagne, devint le centre d'une société de tout âge, composée de ce qu'il y avait de plus respectable, de plus brillant et de plus aimable dans le pays. C'est ainsi que j'avais connu celle qui devait être ma femme. Mademoiselle B*** aimait passionnément la poésie, et mes vers encore inédits, mais récités dans la maison de la marquise de La Pierre par des amis de mon âge, l'avaient prévenue en ma faveur avant même de me connaître de vue : j'avais été accueilli avec cet enthousiasme que le mystère et le demi-jour ajoutent au talent.

Libres l'un et l'autre, rien ne nous empêchait de songer à nous unir, si nos deux familles consentaient à notre union. La religion différente était le seul obstacle aux yeux de ma famille, d'une orthodoxie sévère, et aussi aux yeux de la mère de mademoiselle B***. Quant à elle, cette diversité du culte natal n'était pas un empêchement ; car, élevée dans l'intimité journalière de quatre personnes zélées catholiques, elle n'avait pas tardé à subir elle-même l'influence secrète du catholicisme du coin du feu, et elle était résolue à adopter la religion de ses amies aussitôt qu'elle pourrait le faire sans affliger sa mère. Les personnes pieuses du pays, confidentes de son penchant pour moi, faisaient des vœux charitables pour que l'amour achevât la conversion de l'esprit. Je me rappelle mêmè, non sans sourire, une circonstance étrange, qui montre à quel point le zèle religieux exalte le prosélytisme du cœur.

VI.

La marquise de La Pierre, son amie, et ses filles étaient venues s'établir pour quelques semaines aux bains d'Aix, en Savoie. J'y étais moi-même et je logeais dans une maison peu éloignée de celle que ces dames habitaient. J'y venais, presque tous les jours, passer la soirée comme en famille. L'hôte de la marquise était un excellent et pieux vieillard, nommé M. Perret, qui, pour accroître son modique revenu et pour gagner, l'été, le pain de l'hiver, louait, pendant la belle saison, quelques chambres garnies et tenait à bon marché une pension gouvernée par ses deux sœurs. Ce vieillard simple et respectable, dont la vie ascétique avait écrit la macération sur sa pâle figure, passait sa vie en solitude et en prières dans une chambre haute de sa maison. Il y vivait entièrement étranger aux tracas d'une maison publique, comme un ermite dans sa cellule, au milieu du bruit qui ne l'atteint pas. C'était un véritable saint qui, par modestie, s'était refusé la prêtrise, et qui passait sa vie recueillie entre la contemplation et l'étude des merveilles de Dieu dans sa création. Le saint était botaniste. On le voyait tous les matins, après avoir entendu la messe, gravir seul, sans chapeau, des portefeuilles sous le bras, des filets à prendre des insectes à la main, les pentes escarpées des ruelles d'Aix, qui mènent aux plus hauts plateaux des montagnes, tout en murmurant à demi-voix les versets de son bréviaire.

Le soir, il en redescendait plus ou moins chargé de plantes ou de pauvres papillons épinglés, dont il grossissait sa collection. La seule distraction qu'il se permît après le souper, le chapelet et la prière du soir, était un air de flûte, joué au bord de sa fenêtre donnant sur les prés de Tresserves. Il avait conservé ce goût de musique et cet instrument du temps de sa jeunesse où il avait été fifre dans un régiment du roi de Sardaigne.

Il avait beaucoup d'amitié pour moi, parce que j'aimais à aller, à mes heures perdues, visiter son herbier et entendre les explications scientifiques et providentielles sur la vertu des plantes et sur les mœurs des insectes, toutes attestant, suivant lui, la grandeur et les desseins de la Providence.

Les chuchotements de la maison lui avaient fait connaître la secrète intelligence qui existait entre la jeune Anglaise et moi, les obstacles que sa mère mettait par religion à ce penchant de sa fille, et les difficultés qu'elle apportait à nos entretiens. Il croyait de son devoir de les favoriser de toute sa complicité, pensant ainsi contribuer au salut d'une âme qui serait perdue, si le mariage ne la sauvait pas. Il me proposa d'être ma sentinelle dans la maison de ses sœurs, et de m'avertir, en jouant de la flûte, chaque fois que la mère vigilante sortirait sans sa fille pour la promenade. Ma fenêtre, dans une chambre de faubourg hors de la ville, était assez rapprochée pour que les sons aigus de l'instrument fussent saisissables à mon oreille et pour que je fisse cadrer mes visites avec l'absence de celle qui fut, plus tard, ma belle-mère. C'est ainsi que le saint homme servait en conscience un amour naissant, en croyant servir le ciel ; c'est la première fois sans doute que la piété la plus sincère sonnait à des profanes l'heure des rencontres.

VII.

Je revins à Paris après la saison des bains ; il était convenu que nous profiterions, l'un et l'autre, de toutes les circonstances favorables pour amener, elle sa mère et moi ma famille, à consentir à un mariage que nous désirions tous les deux très-vivement. Ma mère, comme à l'ordinaire, était ma complice.

Ma nomination à Naples, les espérances que cette carrière ouverte donnait à mon père, mon séjour de quelques semaines à Mâcon, mes instances auprès de mes oncles et de mes tantes amenèrent à bien les négociations ; je partis avec l'autorisation de tout le monde et avec des assurances d'héritages, après la mort de grands parents, qui rendaient ma fortune au moins égale à celle de ma femme. Ses démarches auprès de sa mère, et l'influence de ses amies, mesdemoiselles de La Pierre, avaient triomphé de son côté de tous les obstacles. J'en étais informé par sa correspondance, et, en arrivant à Chambéry, je n'eus qu'à recueillir le fruit d'un an de patience et à emmener avec moi la femme accomplie, que l'attachement le plus fidèle et le plus dévoué me destinait pour compagne de mes jours bons et mauvais. Nous fûmes mariés dans la chapelle du château royal de Chambéry, chez le marquis d'Andezène, qui gouvernait alors la Savoie. L'illustre comte *de Maistre*, mon allié par le mariage de la plus charmante de mes sœurs, madame Césarine, comtesse de Vignet, avec un neveu du comte de Maistre, me servit de parrain, chargé des pouvoirs de mon père.

VIII.

Nous partîmes pour Turin où je m'arrêtai quelques jours pour y voir le premier secrétaire d'ambassade, le comte de Virieu, mon ami le plus intime et presque un frère. Le duc d'Alberg, ami du prince de Talleyrand, y était alors ambassadeur. Il nous accueillit à *Rivsalta,* belle maison de plaisance qu'il habitait pendant l'été.

Rien ne semblait annoncer, à Turin, la fermentation sourde d'une révolution prochaine qui couvait sous les sociétés secrètes et dans les conjurations ambitieuses des amis du prince de Carignan, depuis le roi Charles-Albert.

Indépendamment du comte de Virieu, du marquis de Barrol, du marquis Alfieri et de son fils, avec lequel j'avais été élevé, je connaissais d'enfance presque toutes les illustres familles du Piémont : les Sambuy, les Ghilini, les Costa, pour avoir reçu avec eux une éducation commune chez les jésuites de Belley, dans ce collége soutenu par eux. Je quittai Turin comblé de leur accueil et je m'arrêtai peu à Florence.

IX.

En arrivant à Rome, où je comptais m'arrêter moins de temps encore, j'appris la révolution qui

venait d'éclater inopinément à Naples, et qui me
força de suspendre mon voyage ; la route de Rome
à Naples était interceptée, on ne passait plus.
J'attendis qu'elle fût matériellement rouverte, et, ne
voulant pas exposer ma femme et ma belle-mère aux
dangers inconnus d'une route couverte de soldats
débandés et d'une capitale en révolution qu'on nous
dépeignait comme sanglante ; d'un autre côté, dési-
rant me trouver à mon poste dans une circonstance
éminemment intéressante pour la France et pour la
maison de Bourbon, je partis seul pour Naples, au
risque de ne pas arriver.

J'eus, en effet, beaucoup de peine à franchir la
frontière du royaume. Après Terracine, le chemin
était couvert de postes de soldats volontaires qui ne
recevaient d'ordre que de leur caprice, et qui, voyant
en moi un agent diplomatique français, se figuraient
que j'apportais à la révolution l'appui de la France
contre la Sainte-Alliance, et m'accueillaient de leurs
acclamations. Grâce à cette erreur populaire, j'arrivai à Naples sans obstacle, la nuit du jour où les
Calabrais, l'armée insurrectionnelle et le général
Pepe, qui avait pris le rôle de Lafayette napolitain

dans le pays et dans l'armée, entraient dans cette capitale. Je fus témoin, le soir, de cette entrée séditieuse et triomphale de la révolution dans Naples. C'était beau, enivrant et menaçant comme une révolution à sa première heure.

Le vieux roi Ferdinand, pilote expérimenté et railleur, avait pris le parti d'abdiquer et de remettre le gouvernement à son fils, le prince héréditaire, plus propre que lui à se compromettre, soit avec les révolutionnaires, soit contre les puissances étrangères. Ce prince, encore jeune, mais habile et déjà expérimenté des révolutions, passait pour constitutionnel et pouvait, grâce à cette opinion, peut-être fausse, exercer un certain ascendant sur l'armée insurgée au nom d'une constitution, et sur le peuple encore royaliste. Il passa en revue l'armée et la bande des carbonari calabrais, que le général Pepe lui présentait sous les armes, soit comme soutiens du trône transformé, soit comme expression de sa cour.

X.

Le moment était délicat et décisif pour la diplomatie de la France. La question allait se poser entre le système constitutionnel et le régime absolu dans les États d'Italie dépendant de l'influence de la maison de Bourbon. Au premier regard, il paraissait évident que l'intérêt de la France serait de se poser en médiatrice entre les rois et les peuples, et d'empêcher les puissances étrangères d'intervenir, comme une haute police armée, à Naples, et bientôt à Turin, pour faire reculer le régime des institutions libres. La France elle-même ayant adopté le régime constitutionnel, il était peu logique à elle de combattre chez les autres ce qu'elle protégeait chez elle-même. Nous devions donc incliner modérément à la cause constitutionnelle à Naples, surtout si cette cause, sincèrement acceptée par le roi et patronnée par l'armée, se préservait des anarchies, des violences, où même des excès qui déshonorent les révolutions au commencement.

D'un autre côté, cette révolution, ou plutôt cette explosion inattendue de l'armée, travaillée par la société secrète des carbonari, était un fait d'indiscipline militaire bien plutôt que d'opinion nationale. Calquée sur l'insurrection armée de Cadix et de

Riego, en Espagne, elle était un encouragement à toutes les turbulences des ambitieux de régiment; enfin, si la Sainte-Alliance, cette mutualité des rois, prenait dans un congrès fait et cause pour le roi de Naples, il était bien embarrassant à nous, gouvernement restauré par la vertu et dans l'intérêt de cette ligue de monarchies, de nous déclarer contre elle les soutiens d'une insurrection de troupes et de conspirateurs qui couvaient peut-être jusque sous notre propre trône, à Paris. Le bon sens d'un côté, la reconnaissance de l'autre, nous commandaient une extrême circonspection dans ces circonstances.

XI.

L'ambassade française à Naples était alors dirigée par le duc de Narbonne, émigré rentré d'Angleterre avec le roi Louis XVIII, mais émigré formé à Londres aux usages du régime constitutionnel, complétement rallié à la Charte française, cette transaction habile et loyale entre 89 et 1815, qui affermissait les rois et qui coïntéressait les peuples libres à la monarchie populaire. C'était un homme modeste, timide, ayant peur du son de sa propre voix, mais plein de bon sens et d'aperçus justes, un de ces hommes qui n'aiment pas à paraître en scène, mais qui ont, comme spectateurs, le sens le plus parfait des situations. Il joignait à ces dons renfermés de son âme une bonté exquise qui le faisait adorer de ses subordonnés. Il m'accueillit dans son ambassade comme dans une famille; il eut pour ma femme et pour moi, pendant les quelques mois de notre séjour, des égards et des bontés qui nous rendront son souvenir éternellement respectable et cher.

Particulièrement attaché au roi Louis XVIII et tenant de lui sa place beaucoup plus que du ministère, il dépendait moins de M. Pasquier que de M. de Blacas. M. de Blacas, favori du roi, déplacé en 1815 et relégué à Rome où il représentait la France comme ambassadeur, avait sur les légations de France en Italie une direction presque absolue, avouée par le roi et complétement opposée à celle du ministère. Il était l'oracle secret de la monarchie absolue, oracle que nous avions l'ordre d'interroger dans tous les cas soudains et difficiles. Cet oracle contre-révolutionnaire, en passant par l'âme absolue de M. de Blacas, ne pouvait pas être favorable au tempérament que la politique exigeait de nous. Le duc de Narbonne était forcé de le consulter, mais il n'approuvait pas ses réponses. Il remit les affaires à M. de Fontenay, premier secrétaire d'ambassade, comme cela se fait ordinairement dans les circonstances équivoques, afin de pouvoir désavouer des hommes secondaires, et il resta de sa personne à Naples, encore quelque temps, pour recevoir des instructions de Paris.

XII.

M. de Fontenay était de mon pays, gentilhomme des environs d'Autun, ami de mes amis, beaucoup plus âgé et plus mûr que moi ; il était entré dans la carrière diplomatique par l'influence de M. Courtais de Pressigny, envoyé de France à Rome, immédiatement après la Restauration. C'était un des hommes les plus solides, les plus aimables et les plus capables sous l'apparence de l'ancienne légèreté française. Mais sa légèreté n'était qu'une qualité et nullement un défaut de son esprit. Son sourire bienveillant donnait de la grâce au sérieux de ses pensées, et ses mots fins et à deux sens portaient d'euxmêmes et touchaient avec justesse à leur double but, comme deux traits partis à la fois d'un même arc : l'un pour faire sourire, l'autre pour faire penser. Il avait par-dessus tout un cœur d'or, pur, solide et franc comme le caractère de la Bourgogne, un peu railleur, mais jamais mordant. La jalousie n'avait jamais approché de ce cœur. Il jouissait du bonheur de faire valoir ses inférieurs et ses égaux. Tel était l'homme avec lequel j'avais à faire mon noviciat diplomatique dans une circonstance où l'on apprenait beaucoup en peu de temps. Les révolutions suppléent au temps en concentrant beaucoup d'événements dans quelques mois. Les campagnes comptent double quand on se bat, elles comptent triple quand on négocie ; il faut manœuvrer aussi vite que les passions d'un peuple en ébullition.

Nous n'eûmes pas deux pensées, M. de Fontenay et moi ; il m'associa à tout, nous agîmes en commun sous l'inspiration de son grand sens et de son expérience. La situation complexe de la cour de Naples, les conseils secrets où nous fûmes appelés et les négociations confidentielles avec les chefs de partis et avec les membres les plus influents du parlement, rendaient notre action très-intéressante, quelquefois périlleuse et dramatique. J'en ai rendu compte dans la partie politique de mes œuvres complètes intitulée.: *Mémoires politiques,* qui paraîtront cette année. Je ne traite dans ces confidences que de cette partie intime qui touche seulement au cœur et qui n'intéresse que la famille et les amis. Glissons donc.

XIII.

Pour soustraire ma femme et sa mère aux convulsions de la capitale en révolution, j'avais loué, dans l'île d'Ischia, à quelques lieues en mer, une charmante habitation, appelée la Sentinella, que l'on voit encore pyramider au sommet d'un cap avancé de l'île, quand on débouche du golfe de Gaëte dans le golfe de Naples, non loin de la côte des champs Phlégréens et du promontoire merveilleusement désert de Misène. Cette maison, entourée de treilles, est dominée par l'Epoméo, montagne couverte de bois de lauriers et de jeunes châtaigniers, qui divise l'île en deux zones. Elle domine elle-même la mer, qu'on voit luire à ses pieds, à travers la claire-voie de pampres. A cette hauteur, les voiles qui glissent sur cette surface d'un bleu vif, comme un second ciel, ressemblent à des ailes de colombes blanches qui volent en silence, d'arbre en arbre, parmi les oliviers.

Je m'embarquais à Pouzzoles une ou deux fois par semaine, dans une de ces petites barques à un ou deux rameurs, que j'avais si bien appris à manier moi-même dans ma première jeunesse. (Voyez *Graziella*, Œuvres complètes.) Nous déployions la voile quand le vent était favorable, et nous faisions cette traversée en deux ou trois heures de navigation. Je trouvais ma femme au bord de la mer et nous remontions par les vignes à la Sentinella, en causant des événements de Naples pendant la semaine. Le contraste du calme resplendissant de cette solitude, cernée par les flots de la mer, avec le bruit menaçant et tumultueux d'une grande ville en révolution, augmentait la sensation de bonheur, de calme et de sécurité qu'inspirait cette résidence enchantée entre le ciel et l'eau. Nous en jouissions jusqu'à l'ivresse. Toutefois cette ivresse avait, pour moi seulement, quelque arrière-goût de mélancolie, en songeant à Graziella, cette fleur précoce que j'avais cueillie dans la même île, et en revoyant de loin sur Procida les ruines de la cabane de son père, abandonnée aux ronces depuis la mort de la jeune fille, et marquant l'horizon d'une borne funèbre dans le passé, comme il devait l'être si souvent dans mon avenir. Mais la jeunesse a des végétations qui recouvrent tout, même les tombes.

XIV.

Nous passions la matinée sous les longues et hautes treilles chargées de raisins mûrs, comme d'autant de lustres d'ambre qui laissaient les rayons de l'aurore transluire, à travers leurs grains jaunis, sur nos têtes. Nous y portions des livres italiens de la grande époque lyrique ou épique, tels que Dante, Pétrarque, Tasse, ces hommes qui ont doté l'Italie de chefs-d'œuvre. Quelquefois, j'y portais mon album et des crayons ; moi-même, Pétrarque inférieur pour une autre terre et un autre temps, j'écrivais quelque harmonie ou quelques méditations.

A midi, nous rentrions pour déjeuner à l'ombre plus fraîche des terrasses de la Sentinella, puis la sieste napolitaine, la musique, la peinture, abrégeaient les heures du milieu du jour ; quand le soleil baissait et que les grandes ombres dentelées de l'Epoméo se déroulaient sur les flancs de la montagne, nous parcourions, tantôt à pied, tantôt sur des mules aux pieds agiles, les sentiers escarpés de l'île, en contemplant les feux souterrains du Vésuve briller à l'horizon comme un phare tournant, tantôt visible, tantôt flamboyant sur les bords des mers aux yeux des matelots.

XV.

Ainsi se passa l'été. Je ne retrouvais la politique

que les jours de la semaine où mes fonctions me ramenaient à l'ambassade. Je prenais une part très-vive et très-confidentielle aux différentes phases et aux différents orages que cette révolution suscitait dans le peuple, dans le parlement et dans le palais. Ce fut là que j'eus l'occasion de voir et d'admirer, suspendue aux bras de sa mère, cette ravissante princesse Christine, dans toute la fleur de beauté et d'intelligence, que son sort destinait pour épouse au roi d'Espagne, Ferdinand VII, et qui a su, au milieu des tempêtes, plaire, gouverner, transmettre un trône à sa fille, régner, tomber, ou plutôt se retirer du trône, plus heureuse et plus habile que Christine de Suède, dans le demi-jour d'une existence à l'abri des coups de vent. On distinguait déjà dans sa gracieuse et spirituelle physionomie les signes d'une femme courageuse qui saurait faire de la jeunesse, de la beauté et de l'attrait trois pouvoirs politiques aussi irrésistibles que la nature. Elle flottait sur les ondulations les plus graves et des plus tragiques événements comme une rose de Pœstum arrachée de sa tige sur les flots bouillants du golfe. Nous en étions tous respectueusement enivrés.

XVI.

L'automne venu, le vieux roi partit avec le consentement de son peuple, difficilement arraché, pour aller, disait-il, plaider lui-même la cause de la révolution auprès des souverains réunis au congrès de Troppau. On sait ce qui en arriva. L'armée napolitaine, commandée, à Entrodocco, par un général mandataire des carbonari, se dispersa au premier coup de canon, hors de portée, d'un faible corps autrichien, dans les vignes. Il n'y avait rien à en conclure contre la bravoure individuelle de ce peuple souvent héroïque quand une généreuse passion l'anime; mais les carbonari ne lui présentaient pour rois que des tribuns militaires, et pour causes, que des théories qu'il ne pouvait ni comprendre, ni aimer. Les sociétés secrètes, excellentes pour soulever, sont incapables de combattre. La fumée du coup de canon d'Entrodocco fit rentrer les carbonari dans l'ombre. Le général Foy, qui venait de prophétiser à la tribune de Paris que l'armée de la

Sainte-Alliance ne sortirait pas des défilés d'Entrodocco, retira sa prophétie. Le brave et téméraire général Pepe n'osa pas reparaître à Naples ; il se réfugia en Angleterre, puis en France. Il y réfléchit sur le danger d'être le général d'une société secrète. C'était un bon soldat et un honnête homme, incapable d'un crime, mais très-capable de rêver un rôle héroïque à la tête de bataillons qu'il trouvait évanouis en se retournant. Je lui restai toujours attaché de cœur jusqu'à sa mort.

XVII.

L'état de ma femme, avancée dans sa première grossesse, et la convenance de la soustraire, au moment de ses couches, au tumulte d'une ville en révolution, me firent partir pour Rome. J'y arrivai au moment où un détachement de l'armée autrichienne campait de l'autre côté du Tibre, prêt à entrer dans la ville, si une révolution analogue à la révolution d'Espagne, de Naples et de Turin, venait à éclater, comme on l'annonçait à toute heure.

L'ombre de ce détachement suffit pour arrêter les révolutionnaires carbonari de Rome et des États du Pape. Tout resta dans le calme habituel de cette capitale de la religion, de la science et des arts. La société était nombreuse, cosmopolite, brillante. Le gouvernement du doux et pieux Pie VII, souvent persécuté, jamais persécuteur, y était insensible et aimé. L'ami de ce Pape, le cardinal Consalvi, y régnait par la séduction bienveillante de son caractère. Rome, sous son gouvernement, ressemblait à une république où chacun pense et dit ce qu'il veut, sans que personne inquiète ou tyrannise personne. C'était la ville hanséatique des consciences et des opinions. Aucun gouvernement ne pouvait offrir une liberté aussi complète, malgré les vices inhérents à cette nature de gouvernement, composé d'une monarchie sans hérédité, d'une démocratie sans représentation, d'une aristocratie étrangère sans patriotisme, et d'un sacerdoce sans responsabilité. Mais tous ces vices théoriques disparaissaient dans la pratique par le caractère que Pie VII et Consalvi imprimaient à son régime. J'étais particulièrement recommandé au cardinal-ministre que je voyais presque tous les jours chez la célèbre duchesse de Devonshire, patronne de tous les hommes de lettres et de tous les artistes romains. Veuve d'un des plus opulents seigneurs des trois royaumes, elle employait son immense fortune à faire fleurir l'Italie d'une seconde Renaissance. Le cardinal Consalvi la visitait deux fois par jour, une fois dans la matinée pour les intérêts politiques de son gouvernement avec l'Angleterre, dont elle passait pour l'ambassadeur anonyme; une fois dans la soirée, pour s'y délasser dans un petit cercle d'hommes d'esprit des soucis du ministère.

Le chevalier de Médici, premier ministre du roi de Naples avant l'explosion des carbonari, réfugié momentanément à Rome par crainte de l'assassinat dont il avait été menacé, nous y charmait, tous les soirs, par l'agrément de sa conversation napolitaine, la plus spirituelle et la plus voltairienne des conversations. L'abbé Galiani, le plus sensé et le plus amusant des économistes, ne causait pas avec plus d'originalité, contre l'honnête et pesant Turgot, dans ses entretiens sur la liberté du commerce des blés. Il donnait le ton à l'auteur de *Candide*. J'ai toujours soupçonné Voltaire d'avoir dans les veines du sang napolitain, et, en remontant un peu loin, j'ai reconnu que je n'avais pas tout à fait tort. Il y a des verves de race qu'on n'invente pas ; Médici était de la famille.

XVIII.

Le vieux roi de Naples Ferdinand, quoiqu'il passât pour un lazzarone sur le trône parmi les libéraux de Paris, avait lui-même autant de cet esprit napolitain, fin et railleur, que tout son royaume. Il revenait en ce moment du congrès de Troppau avec la jolie duchesse de Floridia, sa favorite, dont il avait fait sa femme, comme Louis XIV de madame de Maintenon. Mais c'était une Maintenon sicilienne, avec le pédantisme de moins, la jeunesse et la beauté de plus. Il écrivait à son fils, le régent de Naples, pour être communiquées au parlement, des dépêches pleines de l'éloge des chiens de chasse qu'il ramenait pour chasser le sanglier en Calabre.

Il s'arrêta quelques mois à Rome avant de rentrer dans son royaume, pour laisser aux Autrichiens et à son fils, son lieutenant général, l'odieux et les embarras de sa restauration. Elle ne fut, du reste, que plaisante et non sanglante. Tout fut liquidé et soldé par quelques exils promptement révoqués. Il y avait eu peu d'excès, il n'y eut pas de longue vengeance. Le Pape, selon l'usage, lui donna à dîner en grande cérémonie au Vatican le jeudi saint. Par une faveur tout inusitée, le cardinal Consalvi m'invita à cette table de pape, de rois et d'ambassadeurs. C'était contre l'étiquette, mais les rois passent par-dessus et les poëtes par-dessous.

XIX.

Peu de jours après, j'eus un fils qui fut baptisé à Saint-Pierre de Rome, et tenu sur les fonts du baptême par une belle Vénitienne, devenue une grande dame polonaise, la comtesse Oginska. Cet enfant, né sous les plus heureux auspices, échappa comme ma fille, en mourant jeune, à sa triste destinée. L'un ne vit que mon aurore, et l'autre que mes jours de fêtes. Je les pleurai sincèrement tous les deux, mais quand je me regarde maintenant, je suis tenté de ne pas les plaindre. Les malheurs d'un père, obligé à travailler jusqu'à satiété pour vivre et pour faire vivre ceux qui se sont compromis pour lui et pour leur patrie, sont un triste héritage à recueillir. Mieux vaut la paix du ciel, où nous nous retrouverons tous, consolés, les uns d'être morts, les autres d'avoir vécu !

XX.

Les nouvelles circonstances politiques, où se trouvait le royaume de Naples après le retour du roi, ne permettant guère au ministère français d'y employer avec convenance les mêmes agents qui avaient eu à traiter avec la révolution, je reçus un congé indéfini pour rentrer en France. J'en profitai au printemps, et je revins lentement à petites journées par cette belle route de Terni et de Narni, toute ondoyante de forêts et toute ruisselante de cascatelles, qui conduit en Étrurie comme dans un jardin du monde planté, taillé et arrosé pour le peuple-roi.

Nous nous arrêtâmes quelques jours à Florence. Le prince de Carignan, devenu depuis le roi Charles-Albert, repentant de son apparente complicité dans la révolution militaire de Turin, était venu y cacher sa faute chez son beau-frère, le grand-duc de Toscane, dans une retraite du palais Pitti; son écuyer, Sylvain de Costa, un de mes amis les plus intimes et les plus loyaux, me découvrit dans mon hôtel, annonça à son prince mon arrivée, et revint de sa part me demander une entrevue secrète chez moi.

Je ne le permis pas par respect pour ce jeune proscrit d'un trône, et j'allai au palais Pitti lui présenter mes hommages et des espérances de réconciliation avec la cause des rois, qu'il ne tarda pas à aller servir en Espagne. Se doutait-il alors qu'il régnerait vingt ans en Piémont sous la tutelle de l'Autriche et sous l'influence absolue des jésuites, et qu'il reprendrait, vingt ans après, les ordres des carbonari, les armes contre l'Autriche, les conspirations contre le Pape, le patronage de la France révolutionnaire, et qu'il laisserait l'Italie conquise et tous les princes, ses collègues et ses parents, chassés par son fils de ces mêmes palais où lui-même avait reçu l'hospitalité de famille?

Ce que l'esprit n'ose prévoir, les événements et les caractères l'amènent. L'inattendu est le nom des choses humaines. Nos neveux en verront bien d'autres avant que l'Italie en revienne à la seule unité honnête et forte qui lui convienne et qui convienne à la France : la confédération-république d'États.

XXI.

Je passai l'été dans une belle vallée des Alpes, auprès de ma sœur, non loin de Chambéry. Ma femme, fière de son bel enfant, et trop frêle pour pouvoir le nourrir longtemps, fut remplacée par une paysanne de la Maurienne, à son premier lait, au teint de rose, aux dents d'ivoire ; mais, hélas ! l'enfant dépérissait sur ce sein de neige : on n'achète pas la vie, Dieu la donne ou la refuse.

XXII.

Je résolus de profiter de ce loisir diplomatique, en attendant une nouvelle destination, pour visiter l'Angleterre et pour faire connaissance avec la famille de ma femme. Ma belle-mère possédait, dans un des plus riches quartiers de Londres, une maison élégante et magnifiquement meublée, dans le voisinage de Hyde-Park. Nous nous y établîmes pour quelques mois. Je trouvai dans la famille de ma femme un accueil plein de noblesse et de grâce, qui n'a pas cessé jusqu'à ce jour de me faire deux patries et deux centres d'affection. L'Angleterre, pays de la famille par excellence, est aussi le pays de l'adoption. Le cœur reconnaissant s'y partage entre les sentiments innés et les sentiments acquis.

Après avoir joui quelque temps de l'intimité de cette aimable partie de ma nouvelle famille, nous louâmes, au bord de la Tamise, à Richmond, une villa recueillie et solitaire, entre le parc et le fleuve, pour y passer l'été. Ces jours de Richmond, entre l'étude, les livres, le cheval, les promenades et quelques excursions dans les forêts et dans les châteaux royaux de l'Angleterre, furent des plus heureux de notre existence. Un de mes plus intimes amis, le baron de Vignet, neveu des deux comtes de Maistre, venait d'être nommé secrétaire de l'ambassade de Sardaigne à Londres. Il venait souvent à Richmond passer avec moi des jours mélancoliques comme son caractère, à l'ombre de ces arbres séculaires d'Angleterre, où nous nous entretenions de politique et de poésie, ses deux passions, comme elles étaient déjà les miennes. Il voyait tout en sombre et rappelait plus les *Nuits d'Young* que la sérénité calme de sa patrie. Un autre ami très-lettré aussi, M. de Marcellus, était en même temps que nous à Londres, premier secrétaire de l'ambassade française, sous l'ambassadeur, notre plus grand poëte, M. de Chateaubriand. Je n'avais pas connu à Paris cet homme illustre autrement que par mon admiration à distance. Je lui fis ma visite de devoir en arrivant à Londres; il oublia de me la rendre; je n'insistai pas : ce ne fut qu'après mon séjour à Richmond que, sur l'observation de M. de Marcellus, M. de Chateaubriand me fit une visite et m'envoya une invitation à un de ses dîners diplomatiques. Je m'y rendis par devoir plus que par empressement. Il fut froid et un peu guindé avec un jeune homme qui ne demandait qu'à l'adorer comme un être plus qu'humain. Je sortis contristé de sa table, et je ne cherchai plus à le voir. Il me parut un homme qui posait pour le grand homme incompris, qu'il ne fallait voir que de loin, en perspective. Le charme manquait à sa grandeur; le charme de la petitesse ou de la grandeur, c'est le naturel. L'affectation gâte même le génie. Je l'ai toujours admiré, surtout comme puissance politique ; mais il m'éloigna toujours de lui, même quand il fut mon ministre et qu'un mot de lui pouvait me placer sans faveur à un poste plus élevé dans ma carrière. N'aime pas qui veut ; il ne m'a rendu bien plus que justice qu'après sa mort, dans ses Mémoires posthumes, où il me plaça comme poëte au rang de Virgile et de Racine, et comme homme politique plus haut que mon siècle ne m'a placé. J'ai souvent réfléchi par quelle bizarrerie inexplicable, ce grand juge m'avait témoigné tant de défaveur pendant qu'il vivait, en me réservant tant de partialité après sa mort. Je crois l'avoir deviné, mais je n'oserais jamais le dire.

XXIII.

Un autre homme d'élite, que son indulgence tendre pour moi me permettait d'appeler mon ami, le duc Mathieu de Montmorency, devint ministre des affaires étrangères dans les péripéties publiques qui précédèrent le congrès de Vérone. Il n'attendit pas ma demande pour me nommer à Florence auprès du marquis de La Maisonfort, et destiné à le remplacer en chef aussitôt que les convenances permettraient de rappeler ce ministre.

Je revins à Paris avant de me rendre en Toscane. Le marquis de La Maisonfort avait le genre d'esprit de Rivarol; c'était un émigré comme Rivarol : il avait autant d'esprit, et du meilleur, qu'il soit possible d'en concentrer dans une tête humaine, même au pays de Voltaire et du chevalier de Grammont. Il avait tiré un parti très-habile du malheur de la monarchie et de la fréquentation des princes pendant leur exil. Les disgrâces même du sort sont gracieuses aux hommes de cette nature, ils ne prennent rien trop au sérieux dans la vie. Il y a toujours de la ressource dans l'esprit souple et flexible d'un courtisan de rois tombés. Il s'était voué de bonne heure à ce rôle de l'espérance et de l'activité dans les causes en apparence perdues ; il avait conspiré avec les flatteurs de la haute émigration en Suisse, en Russie, en Angleterre ; il s'était lié avec M. de Blacas, homme plus sérieux, mais moins aimable que lui ; Louis XVIII l'aimait pour sa légèreté, il tenait tête à ce monarque en matière classique et épigrammatique ; il avait écrit en 1814 des brochures royalistes qui lui avaient fait un nom d'homme d'État de demi-jour, à l'époque où une brochure paraissait un événement ; il n'était point ennemi des transactions avec la révolution pacifiée ; il savait se proportionner aux choses et aux hommes ; il n'avait aucun préjugé, grande avance pour faire sa place et sa fortune ; mais il la mangeait à mesure qu'il la faisait. Le roi avait fini par le nommer ministre en Toscane. Il n'y jouissait pas d'une considération très-sérieuse, mais d'une réputation d'esprit très-méritée. Les émigrés, ses contemporains, très-légers au commencement, étaient devenus moroses et pédantesques en vieillissant ; ils reprochaient à M. de La Maisonfort d'être resté jeune malgré ses années. On le desservait à Paris ; il voulait y rentrer malgré eux pour se défendre et pour obtenir du roi un poste plus lucratif. En attendant, il n'avait plus qu'à peu près un an à passer dans l'Italie centrale pour me laisser, à titre de chargé d'affaires de France, ses trois légations, Florence, Parme, Modène et Lucques à diriger.

XXIV.

Incapable de basse jalousie et très-capable d'amitié pour un jeune homme dont la renommée naissante le flattait sous le rapport littéraire, poëte lui-même, et poëte très-agréable (la touchante et naïve romance gauloise de *Griselidis* est de lui), il m'accueillit moins en subordonné qu'en ami plus jeune et en élève tout à la fois politique et poétique ;

il me présenta comme son second et comme son successeur aux principales cours auprès desquelles il était accrédité.

Celle de Florence, qui était notre principale résidence, se composait d'abord du grand-duc de Toscane, jeune encore d'années, mais d'une maturité précoce et studieuse qui annonçait un digne héritier du trône et du libéralisme philosophique de Léopold.

Léopold, quoique frère de l'empereur d'Autriche, et empereur ensuite lui-même, avait inoculé le goût et l'habitude des gouvernements libres à l'Italie; il y avait été le précurseur de la révolution et de la tolérance administrative et religieuse descendues du trône sur les sujets. Le jeune souverain actuel continuait son oncle. Ses deux ministres, le vieux Fossombroni et le prince Corsini, avaient conservé les traditions de mansuétude, d'économie et de gouvernement par le peuple lui-même, de leur maître Léopold. La peine de mort, supprimée par ce prince, n'avait été rétablie que pour la forme par l'administration française sous Napoléon; l'échafaud ne s'était jamais relevé sous le régime grand-ducal; la Toscane était l'oasis de l'Europe.

Comment une dynastie qui n'était qu'une première famille libre dans un pays libre, dont le gouvernement servait de modèle et d'émulation au monde, comment une dynastie plus que constitutionnelle, qui était à elle seule la constitution et la nationalité dans la terre des Léopold et des Médicis, a-t-elle été perfidement envahie et honteusement chassée de cette oasis, créée par elle, et chassée par les Piémontais du palais Pitti, où le roi Charles-Albert, ce roi d'ambition à tout prix, avait cherché et trouvé un asile chez ceux-là mêmes qu'il persécutait en reconnaissance de leurs bienfaits? On parle de l'ingratitude des peuples, mais de celle des rois, qu'en dites-vous?

XXV.

Deux princesses charmantes, sœurs l'une de l'autre et presque du même âge, embellissaient cette cour et donnaient de la grâce à ses vertus.

L'une était la jeune veuve du précédent grand-duc, mort récemment; l'autre était la grande-duchesse régnante, qui partageait avec sa sœur les honneurs de ce trône à deux. Princesses de Saxe et sœurs, elles avaient apporté de ce pays lettré, dans cette terre des beaux-arts, l'instruction et le goût de tout ce qui est l'idéal des grands esprits et des cœurs enthousiastes. Elles me reçurent comme Eléonore d'Este et même comme cette Lucrezia Borgia, tant et si odieusement calomniée, recevaient jadis l'Arioste et le Tasse dans ces cours de Ferrare et de Mantoue, qui n'étaient que des académies de tous les grands artistes de l'esprit.

Le grand-duc me témoigna une considération précoce et imméritée, qui ne tarda pas à se changer, sous les rapports politiques, en véritable amitié. La crainte de contrister le marquis de La Maisonfort, qui ne jouissait pas auprès de lui de la même prédilection, lui fit voiler discrètement, à lui, ses bontés pour moi, et moi, ma respectueuse affection pour lui. J'en jouissais à la dérobée, le matin, dans sa bibliothèque du palais Pitti, où je me rendais mystérieusement, et où il venait me joindre aussitôt qu'il était averti de ma présence, par son bibliothécaire, pour m'emmener dans son appartement. Là, j'avais l'honneur d'avoir avec le prince des entretiens confidentiels sur la politique, qui m'ont laissé, pour ses principes et pour ses vertus, une éternelle admiration. Heureux les peuples qui ont leur sort dans des mains si pures et si douces! Malheur aux peuples qui ne savent pas les apprécier et qui préfèrent s'asservir à des rois chevelus de caserne, au lieu de chérir des princes philosophes qui ne leur demandent que d'être heureux!

La grande-duchesse, sa femme, sortait quelquefois de son appartement contigu, un de ses enfants dans les bras, pour venir, comme une simple mère de famille, s'asseoir gracieusement à ces entretiens. J'en sortais pénétré d'une véritable estime pour le prince, d'une vénération enthousiaste pour la princesse. Le bruit de cette faveur secrète du grand-duc, dont j'étais honoré, ne tarda pas à se répandre malgré nos précautions. On crut que j'aspirais à changer de patrie et à devenir ministre favori du grand-duc, au lieu de simple chargé d'affaires de France dans une cour d'Italie. Le parti autrichien affecta de s'en alarmer; il n'en était rien, je n'avais, à cette époque, ni mérité, ni subi les rigueurs de ma patrie, et je n'aurais eu aucune excuse de chercher à changer de foyer et de devoir.

Mon penchant pour la Toscane et pour les jeunes souverains était entièrement désintéressé. Je n'aimais rien d'eux qu'eux-mêmes. Si ce prince, maintenant méconnu et exilé, lit par hasard ces lignes, il y retrouvera, après tant d'années et de vicissitudes, les mêmes sentiments de respect et d'estime. J'ai été assez heureux et assez prudent, en 1848, pour lui en donner des preuves muettes, en résistant aux instances de Charles-Albert et en opposant à ses empiétements contre les princes, ses anciens hôtes, ses parents et ses alliés, l'inflexible refus de la loyauté de la République française. Notre devoir, selon moi, n'était pas de fomenter en Italie l'agrandissement, diminutif pour la France, de la maison de Savoie, mais de favoriser une confédération italienne qui constituât la péninsule en États solidaires contre l'Autriche et reliés à la France par l'éternel intérêt d'une indépendance commune.

XXVI.

J'attendais mon ami, le comte Aymons de Virieu qui, déjà souffrant, venait avec sa famille chercher un climat plus salutaire en Toscane. Je m'étais logé moi-même, et je lui avais proposé un appartement dans une maison isolée et poétique, à l'extrémité de la rue *di Borgo ogni Santi*, entourée, au premier étage, d'un jardin en terrasse planté de magnifiques caroubiers, et dominant un parc immense, qu'on appelait la villa *Torregiani*.

Cette villa n'avait pour tout édifice qu'une tour monumentale élevée à une hauteur pyramidale au-dessus des sapins les plus sylvestres et les plus sombres. La destination romanesque et pieuse de ce monument extraordinaire et mystérieux ajoutait à cette vue un intérêt qui sacrait pour ainsi dire le bois et la pierre. On disait que le marquis Torregiani, très-bel homme, au visage toscan, voilé par une empreinte de tristesse, y venait tous les jours.

Je le voyais souvent entrer seul dans son jardin,

fermé aux curieux; j'étais à portée de contempler ce pèlerinage d'amour et de douleur dont on chuchotait tout bas le motif. L'amour en Italie, comme on peut le voir par la *Béatrice* de Dante et par la *Laure* de Pétrarque, est le plus avoué et en même temps le plus sérieux des sentiments de l'homme. La femme elle-même, souvent si légère ailleurs, y est dépourvue de toute coquetterie, ce vain masque d'amour, et de toute inconstance, cette satiété du cœur qui se lasse avant la mort des attachements conçus avec réflexion. Les liaisons sont des serments tacites que la morale peut désapprouver, mais que l'usage excuse et que la fidélité justifie. Le marquis Torregiani avait conçu et cultivé dès sa jeunesse une passion de cette nature *pétrarquesse* pour une jeune et ravissante femme de race hébraïque, mariée à un banquier florentin. Cette passion était réciproque et ne portait aucun ombrage au mari. Le cavalier servant et l'époux, selon l'usage aussi du pays, s'entendaient pour adorer, l'un d'un culte conjugal, l'autre d'un culte de pure assiduité, l'idole commune d'attachements différents, mais aussi ardents l'un que l'autre.

Le jeune et charmant objet de ce double culte fut enlevé dans sa première fleur à son époux et à son adorateur. Mais la mort même ne put séparer les pensées. La différence du culte interdit au marquis de Torregiani d'élever, à celle qui avait disparu de ses yeux, un monument dans le cimetière juif où il pût aller pleurer sur sa cendre. Il s'imagina, dans sa douleur, et inspiré d'étranges imaginations, de se rapprocher au moins par le regard de la place où elle s'était évanouie de la terre. Il bâtit cette tour assise par assise, et l'éleva jusqu'à une telle hauteur, qu'elle dominait tous les palais et tous les clochers de la ville qui pouvaient s'interposer à la vue entre le cimetière juif et la villa Torregiani ; en sorte qu'en montant au sommet de sa tour, il pût, à chaque retour du jour, contempler la place de ce *campo santo* juif, où son idole avait dépouillé sa forme terrestre pour habiter l'éternelle et pure demeure dans son souvenir et dans le ciel !

Il y passait chaque jour des heures de recueillement et de larmes, dont cette plate-forme funèbre avait seule le secret. Un sonnet de Pétrarque contenait-il plus de larmes que ce marbre colossal élevé dans les cieux pour entrevoir un souvenir?

XXVII.

Je ne tardai pas à porter mes respects à une majesté découronnée que j'avais visitée à mon premier voyage. Le souvenir de son second époux, le poëte *Alfieri*, l'illustrait davantage encore que le premier, à mes yeux. C'était la comtesse d'Albany, reine légataire de l'Angleterre par son mariage avec le dernier des Stuarts. La comtesse d'Albany, belle autrefois, et toujours aimable, était une fille de la grande maison flamande des Stolberg, sœur de ces frères Stolberg, célèbres dans la philosophie et dans la littérature allemande du dernier siècle. Le cardinal d'York, frère du Prétendant, autrefois héroïque, Charles-Édouard, et réfugié à Rome, avait fait venir la jeune comtesse en Italie pour lui faire épouser son frère déjà âgé et déchu de son caractère par un vice excusable dans un héros découragé : l'ivresse, mère de l'oubli. Le prince avait été séduit par la jeunesse, la beauté et les grâces intellectuelles de sa compagne; il l'avait aimée, mais il n'avait pu conserver son estime, encore moins son amour. Le poëte aristocrate piémontais Alfieri, présenté à Florence à la cour du prince, n'avait pas tardé à plaindre la jeune victime d'un époux suranné, et à ambitionner le rôle de favori et de consolateur d'une reine. Il était parvenu sans peine à tourner, en faveur de la comtesse d'Albany, la faveur passionnée de l'opinion de la société en Toscane. La religion elle-même avait servi de manteau à l'amour.

Un soir que les deux époux devaient aller ensemble au théâtre, le prince était parti le premier et se croyait suivi dans une seconde voiture par sa femme, retardée sous un spécieux prétexte; mais il l'attendit en vain dans sa loge; il l'avait vue pour la dernière fois : un couvent inviolable avait reçu la comtesse et l'avait soustraite aux droits et aux recherches de son royal époux.

Peu de temps après, Alfieri, voyageant seul, suivi de ses quatorze chevaux anglais, sur la route de Sienne, s'acheminait mélancoliquement vers Rome, où la comtesse d'Albany se rendait de son côté par une autre route, allant chercher dans un couvent la protection de son beau-frère, le cardinal d'York.

Le cardinal se déclara le protecteur de sa belle-sœur auprès du Pape. Après quelques mois de séquestration dans le monastère de Rome, la séparation civile et religieuse fut prononcée, et la comtesse, libre de ses engagements, se rendit à Paris et dans d'autres capitales, où elle fut suivie par son poëte. Après la mort de son mari-roi, qui ne tarda pas à succomber à ses excès et à son triste isolement, un mariage secret, dont on n'a eu néanmoins aucune preuve légale (parce que cette preuve aurait privé la royale comtesse de la pension que lui faisait l'Angleterre), unit les deux amants.

XXVIII.

Ils vécurent quelques années à Paris, au commencement de la Révolution française, jusqu'aux approches de 1793, dans une retraite qui ne put les dérober à la persécution commençante. Comment la Révolution, qui décapitait une reine, fille d'empereur, à côté de son double trône, avait-elle respecté une reine découronnée et fugitive? Le poëte tragique piémontais, qui avait été jusque-là le plus ardent et le plus inflexible des démocrates, à condition que la démocratie ne touchât ni aux priviléges de la noblesse piémontaise, ni aux prétentions littéraires de son pâle génie, s'indigne contre la double profanation des républicains français. Toute sa colère d'imagination contre la tyrannie des rois de Turin se changea en rage contre l'audace des peuples démocratisés par la France; il assouvit sa haine à huis clos, par le *Miso Gallo*, recueil d'invectives mal rimées et d'épigrammes sans dard, contre le pays, les hommes, les principes qu'il avait exaltés jusque-là. Il fit imprimer en même temps, chez Didot, les quatorze tragédies mort-nées qu'il s'était imposé la tâche d'écrire comme des exercices d'écolier classique, plus que comme des effusions de sa nature, et il alla se confiner, avec sa gloire inédite en poche, dans sa retraite de Florence.

Les Italiens, qui ne possédaient aucun poëte dramatique, prétendirent en avoir trouvé un dans Alfieri, comme lui-même prétendit leur en donner un sans originalité et sans verve. On le prit au mot de ses prétentions, non-seulement en Italie, mais en France, où on le jugea sur parole. Il passa grand homme avant quarante ans, et s'ensevelit dans une gloire morose, au fond d'une élégante maison, sur le quai de l'Arno, qu'habitait avec lui la comtesse d'Albany.

Moi aussi je fus, pendant mes premières années poétiques, infatué sur parole du mérite de ce grand homme d'intention. J'achetai ses œuvres en douze volumes, et je voyageai par tous pays muni de ce viatique; je fus longtemps avant de découvrir que le vide était plus sonore que le plein, et que la froide déclamation n'était pas de la poésie, encore moins du drame. Possédé alors, comme tous les jeunes gens, et sentant, comme les jeunes Italiens avec lesquels j'avais été élevé, la forte haine de la tyrannie, j'adorais ce parodiste de Sénèque le tragique, et je me croyais d'autant plus initié à la vertu civique que j'avais plus d'enthousiasme pour lui. Ce ne fut que plus tard que je me rendis compte de cette fausse grandeur guindée sur des échasses, et de cette fausse poésie qui déclame et qui ne sent rien. Cette tragédie de parade ressemble à Shakspeare, comme l'éloquence de club à l'éloquence de Cicéron ou de Mirabeau.

XXIX.

La véritable maladie dont Alfieri mourut à quarante ans était l'ennui qu'il éprouvait lui-même de ses propres œuvres; aussi se réfugiait-il dans l'étude du grec et dans des poésies systématiques, épigrammatiques, civiques, démocratiques, aristocratiques, qui fatiguaient l'esprit sans nourrir le cœur. Ses Mémoires *seuls*, cet étrange et amoureux monument de son amour pour la comtesse d'Albany, méritent d'être recueillis et de survivre. Il y a dans ces Mémoires autant d'originalité que de grandeur et de passion ; là, son caractère savait véritablement participer de la majesté de sa royale idole.

Il mourut chez la comtesse d'Albany, qui fit élever par Canova, dans l'église de Santa Croce, un magnifique monument avec la statue colossale de l'Italie pleurant son poëte. Ce monument est comme l'homme, plus déclamatoire qu'éloquent; c'est le mausolée académique d'une poésie de convention. Le grand peintre français, Fabre, de Montpellier, ami de la comtesse d'Albany, fut son consolateur, et, l'on croit, son troisième mari. C'était un Poussin moderne tout à fait italianisé par son talent et par son culte pour Raphaël, dont il recherchait les moindres vestiges, et dont il légua, à sa mort, les reliques retrouvées au musée de sa ville natale, Montpellier.

XXX.

Les lettres de la comtesse de Virieu, veuve du membre de l'Assemblée nationale, intimement liée avec la comtesse d'Albany, m'avaient accrédité chez elle. Sa maison, modeste, élégante, lettrée, était le sanctuaire quotidien des personnages les plus distingués de Florence, Athènes alors de l'Italie. Le comte Gino Capponi, héritier du grand nom et de la grande influence de ses ancêtres, avec qui j'étais lié d'ancienne date à Paris, y venait tous les jours. C'était et c'est encore le génie de la Toscane historique ressuscité; il désirait la liberté et l'indépendance de sa patrie, restaurée sous ses souverains libéralisés, mais nullement la destruction du nom de la Toscane et l'usurpation de la maison de Savoie sous les Piémontais, considérés alors comme de bons soldats des frontières, et nullement comme des maîtres dignes de l'Italie régénérée. Le comte Gino Capponi, porté au ministère par les premiers flots de la révolution italienne, y agit dans ce sens patriotique et émancipateur de l'étranger, jusqu'au moment où la fausse idée d'une unité absorbante détruisit, sous le carbonarisme des radicaux, les vraies nationalités historiques dont l'Italie se compose, pour saper l'histoire sous la chimère et pour agir par la violence, à contre-sens de la nature, en détournant les peuples et les princes d'une puissante et naturelle confédération italienne.

Le comte Capponi rentra alors dans la retraite en faisant des vœux pour l'Italie sous toutes ses formes. Une cécité précoce condamna à l'inaction ce grand et généreux citoyen, que l'estime et la reconnaissance de sa patrie accompagnent jusque dans ses *invalides* du patriotisme. Puissent ces lignes lui apprendre que l'amitié survit au delà du bonheur et de la popularité pour les hommes dignes d'être aimés à tous les âges!

XXXI.

La comtesse d'Albany m'accueillit avec une gracieuse bonté dans ce cercle étroit des nationaux et des étrangers qui venaient honorer dans sa personne, moins la reine d'un empire évanoui que la souveraine légitime de la grâce et de l'esprit dans la conversation. On ne pouvait s'empêcher de chercher encore sur sa figure douce, fine, intelligente et passionnée, les traces de la beauté qui l'avait fait adorer dans un autre âge. On ne les y retrouvait que dans la physionomie, cette immobilité du visage. La nature flamande de sa carnation rappelait les portraits de Rubens plus que ceux des belles Italiennes du moyen âge; son corps s'était alourdi par la chair; ses joues, encore fraîches, donnaient trop de largeur à sa figure; mais l'éclat tempéré de ses beaux yeux bleus et le sourire très-affectueux de ses lèvres faisaient souvenir de l'attrait qu'ils devaient avoir à quinze ans. On ne s'étonnait pas qu'elle eût été aimée pour ses charmes avant de l'être pour ses aventures et pour ses infortunes ; c'était de la poésie encore, mais de la poésie survivant aux années, qui la surchargeaient de leur embonpoint sans l'effacer, parce qu'elle est de l'âme et non de la chair. Le feu doux de la passion mal éteinte illumine encore les traits où elle a resplendi. Le reflet de l'amour est l'illumination du visage jusque dans l'ombre des années.

XXXII.

Ma renommée de poëte à peine éclos, ma qualité de diplomate français, l'accueil dont j'étais l'objet à la cour du souverain, mon bonheur intérieur, la présence de mes meilleurs amis, le loisir réservé à la poésie de ma vie comme à celle de mes pensées, ma reconnaissance pour tous ces dons de la Providence et mon penchant à la contemplation pieuse qui s'est toujours accru en moi dans les moments heureux de mon existence, comme les parfums de la terre qui s'élèvent mieux sous les rayons du soleil que sous les frimas des mauvais climats, semblaient me promettre une félicité calme dont je remerciais ma destinée ; lorsqu'un événement étrange et inattendu vint changer du jour au lendemain cet agréable état de mon âme en une sorte de proscription sociale qui se déclara soudainement contre moi, et qui me fit craindre un moment de voir ma carrière diplomatique coupée et abrégée au moins en Italie, ce pays du monde dont j'aimais le plus à me faire une patrie d'adoption.

Voici cette bizarre et malheureuse péripétie de mon bonheur.

XXXIII.

Peu de temps avant mon départ de France pour mon poste à Florence, le plus grand, selon moi, de tous les poëtes modernes, était mort en Grèce, tout jeune encore et dans le seul acte généreux, désintéressé, héroïque, qu'il eût tenté jusque-là pour racheter par la vertu les excentricités et les juvénilités peu sensées et peu louables de sa vie. Je veux parler de lord Byron, ce proscrit volontaire de sa famille et de sa patrie, qui avait eu le courage, comme le Renaud du Tasse, de quitter mieux qu'Armide, pour voler au secours d'une ombre de peuple par amour pour l'humanité et pour ce que nous appelions alors la gloire.

A son arrivée à Missolonghi avec de l'or et des armes, le ciel lui avait refusé l'occasion d'illustrer deux fois son nom de poëte en y ajoutant le nom de héros, d'homme d'État et de libérateur de la Grèce. S'il vivait aujourd'hui, la Grèce, selon toute probabilité, ne chercherait pas d'autre roi.

Lord Byron avait commencé sa réputation immortelle par la publication d'un poëme en quatre chants, ou plutôt d'une grande excentricité poétique, aussi originale et aussi vagabonde que son imagination, intitulée *le Pèlerinage de Child Harold*. C'était comme un *lai des sirventes*, comme une légende du moyen âge, dont les seuls événements étaient ses impressions et ses amours, ses songes dans les différentes terres et dans les différentes mers qu'il avait parcourues.

Ce poëme avait allumé l'imagination de son temps à proportion du plus ou moins d'élément combustible que ces imaginations portaient en elles-mêmes. La mienne en avait été incendiée, et c'est une de ces impressions que l'âge, les revers, les vicissitudes prosaïques de l'existence n'ont pas affaiblies en moi. Les morsures du charbon sacré ne se cicatrisent pas dans le cœur des poëtes.

XXXIV.

La mort de lord Byron fut un deuil profond pour moi-même. Je me souviens encore de la matinée, à Mâcon, où ma mère, qui connaissait ma passion pour ce Tasse et pour ce Pétrarque des Anglais dans un seul homme, craignant l'effet soudain et inattendu que ferait sur moi cette mort d'un inconnu, entr'ouvrit mes rideaux d'une main prévoyante et m'annonça avec précaution la catastrophe du poëte, comme elle m'aurait annoncé une perte de famille. Elle portait sur sa physionomie l'empreinte de la douleur qu'elle pressentait dans mon cœur. Mon deuil en effet, à moi, fut immense et ne se consola jamais de cette *étoile éteinte* dans le ciel de la poésie de notre siècle. Il avait beau avoir écrit cette parodie de l'amour intitulée *Don Juan*. C'était une débauche de colère et de cynisme contre lui-même, un reniement de saint Pierre que le Dieu déplore et pardonne. Sa poésie est éternelle, parce qu'elle pleure mieux qu'elle ne fait semblant de rire. Sa note sensible s'empare de l'âme comme une *harmonica* céleste. Les nerfs en souffrent, mais le cœur en saigne, et les gouttes de sang qui en découlent sont les délices des cœurs sensibles.

XXXV.

Vivement frappé de cette perte, l'idée me vint, idée en général malheureuse, de payer un tribut de deuil et de gloire à ce roi des poëtes contemporains, en continuant ce poëme sous le titre de *Cinquième chant de Child Harold*. Je l'écrivis tout d'une haleine, trop vite, comme tout ce que j'ai écrit ou fait dans cette improvisation perpétuelle qu'on appelle ma vie, excepté quand l'événement qui presse ne laisse pas le temps de délibérer, et où le meilleur conseil, c'est l'inspiration.

Je supposai que lord Byron vivait encore et que le génie, qui lui avait inspiré les quatre premiers chants de son poëme, inspirait encore à son génie le récit de sa propre mort. Mécontent de la somnolence de l'Italie, le poëte, en la quittant, lui adressait des adieux pleins d'amers reproches. Mais, dans mon plan, ces adieux n'étaient pas dans ma bouche, ils étaient dans la sienne, et parfaitement conformes aux sentiments exagérés qu'il avait maintes fois exprimés lui-même en vers et en prose, sentiments des radicaux ou des carbonari étrangers, avec lesquels il était en relation pendant qu'il habitait Venise, les bords du Pô ou les rives de l'Arno.

Voici ces vers :

XXXVI.

Où va-t-il ?... Il gouverne au berceau du soleil.
Mais pourquoi sur son bord ce terrible appareil?

Va-t-il, le cœur brûlant d'une foi magnanime,
Conquérir une tombe au désert de Solyme;
Ou, pèlerin armé, son bourdon à la main,
Laver ses pieds souillés dans les flots du Jourdain?
Non : du sceptique Harold le doute est la doctrine
Le croissant ni la croix ne couvrent sa poitrine;
Jupiter, Mahomet, héros, grands hommes, dieux,
(O Christ, pardonne-lui!) ne sont rien à ses yeux
Qu'un fantôme impuissant que l'erreur fait éclore,
Rêves plus ou moins purs qu'un vain délire adore,
Et dont par ses clartés la superbe oraison,
Siècle après siècle, enfin délivre l'horizon.
Jamais, d'aucun autel ne baisant la poussière,
Sa bouche ne murmure une courte prière;
Jamais, touchant du pied le parvis d'un saint lieu,
Sous aucun nom mortel il n'invoqua son Dieu!
Le dieu qu'adore Harold est cet agent suprême,
Ce Pan mystérieux, insoluble problème,
Grand, borné, bon, mauvais, que ce vaste univers
Révèle à ses regards sous mille aspects divers :
Être sans attributs, force sans Providence,
Exerçant au hasard une aveugle puissance;
Vrai Saturne, enfantant, dévorant tour à tour;
Faisant le mal sans haine et le bien sans amour;
N'ayant pour tout dessein qu'un éternel caprice;
Ne commandant ni foi, ni loi, ni sacrifice;
Livrant le faible au fort et le juste au trépas,
Et dont la raison dit : « Est-il? ou n'est-il pas? »
Ses compagnons épars, groupés sur le navire,
Ne parlent point entre eux de foi ni de martyre,
Ni des prodiges saints par la croix opérés,

Ni des péchés remis dans les lieux consacrés.
D'un plus fier évangile apôtres plus farouches,
Des mots retentissants résonnent sur leurs bouches :
Gloire, honneur, liberté, grandeur, droit des humains,
Mort aux tyrans sacrés égorgés par leurs mains,
Mépris des préjugés sous qui rampe la terre,
Secours aux opprimés, vengeance, et surtout guerre;
Ils vont, suivant partout l'errante Liberté,
Répondre en Orient au cri qu'elle a jeté;
Briser les fers usés que la Grèce assoupie
Agite, en s'éveillant, sur une race impie;
Et voir dans ses sillons, inondés de leur sang,
Sortir d'un peuple mort un peuple renaissant.
Déjà, dorant les mâts, le rayon de l'aurore
Se joue avec les flots que sa pourpre colore;
La vague, qui s'éveille au souffle frais du jour,
En sillons écumeux se creuse tour à tour;
Et le vaisseau, serrant la voile mieux remplie,
Vole, et rase de près la côte d'Italie.
Harold s'éveille ; il voit grandir dans le lointain
Les contours azurés de l'horizon romain ;
Il voit sortir grondant, du lit fangeux du Tibre,
Un flot qui semble enfin bouillonner d'être libre,
Et Soracte, dressant son sommet dans les airs,
Seul se montrer debout où tomba l'univers.
Plus loin, sur les confins de cette antique Europe,
Dans cet Éden du monde où languit Parthénope,
Comme un phare éternel sur les mers allumé,
Son regard voit fumer le Vésuve enflammé :
Semblable au feu lointain d'un mourant incendie,
Sa flamme, dans le jour un moment assoupie,

Lance, au retour des nuits, des gerbes de clartés;
La mer rougit des feux dans son sein reflétés;
Et les vents agitant ce panache sublime,
Comme un pilier en feu d'un temple qui s'abîme,
Font pencher sur Pœstum, jusqu'à l'aube des jours,
La colonne de feu, qui s'écroule toujours.
A la sombre lueur de cet immense phare,
Harold longe les bords où frémit le Ténare ;
Où l'Élysée antique, en un désert changé,
Étalant les débris de son sol ravagé,
Du céleste séjour dont il offrait l'image
Semble avoir conservé les astres sans nuage.
Mais là, près de la tombe où le grand cygne dort,
Le vaisseau, tout à coup, tourne sa poupe au bord.
Fuyant de vague en vague, Harold, avec tristesse,
Voit sous les flots brillants la rive qui s'abaisse;
Bientôt son œil confond l'océan et les cieux ;
Et ces bords immortels, disparus à ses yeux,
Semblant s'évanouir en de vagues nuages,
Comme un nom qui se perd dans le lointain des âges.

« Italie ! Italie ! adieu, bords que j'aimais!
Mes yeux désenchantés te perdent pour jamais !
O terre du passé, que faire en tes collines?
Quand on a mesuré tes arcs et tes ruines,
Et fouillé quelques noms dans l'urne de la mort,
On se retourne en vain vers les vivants : tout dort.
Tout, jusqu'aux souvenirs de ton antique histoire,
Qui te feraient du moins rougir devant ta gloire !
Tout dort, et cependant l'univers est debout !
Par le siècle emporté tout marche, ailleurs, partout !

Le Scythe et le Breton, de leurs climats sauvages
Par le bruit de ton nom guidés vers tes rivages,
Jetant sur tes cités un regard de mépris,
Ne t'aperçoivent plus dans tes propres débris.
Et, mesurant de l'œil tes arches colossales,
Tes temples, tes palais, tes portes triomphales,
Avec un rire amer demandent vainement
Pour qui l'immensité d'un pareil monument ;
Si l'on attend qu'ici quelque autre César passe,
Ou si l'ombre d'un peuple occupe tant d'espace ?
Et tu souffres sans honte un affront si sanglant !
Que dis-je ? tu souris au barbare insolent ;
Tu lui vends les rayons de ton astre qu'il aime ;
Avec un lâche orgueil, tu lui montres toi-même
Ton sol partout empreint de tes héros,
Ces vieux murs où leurs noms roulent en vains échos,
Ces marbres mutilés par le fer du barbare,
Ces bustes avec qui son orgueil te compare,
Et de ces champs féconds les trésors superflus,
Et ce ciel qui t'éclaire et ne te connaît plus !
Rougis !... Mais non : briguant une gloire frivole,
Triomphe ! On chante encore au pied du Capitole.
A la place du fer, ce sceptre des Romains,
La lyre et le pinceau chargent tes faibles mains ;
Tu sais assaisonner des voluptés perfides,
Donner des chants plus doux aux voix de tes Armides,
Animer les couleurs sous un pinceau vivant ;
Ou, sous l'adroit burin de ton ciseau savant,
Prêter avec mollesse, au marbre de Blanduse,
Les traits de ces héros dont l'image t'accuse.
Ta langue, modulant des sons mélodieux,

A perdu l'âpreté de tes rudes aïeux ;
Douce comme un flatteur, fausse comme un esclave.
Tes fers en ont usé l'accent nerveux et grave ;
Et, semblable au serpent, dont les nœuds assouplis
Du sol fangeux qu'il couvre imitent tous les plis,
Façonnée à ramper par un long esclavage,
Elle se prostitue au plus servile usage,
Et, s'exhalant sans force en stériles accents,
Ne fait qu'amollir l'âme et caresser les sens.

« Monument écroulé, que l'écho seul habite ;
Poussière du passé qu'un vent stérile agite ;
Terre, ou les fils n'ont plus le sang de leurs aïeux,
Où sur un sol vieilli les hommes naissent vieux,
Où le fer avili ne frappe que dans l'ombre,
Où sur les fronts voilés plane un nuage sombre,
Où l'amour n'est qu'un piége et la pudeur qu'un fard,
Où la ruse a faussé le rayon du regard,
Où les mots énervés ne sont qu'un bruit sonore,
Un nuage éclaté qui retentit encore :
Adieu ! Pleure ta chute en vantant tes héros !
Sur des bords où la gloire a ranimé leurs os,
Je vais chercher ailleurs (pardonne, ombre romaine!)
Des hommes, et non pas de la poussière humaine !...
. . . .
. . . .

« Le ciel avec amour tourne sur toi les yeux ;
Quelque chose de saint sur les tombeaux respire,
La Foi sur tes débris a fondé son empire !
La Nature, immuable en sa fécondité,
T'a laissé deux présents, ton soleil, ta beauté ;

Et, noble dans ton deuil, sous tes pleurs rajeunie,
Comme un fruit du climat enfante le génie.
Ton nom résonne encore à l'homme qui l'entend,
Comme un glaive tombé des mains du combattant;
A ce bruit impuissant, la terre tremble encore,
Et tout cœur généreux te regrette et t'adore.

« Et toi qui m'as vu naître, Albion, cher pays
Qui ne recueilleras que les os de ton fils,
Adieu! tu m'as proscrit de ton libre rivage;
Mais dans mon cœur brisé j'emporte ton image,
Et, fier du noble sang qui parle encore en moi,
De tes propres vertus t'honorant malgré toi,
Comme ce fils de Sparte allant à la victoire,
Je consacre à ton nom ou ma mort ou ma gloire.
Adieu donc! Je t'oublie, et tu peux m'oublier :
Tu ne me reverras que sur mon bouclier.

. . . .
. . . .

« Souvent, le bras posé sur l'urne d'un grand homme,
Soit aux bords dépeuplés des longs chemins de Rome,
Soit sous la voûte auguste où, de ses noirs arceaux,
L'ombre de Westminster consacre ses tombeaux,
En contemplant ces arcs, ces bronzes, ces statues,
Du long respect des temps par l'âge revêtues,
En voyant l'étranger, d'un pied silencieux,
Ne toucher qu'en tremblant le pavé de ces lieux,
Et des inscriptions sur la poudre tracées,
Chercher pieusement les lettres effacées,
J'ai senti qu'à l'abri d'un pareil monument

Leur grande ombre devait dormir plus mollement;
Que le bruit de ces pas, ce culte, ces images,
Ces regrets renaissants et ces larmes des âges,
Flattaient sans doute encore, au fond de leur cercueil,
De ces morts immortels l'impérissable orgueil;
Qu'un cercueil, dernier terme où tend la gloire humaine,
De tant de vanités est encor la moins vaine;
Et que pour un mortel peut-être il était beau
De conquérir du moins, ici-bas, un tombeau?...
Je l'aurai!... Cependant mon cœur souhaite encore
Quelque chose de plus, mais quoi donc? il l'ignore.
Quelque chose au delà du tombeau! Que veux-tu?
Et que te reste-t-il à tenter?... La vertu!
Eh bien! pressons ce mot jusqu'à ce qu'il se brise!
S'immoler sans espoir pour l'homme qu'on méprise,
Sacrifier son or, ses voluptés, ses jours,
A ce rêve trompeur... mais qui trompe toujours;
A cette liberté que l'homme qui l'adore
Ne rachète un moment que pour la vendre encore;
Venger le nom chrétien du long oubli des rois;
Mourir en combattant pour l'ombre d'une croix,
Et n'attendre pour prix, pour couronne et pour gloire
Qu'un regard de ce Juge en qui l'on voudrait croire :
Est-ce assez de vertu pour mériter ce nom?
Eh bien! sachons enfin si c'est un rêve ou non! »

XXXVII.

Voici comment je rends compte dans mes commentaires de cet événement.

J'étais secrétaire d'ambassade à Naples. Je quittai Naples et Rome en 1822. Je vins passer un long congé à Paris. J'y fis paraître la *Mort de Socrate*, les *Secondes Méditations*. J'y composai, après la mort de lord Byron, le cinquième chant du poëme de *Child Harold*.

Dans ce dernier poëme, je supposais que le poëte anglais, en partant pour aller combattre et mourir en Grèce, adressait une invective terrible à l'Italie pour lui reprocher sa mollesse, son sommeil, sa voluptueuse servitude. Cette apostrophe finissait par ces deux vers :

Je vais chercher ailleurs (pardonne, ombre romaine !)
Des hommes, et non pas de la poussière humaine !....

Les poëtes italiens eux-mêmes, *Dante*, *Alfieri*, avaient dit des choses aussi dures à leur patrie. Ces reproches, d'ailleurs, n'étaient pas dans ma bouche, mais dans la bouche de lord Byron : ils n'égalaient pas l'âpreté de ses interpellations à l'Italie. Ce poëme fit grand bruit : ce bruit alla jusqu'à Florence. J'y arrivai deux mois après en qualité de premier secrétaire de légation.

A peine y fus-je arrivé qu'une vive émotion patriotique s'éleva contre moi. On traduisit mes vers séparés du cadre, on les fit répandre à profusion dans les salons, au théâtre, dans le peuple ; on s'indigna dans des articles de journaux et dans des brochures, de l'insolence du gouvernement français, qui envoyait, pour représenter la France dans le centre de l'Italie littéraire et libérale, un homme dont les vers étaient un outrage à l'Italie. La rumeur fut grande, et je fus quelque temps proscrit par toutes les opinions. Il y avait alors à Florence des exilés de Rome, de Turin, de Naples, réfugiés sur le sol toscan, à la suite des trois révolutions qui venaient de s'allumer et de s'éteindre dans leur patrie. Au nombre de ces proscrits se trouvait le colonel Pepe. Le colonel Pepe était un des officiers les plus distingués de l'armée; il avait suivi Napoléon en

Russie; il était, de plus, écrivain de talent. Il prit en main la cause de sa patrie; il fit imprimer contre moi une brochure dont l'honneur de mon pays et l'honneur de mon poste ne me permettaient pas d'accepter les termes. J'en demandai satisfaction. Nous nous battîmes dans une prairie au bord de l'Arno, à une demi-lieue de Florence. Nous étions tous les deux de première force en escrime. Le colonel avait plus de fougue, moi plus de sang-froid. Le combat dura dix minutes. J'eus cinq ou six fois la poitrine découverte du colonel sous la pointe de mon épée : j'évitai de l'atteindre. J'étais résolu de me laisser tuer, plutôt que d'ôter la vie à un brave soldat criblé de blessures, pour une cause qui n'était point personnelle, et qui, au fond, honorait son patriotisme. Je sentais aussi que si j'avais le malheur de le tuer, je serais forcé de quitter l'Italie à jamais. Après deux reprises, le colonel me perça le bras droit d'un coup d'épée. On me rapporta à Florence. Ma blessure fut guérie en un mois.

XXXVIII.

Les duels sont punis de mort en Toscane. Le nôtre avait eu trop d'éclat pour que le gouvernement pût feindre de l'ignorer. Ma qualité de représentant d'une puissance étrangère me couvrait; la qualité de réfugié politique aggravait celle du colonel Pepe. On le recherchait. J'écrivis au grand-duc, prince d'une âme grande et noble, qui m'honorait de son amitié, pour obtenir de lui que le colonel Pepe ne fût ni proscrit de ses États, ni inquiété pour un fait dont j'avais été deux fois le provocateur. Le grand-duc ferma les yeux. Le public, touché de mon procédé et attendri par ma blessure, m'applaudit la première fois que je reparus au théâtre. Tout fut effacé par un peu de sang entre l'Italie et moi. Je restai l'ami de mon adversaire, qui rentra plus tard dans sa patrie et devint général.

Un de mes amis avait relevé ma cause dès la première émotion de cette querelle, et il avait écrit, en quelques pages de sang-froid et d'analyse, une défense presque judiciaire de mes vers calomniés. Mais je ne voulus plaider de la plume qu'après le jugement de l'épée, et je ne consentis à publier cette défense que lorsque je pus la signer de la goutte de sang de ce duel d'honneur non personnel, mais national.

J'en donne ici quelques extraits, comme pièces justificatives de cet étrange procès littéraire.

XXXIX.

« On a donné, dans quelques écrits récemment publiés en Italie, de fausses interprétations d'un passage du cinquième chant du poëme de *Child Harold,* interprétations dont l'auteur a été profondément affligé, et auxquelles on croit convenable de répondre. Les esprits impartiaux apprécieront sans doute les motifs du silence que M. de Lamartine a gardé jusqu'ici, et la justesse de ces observations.

« Un auteur ne doit jamais défendre ses propres ouvrages, mais un homme qui se respecte doit venger ses sentiments méconnus. Fidèle à ce principe, M. de Lamartine n'a jamais répondu aux critiques littéraires que par le silence ; mais il repousse avec raison des opinions et des sentiments que l'erreur seule peut lui imputer.

« Le passage inculpé est une imprécation poétique contre l'Italie en général ; imprécation que prononce Child Harold au moment où, quittant pour jamais les contrées de l'Europe, contre lesquelles sa misanthropie s'exhalait souvent avec toutes les expressions de la haine, il s'élançait vers un pays où son imagination désenchantée lui promettait des émotions nouvelles. Cette imprécation renferme ce que renferme toute imprécation, c'est-à-dire tout ce que l'imagination d'un poëte, quand il rencontre un pareil sujet, peut lui fournir de plus fort, de plus général, de plus exagéré, de plus vague, contre la chose ou le pays sur lesquels s'exerce la fureur poétique de son héros. Si l'on veut une idée juste d'une pareille figure, qu'on lise les diatribes d'Alfieri contre la France, son langage, ses mœurs, ses habitants ; les imprécations de Corneille contre Rome, celles de Dante, de Pétrarque, et de presque tous les poëtes italiens contre leur propre patrie, celles même de lord Byron contre quelques-uns de ses compatriotes; qu'on lise enfin tous les satiriques de tous les siècles, depuis Juvénal jusqu'à Gilbert. De pareils morceaux n'ont jamais rien prouvé, que le plus ou moins de talent de leurs auteurs à se pénétrer des couleurs de leur sujet, ou à exercer leur verve satirique sur des nations ou des époques, c'est-à-dire sur des abstractions inoffensives.

XL.

« Voilà cependant de quel fondement des critiques italiens et quelques personnes mal informées ont voulu conclure les opinions et les sentiments de M. de Lamartine sur l'Italie. Hâtons-nous d'ajouter cependant que la plupart des personnes qui sont tombées dans cette erreur ne connaissaient de l'ouvrage que ce seul passage, et que, le lisant séparé de l'ensemble qui l'explique, et le croyant placé dans la bouche du poëte lui-même, l'accusation pouvait leur paraître plus plausible.

« Rétablissons les faits : l'imprécation du cinquième chant de *Child Harold* n'a jamais été l'expression des sentiments de M. de Lamartine sur l'Italie. Ces vers ne sont nullement dans sa bouche, ils sont dans la bouche de son héros ; et si jamais il a été possible de confondre le héros et l'auteur, et de rendre l'un solidaire des opinions de l'autre, à coup sûr ce n'était pas ici le cas. Child Harold, ou lord Byron, que ce nom désigne toujours, est non-seulement un personnage très-distinct de M. de Lamartine, il en est encore en toute chose l'opposé le plus absolu. Irréligieux jusqu'au scepticisme, fanatique de révolutions, misanthrope jusqu'au mépris le moins déguisé pour l'espèce humaine, paradoxal jusqu'à l'absurde, Child Harold est partout et toujours, dans ce cinquième chant, le contraste le plus prononcé avec les idées, les opinions, les affections, les sentiments de l'auteur français ; et peut-être M. de Lamartine pourrait-il affirmer avec vérité qu'il n'y a pas dans tout ce poëme quatre vers qui soient pour lui l'expression d'un sentiment personnel. Le genre même de l'ouvrage peut rendre raison d'une pareille dissemblance : ce cinquième chant est, en effet, une continuation de l'œuvre d'un autre poëte, œuvre où cet autre poëte célébrait son propre caractère et ses impressions les plus intimes; sorte de composition où l'auteur doit, plus que tout autre, se dépouiller de lui-même et se perdre dans sa fiction. Ajoutons que ce cinquième chant était même destiné à paraître sous le nom de lord Byron, et comme la traduction d'un fragment posthume de cet illustre écrivain.

« Mais depuis quand un auteur serait-il solidaire des paroles de son héros? Quand lord Byron faisait parler Manfred, le Corsaire ou Lara; quand il mettait dans leur bouche les imprécations les plus affreuses contre l'homme, contre les institutions sociales, contre la Divinité; quand ils riaient de la vertu et divinisaient le crime, a-t-on jamais confondu la pensée du poëte et celle du brigand? et un tribunal anglais s'est-il avisé de venir demander compte à l'illustre barde des opinions du corsaire ou des sentiments de Lara? Milton, le Dante, le Tasse, sont dans le même cas : toute fiction a été de tout temps permise aux poëtes, et aucun siècle, aucune nation ne leur a imputé à crime un langage conforme à leur fiction.

Pictoribus atque poetis
Quid libet audenti semper fuit æqua potestas.

« Mais si l'usage de tous les temps et le bon sens de tous les peuples ne suffisaient pas pour établir ici cette distinction entre le poëte et le héros, M. de Lamartine avait pris soin de l'établir d'avance dans la préface même de son ouvrage. « Il est inutile,
« dit-il, de faire remarquer que la plupart des
« morceaux de ce dernier chant de *Child Harold*
« se trouvent uniquement dans la bouche du héros
« que, d'après ses opinions connues, l'auteur fran-
« çais ne pouvait faire parler contre la vraisem-
« blance de son caractère. Satan, dans Milton, ne
« parle point comme les anges. L'auteur et le héros
« ont deux langages très-opposés, etc... » (*Préface de la première édition d'*Harold.)

XLI.

« Ce serait en dire assez ; mais on dira plus. Lors même que M. de Lamartine aurait écrit en son propre nom, et comme l'expression de ses propres impressions, ce qu'il n'a écrit que sous le nom d'Harold ; lors même qu'il penserait de l'Italie et de ses peuples autant de mal que le supposent gratuitement ses adversaires, le fragment cité ne mériterait aucune des épithètes qu'on se plaît à lui donner. En effet, une chose qui, par sa nature, n'offense ni un individu ni une nation, n'est point une injure ; jamais une vague déclamation contre les vices d'un siècle ou d'un peuple n'a offensé réellement une nation ou une époque ; et jamais ces déclamations, quelque violentes, quelque injustes qu'on les suppose, n'ont été sérieusement reprochées à leurs auteurs ; l'opinion, juste en ce point, a senti que ce qui frappait dans le vague était innocent, par là même que cela ne nuisait à personne.

« Plaçons ici une observation plus personnelle. Si le chant de *Child Harold* était le début d'un auteur complétement inconnu, si la vie et les ouvrages de M. de Lamartine étaient totalement ignorés, on comprendrait plus aisément peut-être l'erreur qui lui fait attribuer aujourd'hui les sentiment qu'ils désavoue. Mais s'il perce dans tous ses écrits précédents un goût de prédilection pour une contrée de l'Europe, à coup sûr c'est pour l'Italie : dans vingt passages de ses ouvrages, il témoigne pour elle le plus vif enthousiasme; il ne cesse d'y exalter cette terre du soleil, du génie et de la beauté :

> Délicieux vallons, où passa tour à tour
> Tout ce qui fut grand dans le monde !
>
> (Méditation VIII, 1ʳᵉ édit.)

d'en appeler à ses immortels souvenirs :

> Oui, dans ton sein l'âme agrandie
> Croit sur tes monuments respirer ton génie?
>
> (*Id.*)

de célébrer sa gloire et même ses ruines : voyez le morceau intitulé *Rome*, dédié à la duchesse de Devonshire. Si du poëte nous passons à l'homme, nous voyons que M. de Lamartine a passé en Italie, et par choix, les premières années de sa jeunesse; qu'il y est revenu sans cesse à différentes époques, qu'il y revient encore aujourd'hui. Qu'on rabaisse son talent poétique tant qu'on voudra, il n'y attache pas lui-même plus de prix qu'il n'en mérite; mais si on veut bien lui accorder au moins le bon sens le plus vulgaire et le plus usuel, comment supposera-t-on que si la haine qu'on lui impute était dans son cœur, que s'il avait prétendu exhaler ses propres sentiments en écrivant les imprécations d'Harold, il eût au même moment demandé à être renvoyé dans ce pays qu'il abhorrait, et qu'enfin il fût venu se jeter seul au milieu des ennemis de tout genre que la manifestation de ces sentiments aurait dû lui faire? Qui ne sent l'absurdité d'une pareille supposition, et quel homme de bonne foi, en comparant les paroles du poëte et ses actions, en opposant tous les vers où il exprime sous son propre nom ses propres impressions à ceux où il exprime les sentiments présumés de son personnage, quel homme de bonne foi, disons-nous, pourra suspendre son jugement?

XLII.

« Quelle que soit, au reste, la peine que puisse éprouver M. de Lamartine de voir ses intentions si amèrement inculpées, il doit peut-être de la reconnaissance aux auteurs des différents articles où on l'accuse, puisqu'ils le mettent dans la nécessité d'expliquer sa pensée méconnue, et de désavouer hautement les sentiments aussi absurdes qu'injurieux qu'on s'est plu à lui prêter. De ce qu'il y a quelques traits de vérité dans le fragment d'*Harold*, on veut conclure que ce ne sont point des sentiments feints, et qu'ils expriment la pensée de l'auteur plus que la passion du héros. Oui, sans doute, il y a quelques traits de vérité : et quel peuple n'a pas ses vices? quelle époque n'a pas ses misères? L'Italie seule voudrait-elle n'être peinte que des traits de l'adulation? Il y a quelques traits de vérité ; mais l'ensemble du tableau est faux, outré, comme tout tableau qui n'est vu que sous un seul jour, comme toute peinture où l'imagination n'emploie que les couleurs de la prévention et de la haine. Oui, le tableau est faux pour M. de Lamartine. Dans sa fiction, son héros et lui partent de principes trop opposés pour se rencontrer jamais dans un jugement semblable.

« Mais peut-on admettre, d'ailleurs, que le poëte qui a pu faire les vers de *Child Harold* soit en même temps assez absurde et assez aveugle à toute évidence pour ne pas rendre une éminente justice à ce que tout le monde entier reconnaît et admire? pour maudire une terre à laquelle la nature et le ciel ont prodigué tous leurs dons, dont l'histoire est encore un des trophées du genre humain ? pour dédaigner une langue qu'ont chantée le Dante, Pétrarque et le Tasse ; une terre où, dans les temps modernes, toute civilisation et toute littérature ont pris naissance et ont produit la splendeur de Rome sous les Léon X, la culture et l'éclat de Florence sous les Médicis, la puissance merveilleuse de Venise et les plus imposants chefs-d'œuvre que nos âges puissent opposer au siècle de Périclès? comprendre enfin, dans une exécration universelle, le climat, le génie, la langue, le caractère de dix nations des plus heureusement douées par le ciel, et chez lesquelles tant de grands écrivains, tant de nobles caractères semblent renouvelés de siècle en siècle pour protester contre la décadence même de cet empire du monde qu'aucun peuple n'a pu conserver?

« Mais c'est assez. Quelle que soit l'estime que l'on porte à un homme ou à un peuple, le moment de le louer n'est pas celui où l'on est injustement accusé par lui : la justice même en pareil cas ressemblerait à de la crainte. Quoique M. de Lamartine rejette à bon droit ce rôle d'insulteur public qu'on a voulu lui faire jouer malgré lui, il ne veut pour personne, pas même pour une nation, s'abaisser au rôle de suppliant ou à celui d'adulateur : l'un lui messied autant que l'autre. Satisfait d'avoir répondu aux injustes inculpations qu'un de ses écrits a pu malheureusement autoriser jusqu'à ce qu'il se fût expliqué lui-même, il se taira maintenant. Les esprits impartiaux rendront justice aux sentiments de convenances personnelles et politiques qui lui imposent désormais le devoir de ne répondre aux fausses interprétations que par le silence, aux injures littéraires que par l'oubli, aux insultes personnelles que par la mesure et la fermeté que tout homme doit retrouver en soi, quand on en appelle de son talent à son caractère.

« Florence, le 12 janvier 1826. »

CHAPITRE II

XLIII.

Pendant le mois que je passai dans mon lit à me guérir de ma blessure, les personnes les plus distinguées de Florence se firent écrire à ma porte, et je compris, par cet empressement, que le pays était satisfait et que la réconciliation était complète. Après ma convalescence, je rendis ces visites ; M. Demidoff, le père, qui vivait alors à Florence dans une opulence sans limites, entretenait dans son palais une troupe de comédiens français très-distingués et un orchestre italien, réunissait, une fois par semaine, chez lui, tout ce que la cour, la ville et le corps diplomatique renfermaient de spectateurs. J'y fus particulièrement bien reçu, et son fils, Anatole Demidoff, enfant alors, m'a conservé et témoigné depuis des sentiments survivants à toutes les circonstances heureuses ou malheureuses de ma vie.

L'ancien ambassadeur de Prusse, *Luchesini*, homme d'une finesse et d'une grâce qui voilaient son habileté consommée, me rappelait au delà des Alpes et des Apennins la figure et la sagacité du prince de Talleyrand. Le marquis de Bombelles était ambassadeur d'Autriche. Fils de M. de Bombelles, émigré français rentré avec le roi et devenu, depuis la mort de sa femme, évêque d'Amiens, il était resté au service de l'empereur François. C'était un homme d'un esprit très-expert et d'un caractère très-agréable, mais d'autant plus hostile à la France que, étant lui-même Français d'origine, il avait plus à cœur de paraître servir son souverain allemand par une opposition innée à tout ce qui pouvait rappeler la constitution semi-révolutionnaire dans le gouvernement de Louis XVIII. Il avait épousé et amené à Florence une jeune et belle Danoise, la fameuse *Ida Brown*, devenue comtesse de Bombelles, aussi bonne que belle, douée d'une voix et d'un talent musical égaux peut être aux charmes de madame Malibran, rassemblant presque tous les jours dans son salon les admirateurs passionnés de sa personne et de son art. On en sortait enivré. Sa simplicité candide la défendait contre l'enthousiasme qu'inspiraient sa jeunesse, sa beauté et sa voix. Elle n'éprouvait et n'inspirait que l'amitié. Elle en conçut une très-vive pour ma femme et pour moi.

XLIV.

Nous dûmes à cette prédilection de la comtesse de Bombelles de la voir quelquefois dans le merveilleux exercice du talent, ou plutôt de l'inspiration qui lui avait valu l'enthousiasme de madame de Staël dans son dernier voyage à Hambourg : *les Attitudes*. Elle était née grande tragédienne par le geste. Dès l'âge de dix à douze ans, elle avait compris d'elle-même qu'il y avait un langage souverainement expressif dans les poses et dans les attitudes du corps, comme il y en a un dans les sons. La contemplation des tableaux des grands peintres ou des statues des grands sculpteurs, qui gravent, en immortelles attitudes, leur pensée dans l'œil de leurs admirateurs, avaient convaincu la jeune fille que l'effet de la beauté vivante ne serait pas moins impressionnant que celui de la beauté morte, et que la chair était au moins l'égale de la pierre, ou du bronze, ou du marbre.

Une révélation de son génie inné lui avait fait imiter sans efforts l'expression des fortes sensations : effroi, amour, contemplation, tristesse, deuil, désespoir, sur le visage et dans la pose du corps, pour produire sur l'œil ce que la poésie dramatique ou épique la plus éloquente produit sur l'imagination la plus sensible.

Pour rendre cet effet aussi agréable qu'il était puissant, il fallait que l'artiste ajoutât à l'intelligence la suprême beauté, afin que l'imagination ravie ne pût pas rêver plus beau que l'image reproduite à ses yeux. La nature en cela n'avait rien laissé à désirer dans les yeux, dans la chevelure, dans les traits, dans les bras, dans tout le galbe enfin de madame de Bombelles. L'inspiration même, qui manquait quelquefois à la figure au repos, reparaissait en elle aussitôt qu'elle oubliait le monde pour s'abandonner à son génie plastique. Ce n'était plus une femme, c'était une passion sous l'idéale beauté; elle ne se livrait à cette inspiration des attitudes que dans l'intimité la plus confidentielle. Le prestige, d'une telle exhibition de soi-même eût été trop expressif en public. Le génie lui-même a sa pudeur, surtout quand il a pour organe une femme. Je n'ai jamais vu ailleurs que devant ces statues animées de madame de Bombelles le prodige des attitudes, et je ne l'ai jamais oublié. Son mari est mort, et elle vit maintenant retirée du monde dans quelque asile religieux d'Allemagne. Si elle y pense à ses amis des jours heureux, que mon nom lui revienne et qu'elle se souvienne à son tour de ceux qui l'ont le plus aimée. Le souvenir est la résurrection des jours évanouis.

XLV.

J'en trouvai en ce temps-là une autre à Florence dans la présence inattendue de la comtesse *Léna*, qui était venue passer quelques mois chez son frère, en Toscane, et visiter ses anciens amis. Un long silence l'avait éloignée de moi depuis mon mariage. Elle pensait pouvoir renouer un attachement, passionné d'une part, mais combattu de l'autre. C'était la plus belle et la plus gracieuse des femmes qui m'eût jamais apparu dans ma vie. (Voir sous le nom de Régina le deuxième volume des *Confidences*.) Telle elle était encore; telle elle fut jusqu'au dernier jour de sa vie, à l'heure où le choléra l'emporta, en 1851, dans sa retraite des environs de Venise où elle s'était réfugiée. Connaissant mes revers après la révolution de 1848, elle m'écrivit pour m'offrir un asile dans le séjour solitaire que sa fidèle amitié me gardait. J'avais des devoirs rigoureux à remplir avant de penser à un repos délicieux, mais coupable. J'étais parti pour Constantinople et Smyrne quand cette invitation m'arriva. Je lui répondis pour la remercier et pour ajourner l'acceptation de son offre. Elle était morte quand ma réponse parvint à son sépulcre.

Elle prit un appartement à Florence, où nous passâmes quelques mois ensemble dans une intimité douce, mais irréprochable, au milieu du petit cercle d'amis et d'admirateurs de sa merveilleuse beauté. Nous nous séparâmes douloureusement quand elle repartit pour Rome. Il y a ainsi dans la vie des apparitions qui auraient pu enchanter l'existence, mais qu'on ne rencontre que trop tôt ou trop tard. La comtesse *Léna* ne se retrouvera que dans le ciel; elle était trop belle pour cette terre.

XLVI.

Le marquis de La Maisonfort quitta Florence au printemps, au moment où la cour de Toscane allait habiter, suivant son usage, Livourne et Pise, où elle avait ses palais. J'y allai moi-même, et je pris à Livourne, non loin du bord de la mer, une belle villa dans un faubourg, entourée de vastes jardins plantés de citronniers et de figuiers. La grande-duchesse allait tous les soirs se promener en voiture à l'*Ardenza;* cette promenade, la seule qu'il y eût à Livourne, était alors sans ombre, et on ne pouvait y aller qu'au soleil couchant, à l'heure où la brise de mer soufflait la fraîcheur humide des flots sur la plage.

J'y montais moi-même à cheval à cette heure, et je galopais sur la route solitaire de la maison isolée qu'avait habitée longtemps lord Byron. Je croyais y revoir son ombre et celle de son amie, la comtesse Guicioli.

Quelquefois je partais le matin avant l'ardeur du jour, et j'allais jusqu'au monastère célèbre de *Montenero*, lieu de pèlerinage, chez un matelot de la Méditerranée ; je laissais mes chevaux de selle dans quelque auberge du Cap, et je me perdais, un album sous le bras, dans les bois de caroubiers et de chênes verts qui en couvraient les pentes. C'est là que j'écrivis en grande partie les *Harmonies poétiques et religieuses,* qui ne furent imprimées que huit ans après. Le soir, quand je remontais à cheval pour regagner ma villa de Livourne, au soleil baissant, je trouvais quelquefois les deux grandes-duchesses assises, avec leurs enfants, dans le jardin de ma femme, et passant familièrement les heures intimes de la soirée avec nous en causant de poésie et de littérature, comme elles avaient fait avec Schiller et Goëthe, à Weymar.

XLVII.

Après tout un été passé ainsi dans l'intimité de ces princesses et du prince, on conçoit aisément que je ne puisse être impartial sur le sort de ces souverains, qui descendaient du trône pour s'entretenir avec un poëte, et pour méditer tout bas le bonheur des peuples qui leur étaient confiés. Cette vie cessa pour reprendre à Florence, l'hiver suivant, après leur séjour à Pise et dans leur villa impériale de *Poggio Caiano,* aux environs de Florence. J'y fus souvent invité plus tard et j'y dînai dans la salle magnifique où la célèbre Vénitienne *Bianca Capello,* devenue grande-duchesse par l'amour, expia par le poison son bonheur et celui de son époux.

XLVIII.

Le marquis de La Maisonfort m'avait invité à venir à Lucques, où il voulait me présenter au duc de Lucques, fils de la reine d'Étrurie, que Napoléon avait mise sur le trône de Toscane, puis détrônée et reléguée à Lucques. La Restauration y avait rétabli son fils, en attendant le duché de Parme, après Marie-Louise, veuve de Napoléon vivant relégué à Sainte-Hélène.

La duchesse de Parme, Marie-Louise, que j'avais vue en passant à Parme, m'avait paru charmante et bien éloignée de l'affreuse image que les libéraux et les bonapartistes français avaient faite d'elle à Paris. Sa figure aussi douce qu'intelligente, ses yeux bleus, ses cheveux blonds, sa taille souple, sa physionomie heureuse sous un voile de mélancolie paisible, plaisaient aux regards impartiaux. Le comte de Neiperg, grand-maître de sa maison et son premier ministre, qu'elle passait pour aimer en secret depuis son retour à Vienne (1814), avait vis-à-vis d'elle la déférence respectueuse qui convenait à sa situation officielle.

Après avoir dîné deux jours à sa table, dans son palais de Parme, elle reconnut en moi un ami de la maison des Bourbons, et elle me conduisit elle-même dans les chambres hautes de son palais pour m'y faire voir, avec une visible indifférence, les reliques de sa grandeur impériale données par la ville de Paris à l'époque de son mariage et de ses couches. Ces monuments de sa dignité forcée, couverts de la poussière du temps, lui rappelaient évidemment des années de splendeur qu'elle eût voulu effacer de sa vie. Je la quittai pour la revoir depuis, tous les ans, avec une impression très-douce et très-admirative qui ne pouvait que s'accroître en la voyant familièrement. C'était une femme pleine de grâce, de simplicité et d'agréments. Parme était heureuse sous cette princesse qui cherchait à consoler ce petit peuple, par son gouvernement, des splendeurs dont elle avait joui et dont elle était déchue en trois ans, d'un règne qui n'avait été qu'un grand orage.

7

XLIX.

Je m'arrêtai à Pise pendant quelques jours pour y admirer les beautés de la cathédrale et du *Campo Santo*, ce monument de marbre du XIIIe siècle, et les quais magnifiques et solitaires, témoins aujourd'hui muets d'une grandeur évanouie. J'y fis connaissance avec un ami de madame de Staël, l'aimable professeur Rosini, auteur de la *Monaca de Monza*, avec lequel j'entretins depuis une amitié qui ne s'éteignit qu'à sa mort.

De là, je me rendis à Lucques par une route entrecoupée de riants villages où les pampres déjà jaunissants, suspendus en guirlandes, semaient les bords des fossés de feuilles de vigne et d'oliviers.

Je ne fis que traverser la ville, et je descendis à *Saltochio*, superbe villa antique qu'habitait le marquis de La Maisonfort, de l'autre côté de la plaine, sur la route des bains. J'y pris possession d'un appartement que voulut bien m'offrir le ministre de France. Nous y fîmes ensemble plus de poésie que de diplomatie. La sérénité limpide de ce beau ciel au commencement de l'automne m'inspira ces mélancolies qui se répandent sur le bonheur même, comme le clair de lune de ces climats sur la nuit d'un beau jour.

En voici une que j'écrivis dès les premiers jours de mon arrivée à *Saltochio* ; je la donne ici avec le commentaire qu'on retrouve dans mes œuvres complètes :

PENSÉE DES MORTS

Voilà les feuilles sans sève
Qui tombent sur le gazon :
Voilà le vent qui s'élève
Et gémit dans le vallon ;
Voilà l'errante hirondelle
Qui rase du bout de l'aile
L'eau dormante des marais ;
Voilà l'enfant des chaumières
Qui glane sur les bruyères
Le bois tombé des forêts.

L'onde n'a plus le murmure
Dont elle enchantait les bois ;
Sous des rameaux sans verdure
Les oiseaux n'ont plus de voix ;

Le soir est près de l'aurore ;
L'astre à peine vient d'éclore,
Qu'il va terminer son tour ;
Il jette par intervalle
Une lueur, clarté pâle
Qu'on appelle encore un jour.

L'aube n'a plus de zéphire
Sous ses nuages dorés ;
La pourpre du soir expire
Sous les flots décolorés ;
La mer solitaire et vide
N'est plus qu'un désert aride
Où l'œil cherche en vain l'esquif ;
Et sur la grève plus sourde
La vague orageuse et lourde
N'a qu'un murmure plaintif.

La brebis sur les collines
Ne trouve plus le gazon,
Son agneau laisse aux épines
Les débris de sa toison.
La flûte aux accords champêtres
Ne réjouit plus les hêtres
Des airs de joie ou d'amours,
Toute herbe aux champs est glanée :
Ainsi finit une année,
Ainsi finissent nos jours !

C'est la saison où tout tombe
Aux coups redoublés des vents ;

Un vent qui vient de la tombe
Moissonne aussi les vivants :
Ils tombent alors par mille,
Comme la plume inutile
Que l'aigle abandonne aux airs,
Lorsque des plumes nouvelles
Viennent réchauffer ses ailes
A l'approche des hivers.

C'est alors que ma paupière
Vous vit pâlir et mourir,
Tendres fruits qu'à la lumière
Dieu n'a pas laissé mûrir !
Quoique jeune sur la terre,
Je suis déjà solitaire
Parmi ceux de ma saison ;
Et quand je dis en moi-même :
Où sont ceux que ton cœur aime ?
Je regarde le gazon.

Leur tombe est sur la colline,
Mon pied le sait : la voilà !
Mais leur essence divine,
Mais eux, Seigneur, sont-ils là ?
Jusqu'à l'indien rivage
Le ramier porte un message
Qu'il rapporte à nos climats ;
La voile passe et repasse :
Mais de son étroit espace
Leur âme ne revient pas.

Ah ! quand les vents de l'automne
Sifflent dans les rameaux morts,
Quand le brin d'herbe frissonne,
Quand le pin rend ses accords,
Quand la cloche des ténèbres
Balance ses glas funèbres,
La nuit, à travers les bois,
A chaque vent qui s'élève,
A chaque flot sur la grève,
Je dis : N'es-tu pas leur voix ?

Du moins, si leur voix si pure,
Est trop vague pour nos sens,
Leur âme en secret murmure
De plus intimes accents ;
Au fond des cœurs qui sommeillent,
Leurs souvenirs qui s'éveillent
Se pressent de tous côtés,
Comme d'arides feuillages
Que rapportent les orages
Au tronc qui les a portés.

C'est une mère ravie
A ses enfants dispersés,
Qui leur tend, de l'autre vie,
Ces bras qui les ont bercés ;
Des baisers sont sur sa bouche ;
Sur ce sein qui fut leur couche
Son cœur les rappelle à soi ;
Des pleurs voilent son sourire,

Et son regard semble dire :
« Vous aime-t-on comme moi ! »

C'est une jeune fiancée
Qui, le front ceint du bandeau,
N'emporta qu'une pensée
De sa jeunesse au tombeau :
Triste, hélas ! dans le ciel même,
Pour revoir celui qu'elle aime
Elle revient sur ses pas,
Et lui dit : « Ma tombe est verte,
Sur cette terre déserte
Qu'attends-tu ? Je n'y suis pas ! »

C'est un ami de l'enfance
Qu'aux jours sombres du malheur
Nous prêta la Providence
Pour appuyer notre cœur.
Il n'est plus ; notre âme est veuve,
Il nous suit dans notre épreuve,
Et nous dit avec pitié :
« Ami, si ton âme est pleine,
De ta joie ou de ta peine
Qui portera la moitié ? »

C'est l'ombre pâle d'un père
Qui mourut en nous nommant ;
C'est une sœur, c'est un frère
Qui nous devance un moment.
Sous notre heureuse demeure,
Avec celui qui les pleure,

Hélas! ils dormaient hier!
Et notre cœur doute encore,
Que le ver déjà dévore
Cette chair de notre chair!

L'enfant dont la mort cruelle
Vient de vider le berceau,
Qui tomba de la mamelle
Au lit glacé du tombeau ;
Tous ceux enfin dont la vie,
Un jour ou l'autre ravie,
Emporte une part de nous,
Murmurent sous la poussière :
« Vous qui voyez la lumière,
De nous vous souvenez-vous ? »

Ah! vous pleurer est le bonheur suprême,
Mânes chéris de quiconque a des pleurs!
Vous oublier, c'est s'oublier soi-même :
N'êtes-vous pas un débris de nos cœurs?

En avançant dans notre obscur voyage,
Du doux passé l'horizon est plus beau :
En deux moitiés notre âme se partage,
Et la meilleure appartient au tombeau!

Dieu de pardon! leur Dieu! Dieu de leurs pères!
Toi que leur bouche a si souvent nommé,
Entends pour eux les larmes de leurs frères!
Prions pour eux, nous qu'ils ont tant aimé!

Ils t'ont prié pendant leur courte vie,
Ils ont souri quand tu les as frappés!
Ils ont crié : « Que ta main soit bénie ! »
Dieu, tout espoir, les aurais-tu trompés?

Et cependant pourquoi ce long silence?
Nous auraient-ils oubliés sans retour?
N'aiment-ils plus? Ah ! ce doute t'offense !
Et toi, mon Dieu, n'es-tu pas tout amour ?

Mais s'ils parlaient à l'ami qui les pleure,
S'ils nous disaient comment ils sont heureux,
De tes desseins nous devancerions l'heure;
Avant ton jour nous volerions vers eux.

Où vivent-ils? Quel astre à leur paupière
Répand un jour plus durable et plus doux ?
Vont-ils peupler ces îles de lumière?
Ou planent-ils entre le ciel et nous?

Sont-ils noyés dans l'éternelle flamme ?
Ont-ils perdu ces doux noms d'ici-bas,
Ces noms de sœur, et d'amante, et de femme ?
A ces appels ne répondront-ils pas?

Non, non, mon Dieu ! si la céleste gloire
Leur eût ravi tout souvenir humain,
Tu nous aurais enlevé leur mémoire :
Nos pleurs sur eux couleraient-ils en vain?

Ah! dans ton sein que leur âme se noie!
Mais garde-nous nos places dans leur cœur.
Eux qui jadis ont goûté notre joie,
Pouvons-nous être heureux sans leur bonheur?

Étends sur eux la main de ta clémence!
Ils ont péché : mais le ciel est un don!
Ils ont souffert : c'est une autre innocence!
Ils ont aimé : c'est le sceau du pardon!

   Ils furent ce que nous sommes,
   Poussière, jouet du vent;
   Fragiles comme des hommes,
   Faibles comme le néant!
   Si leurs pieds souvent glissèrent,
   Si leurs lèvres transgressèrent
   Quelque lettre de ta loi,
   O Père, ô Juge suprême,
   Ah! ne les vois pas eux-mêmes;
   Ne regarde en eux que toi!

   Si tu scrutes la poussière,
   Elle s'enfuit à ta voix;
   Si tu touches la lumière,
   Elle ternira tes doigts;
   Si ton œil divin les sonde,
   Les colonnes de ce monde
   Et des cieux chancelleront;
   Si tu dis à l'innocence,
   « Monte et plaide en ma présence! »
   Tes vertus se voileront.

Mais, toi, Seigneur, tu possèdes
Ta propre immortalité ;
Tout le bonheur que tu cèdes
Accroît ta félicité.
Tu dis au soleil d'éclore,
Et le jour ruisselle encore !
Tu dis au temps d'enfanter,
Et l'éternité docile,
Jetant les siècles par mille,
Les répand sans les compter !

Les mondes que tu répares
Devant toi vont rajeunir,
Et jamais tu ne sépares
Le passé de l'avenir.
Tu vis ! et tu vis ! Les âges,
Inégaux pour tes ouvrages,
Sont tous égaux sous ta main ;
Et jamais ta voix ne nomme,
Hélas ! ces trois mots de l'homme :
Hier, aujourd'hui, demain !

O Père de la nature,
Source, abîme de tout bien,
Rien à toi ne se mesure :
Ah ! ne te mesure à rien !
Mets, ô divine clémence,
Mets ton poids dans la balance,
Si tu pèses le néant !
Triomphe, ô vertu suprême,

En te contemplant toi-même !
Triomphe en nous pardonnant.

L.

COMMENTAIRE
DE LA PREMIÈRE HARMONIE

Cela fut écrit à la villa Ludovisi, dans la campagne de Lucques, pendant l'automne de 1825. La campagne de Lucques est l'Arcadie de l'Italie. En quittant Pise et ses monuments de marbre blanc étincelant sous son ciel bleu, qui font de cette ville un musée en plein soleil, on s'enfonce dans des gorges fertiles, où l'olivier, le figuier, le grenadier, le maïs oriental, le peuplier, l'if poudreux, la vigne grimpante, inondent la campagne de végétation. Bientôt ces vallées s'élargissent, et deviennent un bassin de quelques lieues de circonférence, dont la ville de Lucques occupe le centre. Ses remparts, ses clochers, ses tours, les toits crénelés de ses palais jaillissent du sein des arbres, c'est une Florence en miniature. Mais aussitôt qu'on a traversé la capitale, on découvre, sur le penchant des montagnes, une nature infiniment plus accidentée, plus ombragée, plus arrosée, plus creusée, plus étagée, plus alpestre, plus apennine, que la nature en Toscane : les cimes, voilées de châtaigniers et dentelées de roches, se perdent en une hauteur immense dans le ciel. Des ermitages, des couvents, des hameaux, des maisons de chevriers isolées, éclatent de blancheur, au milieu des figuiers et des caroubiers presque noirs, sur chaque piédestal de rocher, au bord écumant de chaque cascade. Au-dessous, cinq ou six *villas* majestueuses sont assises sur des pelouses entourées de cyprès, précédées de colonnades de marbre entrevues derrière la fumée des jets d'eau ; elles dominent la plaine de Lucques d'un côté, et de l'autre elles s'adossent aux flancs ombragés des montagnes. Des chemins étroits, encaissés par les murs des *podere* et par le lit des torrents, mènent en serpentant à ces villas, où les grands seigneurs de Florence, de Pise, de Lucques, et les ambassadeurs étrangers passent dans les plaisirs les mois d'automne.

J'habitais un de ces magiques séjours ; je gravissais souvent, le matin, les sentiers rocailleux qui mènent au sommet de ces montagnes, d'où l'on

aperçoit les maremmes de Toscane et la mer de
Pise. Rien n'était triste alors dans ma vie, rien vide
dans mon cœur ; un soleil répercuté par les cimes
dorées des rochers m'enveloppait ; les ombres des
cyprès et des vignes me rafraîchissaient ; l'écume
des eaux courantes et leurs murmures m'entrete-
naient ; l'horizon des mers m'élargissait le ciel, et
ajoutait le sentiment de l'infini à la voluptueuse sensation des scènes rapprochées que j'avais sous les
pieds ; l'amitié, l'amour, le loisir, le bonheur, m'attendaient au retour à la villa Ludovisi. Je ne ren-
contrais sur les bords des sentiers que des spectacles
de vie pastorale, de félicité rustique, de sécurité et
de paix. Des paysages de *Léopold Robert*, des moissonneurs, des vendangeurs, des bœufs accouplés
ruminant à l'ombre, pendant que les enfants chas-
saient les mouches de leurs flancs avec des rameaux
de myrte ; des muletiers ramenant aux villages lointains leurs femmes qui allaitaient leurs enfants, assises dans un des paniers ; de jeunes filles dignes
de servir de type à Raphaël, s'il eût voulu diviniser
la vie et l'amour, au lieu de diviniser le mystère et
la virginité ; des fiancés, précédés des *pifferari*

(joueurs de cornemuse), allant à l'église pour faire bénir leur félicité ; des moines, le rosaire à la main, bourdonnant leurs psaumes comme l'abeille bourdonne en rentrant à la ruche avec son butin ; des frères quêteurs, le visage coloré de soleil et de santé, le dos plié sous le fardeau de pain, de fruits, d'œufs, de fiasques d'huile et de vin, qu'ils rapportaient au couvent ; des ermites assis sur leurs nattes au seuil de leur ermitage ou de leur grotte de rocher au soleil, et souriant aux jeunes femmes et aux enfants qui leur demandaient de les bénir, voilà les spectacles de cette nature ; il n'y avait là rien pour la tristesse et la mort. Qu'est-ce qui me ramena donc à cette pensée? Je n'en sais rien ; j'imagine que ce fut précisément le contraste, l'étreinte de la volupté sur le cœur qui le presse trop fort, et qui en exprime trop complétement la puissance de jouir et d'aimer, et qui lui fait sentir que tout va finir promptement, et que la dernière goutte de cette éponge du cœur qui boit et qui rend la vie, est une larme. Peut-être cela fut-il simplement la vue d'un de ces beaux cyprès immobiles se détachant en noir sur le lapis éclatant du ciel, et rappelant le tombeau.

LI.

Quoi qu'il en soit, j'écrivis les premières strophes de cette harmonie aux sons de la cornemuse d'un *pifferaro* aveugle, qui faisait danser une noce de paysans de la plus haute montagne sur un rocher aplani pour battre le blé, derrière la chaumière isolée qu'habitait la fiancée ; elle épousait un cordonnier d'un hameau voisin, dont on apercevait le clocher un peu plus bas, derrière une colline de châtaigniers. C'était une des plus belles jeunes filles des Alpes du midi qui eût jamais ravi mes yeux ; je n'ai retrouvé cette beauté accomplie, à la fois idéale et incarnée, que dans la race grecque ionienne, sur la côte de Syrie. Elle m'apporta des raisins, des châtaignes et de l'eau glacée pour ma part de son bonheur ; je remportai, moi, son image. Encore une fois, qu'y avait-il là de triste et de funèbre ? Eh bien ! la pensée des morts sortit de là. N'est-ce pas parce que la mort est le fond de tout tableau terrestre, et que la couronne blanche sur ces cheveux noirs me rappela la couronne blanche sur un linceul? J'espère qu'elle vit toujours dans son chalet adossé à son rocher, et qu'elle tresse encore les nattes de paille dorée en regardant jouer ses enfants sous le caroubier, pendant que son mari chante, en cousant le cuir à sa fenêtre, la chanson du cordonnier des Abruzzes:

« Pour qui fais-tu cette chaussure? Est-ce une
« sandale pour le moine? est-ce une guêtre pour le
« bandit? est-ce un soulier pour le chasseur?

« C'est une semelle pour ma fiancée, qui dansera
« la tarentelle sous la treille, au son du tambour
« orné de grelots. Mais, avant de la lui porter chez
« son père, j'y mettrai un clou plus fort que les
« autres, un baiser sous la semelle de ma fiancée!

« J'y mettrai une paillette plus brillante que
« toutes les autres, un baiser sous le soulier de
« mon amour!

« Travaille, travaille, calzolaïo! »

CHAPITRE III

LII.

Ce n'est pas un poëme, ce n'est pas non plus un roman, c'est le récit d'une promenade que je fis, cette année, dans les montagnes de Lucques. Je l'écrivis alors en note dans mes souvenirs de poëte pour faire peut-être un jour un sujet vrai de poëme d'une aventure réelle, telle que *Graziella*, qu'on a tant aimée, ou de *Geneviève*, qui a fait verser tant de larmes aux cœurs simples.

Je dois avouer aussi que la beauté candide, et cependant incomparable de la jeune fille ou femme qui fut, bien à son insu, l'héroïne de cette histoire, me resta profondément gravée dans les yeux, que mes yeux ne purent jamais l'oublier, et que toutes les fois qu'une apparition céleste de jeune fille ici-bas me frappa depuis, soit en Italie, soit en Grèce, soit en Syrie, je me suis demandé toujours : « Mais est-elle aussi délicate, aussi virginale, aussi impalpable que Fior d'Aliza, de Saltochio? » Voilà pourquoi les temps et les événements m'ayant enlevé le loisir d'écrire en vers, comme *Jocelyn,* cette simple et touchante aventure, je l'écris en prose, et je demande pardon à mes lecteurs de ne pas en avoir fait un poëme; mais, vers ou prose, tout s'oublie et tout s'anéantit en peu d'années ici-bas, il suffit d'avoir noté, à quoi bon écrire? On voit bien, du reste, que rien ici ne sent l'effet ou la prétention de l'invention, et que cela est vrai comme la nature. Laissez-moi donc l'insérer tel quel dans mes confidences de cette année. Ce qui nous émeut fortement, ce qui revient perpétuellement dans notre mémoire, fait partie de notre vie. Voici la chose.

LIII.

En ***, je passai l'été à Saltochio, délicieuse et pompeuse villa des environs de Lucques, qu'on avait louée à l'ambassadeur de France, à ***. J'en sortais souvent seul, le matin, pour aller, dans les hautes montagnes de ce pays enchanté, chercher des points de vue et des paysages ; je ne m'attendais certainement pas à rencontrer de point de vue sur le cœur humain, ni des poëmes en nature ou en action qui me feraient penser toute ma vie, comme à un songe, à la plus divine figure et à la plus mélancolique aventure qu'un poëme eût jamais fait lever devant moi. C'est pourtant ce qui m'arriva.

Un jour d'été, de très-grand matin, je sortis du parc, des lits d'eau, des grands bois de lauriers de Saltochio, et je gravis les collines opulentes qui portent les gros et riches villages du pays de Lucques ; mon chien me suivait par amitié, et je portais mon fusil par contenance, car dès ce temps-là je ne tuais pas ce qui jouit de la vie. La beauté sereine du temps m'engagea à monter beaucoup plus haut, jusque dans la montagne. J'abandonnai les villages, les maisons, les champs cultivés et je m'égarai pendant trois heures dans les ravins pierreux, dans le lit sec des torrents, puis j'en sortis pour monter encore. J'apercevais loin de toute route, en apparence, une cahute entièrement solitaire sur le penchant d'un étroit vallon vert, sous d'énormes châtaigniers. J'avais besoin de me reposer un moment, et de m'abreuver à une source. J'entendais un léger suintement d'eau filtrer dans les rochers au bas de la cabane. Je voyais les grandes ombres noires des châtaigniers velouter un peu le rocher, derrière la maison; j'y montai pour jouir de deux bienfaits inespérés de la saison : de l'eau et du frais.

LIV.

En tournant sans bruit le site de la maison, bâtie à moitié dans le rocher, je m'arrêtai comme frappé d'une apparition soudaine : c'était une figure de jeune femme, bien plus semblable du moins à une jeune fille, qui donnait à teter à un bel enfant de cinq ou six mois. Non, je n'essayerai pas de vous la décrire ; il n'y a pas de pinceaux, même ceux du divin Raphaël, pour une pareille tête. Elle était debout, les pieds nus, plus blancs et plus délicats que les cailloux qui sortent de la source ; sa robe, à gros plis noirs perpendiculaires, tombait avec majesté sur ses chevilles; son corset rouge à demi-délacé laissait l'enfant sucer le lait et le répandre de sa bouche rieuse, comme un agneau désaltéré qui joue avec le pis de la brebis, ou comme un enfant qui trouble la source avec ses petites mains après avoir bu. Elle ne me voyait pas, caché à demi que j'étais par l'angle du rocher sur lequel était bâtie la maison. Je retenais ma respiration pour mieux contempler cette divine figure ; elle ressemblait à une belle villageoise le matin du dimanche, qui va faire sa toilette à la source, au lever du jour, derrière le jardin. Elle faisait semblant d'allaiter l'enfant d'une sœur plus âgée qu'elle (je le supposais du moins). Puis elle peignait négligemment les longues tresses blondes de ses cheveux, tantôt recouvrant l'enfant et elle comme d'un voile, tantôt relevés et rattachés à son front, avec des bouquets d'œillets rouges et de giroflées autour de sa tempe.

Quand cette première toilette, qui annonçait un jour de fête, fut finie, elle s'assit à terre, sous le grand châtaignier, et roulant avec des éclats de rire mutuels son bel enfant nu sur le lit de feuilles, elle jouait avec lui comme une biche avec son faon nouveau-né. Toute la voûte des feuilles résonnait de leurs cris, car ils se croyaient seuls dans la nature :

> Mi rivedrai
> Ti revedro
> Di tuó bel rai,
> Mi pascero !

chantait-elle en entrecoupant son air de baisers et d'éclats de rire, comme quelqu'un qui pense à revoir et à être revue avec une égale ivresse, le soir de ce beau jour qui commence si bien.

LV.

A ce moment où je me noyais en silence dans

l'admiration de cette jeune fille, la plus séduisante que j'eusse encore vue, déjà semblable à une mère, à un âge où elle devait grandir encore, et réunissant sur sa figure l'amour badin de la sœur à la tendre sollicitude de la mère, mon chien, qui revenait d'un arrêt, se précipita avec fougue vers moi et me fit apercevoir de la jeune fille. Elle jeta un cri, se leva d'un bond en emportant son enfant, et voulut s'enfuir.

— Ne fuyez pas, lui dis-je avec respect, c'est à moi de m'éloigner, puisque ma présence inattendue dans ce lieu trouble vos yeux et aussi ceux de ce bel enfant à qui ma vue fait détourner la tête vers votre épaule.

— Non, seigneur, me répondit-elle en rajustant son corset rouge sur sa poitrine; pardonnez, je me croyais seule et je faisais participer mon nourrisson au bonheur qui nous attend ce soir. Je passais le temps qui sera si long aujourd'hui !

LVI.

Elle me pria d'entrer pour me rafraîchir un moment, m'assurant que son père aveugle et sa tante seraient heureux dans un tel jour de pouvoir m'offrir l'hospitalité.

— Car les hôtes de ces solitudes sont bien rares, et il faut bien s'en défier, ajouta-t-elle avec grâce; mais il y en a dont l'arrivée porte bonheur à une maison.

En parlant ainsi, elle tourna l'angle du petit jardin, et, m'annonçant à son père, elle me fit entrer dans la masure.

LVII.

Après les premiers compliments et les premières excuses, ces braves gens, chez qui tout respirait un air d'indigence, mais un air de fête, m'offrirent, sur une table de bois très-propre, un repas champêtre :

de belles châtaignes conservées en automne dans leur seconde écorce et bouillies dans du lait de chèvre, du fromage, du pain de couvent très-blanc et très-savoureux, de l'eau de la source. J'avais une gourde dans mon havre-sac, j'en voulus faire goûter à la jeune mère; elle y trempa ses lèvres avec complaisance, et, les détournant bientôt avec répugnance :

— Je n'ai jamais bu que de l'eau, dit-elle, cela aigrirait le lait de mon enfant.

Je n'osai pas l'interroger sur sa maternité précoce; mais on voyait qu'elle n'avait pas à rougir. Le vieillard but à sa place.

— Il y a longtemps que j'en ai perdu le goût, dit-il.

— Vous n'êtes donc pas riches? lui dis-je.

— Oh! non, dit-il, mais nous ne sommes pas pauvres.

— Oh! nous l'avons été, s'écria la mère.

— Oh! oui, reprit la jeune femme, nous l'avons été; tenez, regardez ce champ de maïs, ce petit enclos où les vignes et les figuiers rampent contre les pierres grises, qui sortent de terre comme pour les supporter; ce petit pré, au fond du ravin à gauche, qui nourrit deux vaches, et ce bois de jeunes châtaigniers et de lauriers sauvages, qui descend d'en haut vers le pré : tout cela a été à nous. Mais le rocher, le châtaignier, la pelouse, aussi large que ses racines s'étendent et que son ombre porte, et ce verger entre ces pierres grises avec ces vingt pas d'herbe autour de la maison, et les trois figuiers, tout cela est à nous; et cela nous suffit bien pour nous cinq, tant que le bon Dieu et la Madone ne nous auront pas envoyé d'autres petites bouches de plus pour sucer le rocher qui nous nourrit tous.

LVIII.

—Cinq? dis-je à la jeune femme, mais je n'en vois que quatre en comptant le petit enfant que vous allaitez.

— Oh ! oui, dit la vieille mère, mais il y en a un que vous ne voyez pas et que nous voyons nous, tout comme s'il était là, et à qui nous laissons sa place vide autour de la table.

A ces mots, la jeune mère se leva, pressa son enfant contre son cœur d'un mouvement sensible et presque convulsif, tourna ses yeux humides du côté de la mer et les essuya avec la manche de sa veste verte.

— C'est Hyeronimo qu'elles veulent dire, monsieur, dit le vieillard ; c'est mon fils et mon apprenti. Il est en mer.

— Est-il donc matelot? demandai-je.

— Oh! non, monsieur ; il l'est et il ne l'est pas. Mais ce serait trop long à vous raconter ; vous devez avoir besoin de dormir. Ah! le pauvre garçon, il aime trop le châtaignier pour cela.

— Mais, à propos de châtaignier, dis-je, comment se fait-il que, si vous aimez tant de père en fils cet arbre nourricier de la famille, vous ayez creusé à coups de hache dans son tronc ce grand creux où l'on voit encore l'empreinte du fer dont vous l'avez si cruellement frappé, au risque de le faire écrouler avec son dôme immense et ses branches étendues sur votre chaumière ?

—Ah! c'est une longue et triste histoire, monsieur, me dirent-ils tous à la fois; le bon Dieu et la

Madone l'ont sauvé par miracle, et il nous a sauvés avec lui, mais cela n'importe pas plus que le nid de corneilles qui a été sauvé, ce soir-là, avec l'arbre, et dont les petits seraient tombés à terre avec lui. N'en parlons plus; cela nous ferait trop serrer le cœur.

LIX.

—Non, non! dis-je avec une curiosité qui venait de bonne intention, parlons-en, à moins que cela ne vous fasse trop d'angoisse. Je suis jeune encore, mais j'ai toujours aimé, dès mon enfance, à pleurer avec ceux qui pleurent, plus qu'à rire avec ceux qui rient; si vous ne voulez pas me dire toute l'histoire aujourd'hui, vous me la direz demain, car je n'ai rien qui me presse, et si j'étais pressé, quelque chose encore me retiendrait ici que je ne puis pas définir.

En parlant ainsi, je jetai involontairement un coup d'œil à la dérobée sur l'angélique figure de la jeune mère, qui était allée donner le sein à son enfant sur le seuil de la cabane. Jamais beauté si pure et si rayonnante n'avait fasciné mes yeux : une apparition du ciel à travers le cristal de l'air des montagnes, la fraîcheur du matin, un fruit d'été sur une branche, une joie céleste à travers une larme, une larme d'enfant devenue perle en tombant des cils; puis ces quatre âges de la vie sous un même arbre : l'aïeule, le père, la jeune épouse, l'enfant à la mamelle; ces pauvres animaux domestiques : le chien, les chèvres, les colombes, les poussins sous l'aile de la poule, les lézards courant avec un léger bruit sous les feuilles sèches du toit. Cette scène me fascinait.

Nous soupâmes.

LX.

Après le souper, je demandai timidement, en regardant tour à tour l'aïeule, le père, la fille, le récit qui m'avait été promis pour m'expliquer la profonde blessure du châtaignier.

—Ah! moi, je ne saurais pas dire, je pleurerais trop, dit la vieille femme.

—Ah! moi, je n'oserais pas, je suis trop jeune pour tout savoir et trop innocente pour savoir bien raconter, dit la *sposa*.

—Parlez donc, vous, père, dirent-elles toutes deux.

LXI.

—Ah bien! non, dit le père; mais parlons chacun à notre tour, et disons chacun ce dont nous nous souvenons; ainsi le voyageur saura tout par la bouche même de celui qui aura vu, connu et senti la chose.

—Bien! dis-je. C'est donc à la vieille mère de parler la première, car elle a vu passer bien des ombres du châtaignier sur la bruyère de la montagne, et tomber bien des lits de feuilles mortes sur les racines et sur votre toit.

LXII.

—Ah! c'est bien vrai, que j'en ai bien vu tomber

et renaître de ces chères feuilles de notre gros arbre, dit-elle en écartant de sa main amaigrie les mèches de ses cheveux blancs, qui lui tombaient de son front sur les yeux. Que voulez-vous, mon jeune monsieur, je l'ai entendu dire à mon père et au père de mon père : notre famille est aussi vieille sur la montagne que le rocher fendu qui pleure de vieillesse, comme mes yeux, et que les racines de l'arbre qui ont fendu la roche en se grossissant sous terre. Ces deux braves hommes ne savaient pas quand nous y étions venus pour la première fois. Ils disaient qu'ils avaient entendu dire, par le plus vieux moine du couvent de là-haut, que les *Zampognari*, c'est notre nom de famille, étaient descendus, dans le temps des guerres des Pisans contre les Florentins, d'un jeune officier toscan prisonnier des Pisans, qui s'était sauvé de la tour de Pise, où il attendait la mort, avec la jeune fille du capitaine geôlier de sa tour, et qu'il s'était bâti, au plus haut de la montagne, alors déserte, une cabane sous les châtaigniers pour y vivre de peu avec sa maîtresse.

Comme elle ne pouvait pas revenir à Pise chez son père, qu'elle avait trahi par amour pour le beau prisonnier, lui, ne voulant pas non plus abandonner celle à qui il devait la vie, avait oublié ici, père, mère et patrie ; il avait défriché peu à peu quelques petits arpents de terre autour des rochers, il avait été faire bénir son mariage à un ermite de l'Ermitage, qui est aujourd'hui le couvent de *San Stephano*, là-haut, là-haut ; il avait fondé la famille dont les fils et les filles étaient descendus les uns ici, les autres là, dans les villages de la plaine, puis il était mort après sa femme.

Leur fils leur avait creusé une fosse en terre sainte, là où vous avez vu le terrain bossué sous une croix de pierre taillée dans les blocs et rougie par les mousses, où les hirondelles se rassemblent, la veille de leur départ, avant le coup de vent de mer de septembre, quand les châtaignes tombent d'elles-mêmes au pied du châtaignier.

Les garçons d'en bas venaient aussi de temps en temps courtiser les filles de l'aîné des Zampognari, réputées pour leur beauté et pour leur bonne renommée dans les collines de Lucques, et c'est ainsi que nous avons bien des parents sans les connaître, à présent, parmi les Lucquois, qui nous méprisent pour notre pauvreté aujourd'hui. Est-ce que l'eau du *Cerchio*, qui brille là-bas sous l'arche du pont de marbre de Lucques, se souvient des gouttes d'eau de notre source, où boivent nos chèvres et nos brebis? Ce monde, monsieur, n'est qu'un grand oubli pour la plupart; je ne dis pas cela pour toi, notre Fior d'Aliza, qui ne nous as jamais oubliés dans notre misère et qui as préféré la veste brune et le bonnet de laine de ton cousin aux plus riches habits et aux chapeaux galonnés des villes.

LXIII.

Fior d'Aliza rougit, détourna la tête et regarda, appendue à la muraille, la *zampogna* de son cousin absent. L'enfant, en remuant ses petites mains du fond de son berceau, toucha par hasard l'outre dégonflée de la *zampogna*, où dormait un reste de vent de l'haleine de son père; la musette rendit un petit son, comme la touche d'un clavier sur lequel un oiseau familier se perche par hasard en voltigeant libre dans la chambre d'une jeune fille. L'enfant effrayé retira sa main.

—On dirait que c'est Hyeronimo qui enfle son outre en montant la montagne pour nous avertir de son approche, dit l'aïeule.

Le père soupira; la jeune *sposa* ne dit rien, mais elle se leva de table et inclina involontairement la tête hors de la porte, comme si elle avait pu reconnaître, de l'oreille, les pas de son amant dans la nuit; puis elle rentra tristement, sourit à son enfant, lui fit couler deux ou trois gouttes de lait sur les lèvres, et revint s'asseoir à côté de la vieille aïeule.

LXIV.

—Je ne sais pas autre chose de la famille, continua la tante. Que voulez-vous, monsieur? personne de nous ne sait ni lire ni écrire; qui est-ce qui nous l'apprendrait? Il n'y a ni maître ni école, à cette distance des villages, sous les châtaigniers; les oiseaux ne le savent pas non plus, et cependant voyez comme ils s'aiment, comme ils font leur nid, comme ils couvent leurs œufs, comme ils nourrissent leurs petits.

—Et comme ils chantent donc ! ajouta Fior d'Aliza en entendant deux rossignols qui luttaient de musique nocturne au fond du ravin, près de l'eau.

—Mon père, reprit l'aïeule, fit ce que faisait son père ; il cultiva un peu plus large de terre noire entre ces rochers. C'est son père qui avait planté quelques ceps de vigne sur la pente en pierres au midi, et qui avait enlacé les sarments aux treize mûriers qui nourrissaient ses vers à soie de leurs feuilles ; c'est son fils, mon frère et son fils que voilà, dit-elle, en montrant du geste le vieil infirme, qui défricha en vingt ans et qui sema le champ de maïs dont les grappes d'or, comme des oranges sur le quai de Pise, brillent maintenant pour d'autres que pour nous sous les vertes lisières du bois de lauriers.

Lui et son frère, qui est mort jeune, et qui était mon mari, s'occupaient l'hiver, comme avaient fait leurs pères et leurs oncles, à façonner des *zampognes*, que les bergers de la campagne de Sienne, des Maremmes et des Abruzzes, leur achetaient dans la saison des moissons, quand ils allaient se louer, pour les récoltes, aux riches propriétaires de ces pays, pour rapporter de quoi vivre l'hiver à la cabane.

On dit que les Calabrais eux-mêmes n'en fabriquent pas de plus sonores et de plus savantes que nous.

Mon mari taillait les chalumeaux, creusés et percés de dix trous, autant que de doigts dans les mains, avec une embouchure pour le souffle ; il choisissait, pour ces hautbois attachés à l'outre de peau de chevreau, des racines de buis bien saines et bien séchées pendant trois étés au soleil.

Son frère Antonio coupait et cousait les outres et le soufflet, qui donne le vent à la *zampogne*. Il laissait le poil du chevreau en dehors sur la peau, afin qu'elle gardât mieux le son et que la pluie glissât dessus, comme sur la petite bête, sans l'amollir, et de plus c'était lui qui en jouait le mieux et qui essayait l'instrument en le corrigeant jusqu'à ce que l'air sortît aussi juste que la voix sort des ténèbres.

—Tiens, ma fille, dit-elle à sa nièce en s'interrompant, ouvre donc le coffre de bois, et montre à l'étranger les trois dernières *zampognes* qu'ils ont fabriquées ainsi avant la mort de mon pauvre mari.

Ah! monsieur, ajouta la vieille femme pendant que Fior d'Aliza tenait le coffre ouvert pour me laisser voir ces trois chefs-d'œuvre, quels instruments! et comme Antonio en jouait alors qu'il avait les doigts agiles et le souffle fort! Non, jamais aucune Madone des coins de rues, à Lucques, à Pise, à Sienne, peut-être à Rome, n'a entendu des sérénades pareilles pendant les nuits de la semaine de la Passion; on priait rien qu'à les entendre, les anges souriaient en pleurant et les soirs d'été, après la moisson, quand elles jouaient des airs de danse, les chênes même auraient bondi en cadence en les écoutant.

Le couvercle du coffre échappa à ces mots de la main de la pauvre nourrice, et retomba avec un bruit sépulcral sur les *zampognes* désormais muettes. Elle avait pensé à son amant.

—C'est vrai, dit l'aïeule, que le pauvre Hyeronimo en jouait encore mieux que mon mari et que son père! Et celle-ci, ajouta-t-elle en montrant Fior d'Aliza, monsieur, elle en jouerait encore mieux que son mari si elle voulait ; mais depuis nos malheurs, elle n'a plus le cœur à rien qu'à penser à lui, à l'attendre, à le pleurer et à regarder son petit enfant pour retrouver Hyeronimo dans son visage.

LXV.

Nous vivions ainsi, monsieur, dans le travail, en santé, en bon accord et en joie, dans notre petit domaine indivis entre nous. La maison se composait de mon mari, de moi, d'Hyeronimo, qui grandissait pour nous remplacer, d'Antonio, mon beau-frère, sain et valide alors, qui avait épousé ma sœur, mère de Fior d'Aliza. Ah! c'est celle-là qui était belle, voyez-vous! On venait jusque de Pise pour la voir, quand elle descendait à la foire de Lucques avec son mari. Pauvre sœur! Qui aurait dit qu'elle mourrait avant d'avoir fini d'allaiter son enfant, Fior d'Aliza, que vous voyez devant vous.

LXVI.

Antonio, à ce souvenir, passa sa manche sur ses yeux, et Fior d'Aliza regarda son enfant comme si elle eût tremblé de ne pas le nourrir non plus jusqu'au sevrage.

—Avant cette mort et avant celle de mon mari, poursuivit-elle d'une voix affaissée par de tristes souvenirs, nous étions trop heureux ici, mon mari, moi, Hyeronimo, mon fils, que je portais encore à la mamelle, Antonio, ma sœur et la petite Fior d'Aliza, qui venait de naître.

Un jour, mon mari remonta de la plaine, après la moisson, dans les Maremmes de Toscane. Il avait fait bien chaud cette année-là ; nous l'attendions tous les soirs du jour où les moissonneurs et les zampognari rentrent dans les villages de la montagne avec leur bourse de cuir, pleine de leur salaire, à leur ceinture ; un moine quêteur, qui avait passé le matin en remontant au couvent de San Stephano, nous avait dit qu'il l'avait rencontré et reconnu de loin, assis au bord d'une fontaine, sur la route de Lucques à Bel-Sguardo. Cela m'avait étonnée, car ordinairement, quand il revenait au grand châtaignier, il ne s'amusait pas à s'asseoir sur la route ; il était trop pressé de me revoir et d'embrasser son petit sur les lèvres de sa mère. Le soir, nous n'entendîmes pas, comme à l'ordinaire, sa *zampogne* à travers les lauriers de la montée ; nous n'entendîmes que le pas lent et lourd de ses souliers ferrés sur les cailloux et le souffle d'une haleine haletante.

—Serait-ce bien lui ? me dis-je.

Et je m'élançai pour m'en assurer. Hélas! c'était bien lui, mais ce n'était plus lui ; il me tendit les bras, laissant tomber sa *zampogne,* et il s'évanouit sur mes genoux.

Quand il fut revenu à lui :

—Couche-moi, me dit-il, je n'ai plus qu'à mourir ; la fièvre de Terracine m'a tué.

Le bon air fin des collines ne fit que donner plus de force au poison qui était entré dans ses veines avec les rayons du soleil des Maremmes. Nous l'ensevelîmes le troisième jour après son retour ; il ne me resta de lui que Hyeronimo, que je nourris plus de larmes que de lait.

C'est ainsi que nous ne restâmes plus que six à la cabane : notre vieille mère, qui ne comptait plus les années de sa vie que par les pertes de son mari, de ses frères, de ses sœurs, de ses filles mariées bien loin dans la plaine; Antonio, que vous voyez déjà aveugle et ne pouvant plus sortir qu'avec son chien de la cabane, pour aller à la messe au monastère de San Stephano deux fois par an; Hyeronimo, mon fils unique, et Fior d'Aliza, dont la mère était morte la semaine où elle était née; c'était la chèvre blanche qui l'avait nourrie. Aussi voyez comme elle l'aime et comme elle a l'air jalouse quand Fior d'Aliza caresse son nourrisson, et comme elle frotte ses cornes contre son tablier. On dirait qu'elle est jalouse de l'amour de la mère pour l'enfant, et qu'elle regarde Fior d'Aliza comme son enfant à elle-même. Pauvres bêtes, allez! vous êtes bien de la famille. Les parentés sont dans le cœur, monsieur; il y a bien des chrétiens qui ne s'aiment pas tant que nous nous aimons, nous, le chien, la chèvre et les moutons, sans compter le *Ciuccio,* l'âne qui broute là, devant les chardons aux fleurs bleues du ravin.

Les deux enfants dont je devins la seule mère, puisque Fior d'Aliza n'en avait plus, furent nourris du même lait par moi et par la chèvre, et bercés dans le même berceau. De peur que les renards ou les écureuils ne leur fissent mal à terre, pendant que j'allais sarcler le maïs ou retourner les meules de foin dans le petit pré, je suspendais leur berceau sur la grosse branche basse et souple du châtaignier, et je m'en rapportais au vent pour les balancer doucement dans leur nid ; n'est-ce pas ainsi que font les oiseaux ? Moi, mes deux oiseaux n'avaient pas d'ailes ; je ne craignais pas qu'ils s'envolassent pendant l'ouvrage. Ils se ressemblaient tellement, qu'on ne connaissait pas la petite du petit autrement qu'à la couleur de leurs cheveux, quand ils me tendaient les bras pour que je leur donnasse le sein. Il n'y avait pas six mois d'âge entre eux deux, Hyeronimo étant né la même année que Fior d'Aliza avait vu le jour.

Je disais souvent à mon beau-frère Antonio : « Remarie-toi donc pour donner une autre mère à ta fille ; » mais il me disait toujours non. « Je lui donnerais bien, à elle, une autre mère, mais qui est-ce qui me donnerait, à moi, une autre femme ? »

Sa consolation était de ne jamais vouloir se consoler. Le chagrin qu'il nourrissait et les larmes qu'il ne cessait pas de répandre en pensant à sa pauvre belle femme morte, finirent par lui rétrécir le cœur et par le rendre aveugle, comme le voilà ; il ne pouvait presque plus travailler aux *zampognes;* d'ailleurs on n'en commandait guère depuis que les Français dominaient à Rome et à Lucques ; les *pifferari*, joueurs de musette, ne sortaient plus des Abruzzes, et les Madones, aux coins des rues, n'entendaient plus de sérénades ni de litanies la nuit, aux pieds de leurs niches abandonnées. On n'entendait que la musique de cuivre des régiments, les tambours et le bruit de l'exercice à feu sur les remparts de Lucques et dans les plaines. Nous avions perdu notre gagne-pain en hiver, et mes faibles bras et les bras affaiblis du pauvre Antonio ne suffisaient qu'à peine à cultiver un peu de maïs et de millet, assaisonné de lait de chèvre pour les petits..... Qu'aurions-nous fait sans les châtaignes pour vivre, le pauvre infirme et moi ? Mais les châtaigniers nous nourrissaient tout l'hiver, les figuiers tout l'été ; nous faisions sécher les châtaignes au four et nous les conservions saines dans leur seconde écorce ; nous faisions cuire les figues au soleil, sur le toit de la cabane, et, saupoudrées d'un peu de farine de millet que je broyais moi-même dans le mortier, sous le pilon de pierre dure, elles se conservaient, comme les voilà encore, d'un automne à l'autre. Voyez, monsieur, quel bon goût elles ont ; on dirait du sucre ou des morceaux de miel de nos trois ruches, durcis dans leur cire.

LXVII.

Les deux enfants, quand ils furent sevrés, grandirent bien et se fortifièrent à vue d'œil à ce régime.

Fior d'Aliza commençait déjà à aller ramasser le bois mort, dans le petit bois de lauriers, pour cuire les châtaignes dans la marmite de terre, et Hyeronimo commençait aussi à remuer la terre pour y semer le maïs et le millet. Quant aux chèvres, aux moutons et à l'âne, ils se gardaient eux-mêmes dans la bruyère, et quand ils tardaient à se rapprocher, le soir, le chien que j'envoyais dans la montagne me comprenait ; il les ramenait tout seul à la cabane ; ce bon chien était le père de celui que vous voyez couché aux pieds de son maître ; il l'a si bien instruit, qu'il nous sert comme son père ; c'est un serviteur sans gages, pour l'amour de Dieu.

LXVIII.

On pouvait encore mener doucement sa pauvre vie et bénir Dieu et la Madone dans cette condition ; je devenais vieille, Antonio était infirme, mais patient ; le temps coulait, comme l'eau de la source, entraînant sans bruit les feuilles mortes comme les années comptées dans sa course ; les enfants s'aimaient, ils étaient gais ; un frère quêteur du couvent de San Stefano leur avait appris, en passant, leur religion ; ils étaient aussi obéissants à moi qu'au vieil Antonio, et nous confondaient tellement dans leur tendresse, que la fille ne savait pas si elle était ma fille ou celle d'Antonio, et que le garçon ne savait pas dire s'il était mon fils ou celui du vieillard. C'étaient comme des enfants jumeaux, comme une sœur et un frère. Sans rien nous dire, nous nous proposions de les marier quand ils auraient l'âge et l'envie de s'aimer autrement.

Comment ne se seraient-ils pas aimés? ils ne voyaient jamais d'autres enfants de leur âge; ils n'avaient qu'un même nid dans la montagne, et un même sang dans le cœur; un même souffle dans la poitrine, un même air sur le visage! Leurs jeux et leurs rires sur le seuil de la cabane, les jours de fête, en revenant de la messe des Ermites aux Camaldules du couvent, faisaient la gaieté de la semaine; les feuilles des bois en tremblaient d'aise, et le soleil en luisait et en chauffait mieux sur l'herbe au pied du châtaignier.

Hyeronimo me rappelait tant mon mari par ses boucles noires, sous son bonnet de laine brune! Antonio ne pouvait pas aussi bien voir sa fille à cause du voile qu'il a sur ses pauvres yeux; mais quand il entendait les éclats de sa voix, à la fois tendre, joyeuse et argentine, comme les gouttes de notre source, quand elles résonnent en tombant des tiges d'herbes dans le bassin, il croyait entendre sa pauvre défunte, ma sœur.

—Comment est-elle? me demandait-il quelquefois. A-t-elle un petit front lisse comme une coupe de lait bordée de mouches?

—Oui, lui répondais-je, avec des sourcils de duvet noir qui commencent à lui masquer un peu les yeux.

—A-t-elle les cheveux comme la peau de châtaigne sortant de la coque, avant que le soleil l'ait brunie sur le toit?

—Oui, lui disais-je, avec le bout des mèches luisant comme l'or du cadre des Madones, sur l'autel des Camaldules, quand les cierges allumés les font reluire de feu.

—A-t-elle des yeux longs et fendus, qui s'ouvrent tout humides comme une large goutte de pluie d'été sur une fleur bleue dans l'ombre?

—Justement, répondais-je, avec de longs cils qui tremblent dessus comme l'ombre des feuilles du coudrier sur l'eau courante.

—Et ses joues?

—Comme du velours de soie rose sur les devantures de boutiques d'étoffes à la foire de Lucques.

—Et sa bouche?

—Comme ces coquilles que tu rapportais autrefois des maremmes de *Serra Vezza*, qui s'entr'ouvrent pour laisser voir du rose et du blanc, dentelées sur leurs lèvres, demi-fermées, demi-ouvertes, pour boire la mer.

—Et son cou?

—Mince, lisse, blanc et rond comme les petites colonnes de marbre couronnées par des têtes d'ange, en chapiteau, sur la porte de la cathédrale de Pise.

—Et sa taille?

—Grande, élancée, souple et arquée, avec deux légers renflements sur la poitrine, sous son corset encore vide.

—Ah! Dieu! s'écria-t-il, c'est tout comme sa mère à son âge, quand je la vis pour la première fois à ta noce avec mon frère, trois ans avant de la demander à votre mère. Et ses pieds?

—Ah! il faut les voir quand elle les essuie tous mouillés sur l'herbe, après avoir lavé les agneaux dans le bassin de la ravine : on dirait les pieds de cire de l'enfant Jésus, avec ses petits doigts, sur la paille de l'étable de Bethléem, que tu voyais, quand tu avais tes yeux, dans la crèche de Noël, au couvent des Camaldules.

—C'est encore comme sa mère, redisait-il en admirant et en pleurant, et cela continuait comme cela tous les soirs des dimanches.

LXIX.

—Ah ! c'étaient de bons moments, monsieur, et puis je lui répondais ensuite sur tout ce qu'il me demandait de mon pauvre et beau Hyeronimo, le vrai portrait en force de sa cousine en grâce : comme quoi sa taille dépassait de la main la tête de la jeune fille, comme quoi ses cheveux moins bouclés étaient noirs comme les ailes de nos corneilles sur la première neige ; comme quoi son front était plus large et plus haut, ses joues plus pâles et plus bronzées par le soleil ; ses yeux aussi fendus, mais plus pensifs sous ses sourcils ; sa bouche plus grave, quoique aussi douce ; son menton plus carré et plus garni de duvet; son cou, ses épaules, sa taille plus formés.

—As-tu vu saint Sébastien tout nu, attaché à son tronc d'arbre, percé de flèches, avec des filets de sang qui coulent sur sa peau lisse et brune?

—Oui.

—Eh bien! on dirait mon fils quand sa chemise ouverte laisse voir ses côtes et qu'il s'appuie au châtaignier, en s'essuyant le front, au retour de l'ouvrage. J'ai bien vu des hommes, à la foire de Lucques et sur le quai de Livourne, déchargeant des felouques, mais je n'en ai point vu d'aussi beau, d'aussi fort, quoique aussi délicat; c'est tout mon pauvre mari quand il partit, si peu de jours après m'avoir courtisée, pour ces fatales moissons des Maremmes!

Et voilà comme nous abrégions les dimanches à nous réjouir dans nos deux enfants, et tous les pèlerins qui passaient en montant aux Camaldules s'arrêtaient pour respirer sous le châtaignier de la montagne et disaient : « Le ciel vous a bien bénis! il n'y a rien de si beau qu'eux à la ville. »

LXX.

Mais nous eûmes bien du malheur une fois, pour la trop grande beauté de Fior d'Aliza. Il arriva une bande de jeunes messieurs de Lucques qui allaient par curiosité, car vous allez voir que ce n'était pas par dévotion, au pèlerinage des Camaldules. Le malheur voulut que, dans ce moment-là, la petite sortait de laver les agneaux dans le bassin d'eau sombre, où vous voyez reluire le ciel bleu au milieu des joncs fleuris, au fond du pré, sous les lauriers; elle s'essuyait les pieds, debout, avec une brassée de feuilles de noisetier, avant de remonter vers la cabane ; sa chemise, toute mouillée aux bras et collant sur ses membres, n'était retenue que par la ceinture de son court jupon de drap rouge, qui ne lui tombait qu'à mi-jambes ; ses épaules nues, partageant en deux ses tresses déjà longues et épaisses de cheveux, qui reluisaient comme de l'or au soleil du matin ; elle tournait çà et là son gracieux visage et riait à son image tremblante dans l'eau, à côté des fleurs, ne sachant pas seulement qu'un oiseau des bois la regardait.

LXXI.

Les pèlerins, surpris, s'arrêtèrent à sa vue et firent silence pour ne pas l'effaroucher, comme quand un chasseur voit un chevreuil confiant, seul au bord du torrent, à travers les feuilles. Ils se faisaient entre eux des gestes d'admiration en regardant la belle enfant.

—En voilà une de Madone ! s'écria un des plus jeunes de la bande.

—C'est la Madone avant la visite de l'ange, dit le plus vieux. Ah ! Dieu ! que sera-ce quand elle aura quinze ans !

LXXII.

—Elle n'en a que douze, messieurs, leur dis-je, pour les détourner de regarder plus longtemps la petite, craignant qu'ils ne lui fissent honte, en s'arrêtant plus curieusement sous l'arbre ; mais ils s'assirent au contraire, à la prière du plus vieux.

La petite, qui remontait, les yeux à terre, sans défiance, ne les ayant ni vus ni entendus, rougit tout à coup jusqu'au blanc des yeux, en se voyant toute nue et toute mouillée devant des étrangers ; elle se sauva, comme un faon surpris, dans la cabane, et rien ne put l'en faire sortir, bien qu'elle se fût habillée derrière la porte.

LXXIII.

Les étrangers se parlèrent longtemps à voix basse entre eux, et me demandèrent ceci et cela sur notre famille. Je les satisfis honnêtement.

—Nous reviendrons, jeune mère, me dirent-ils, en me saluant poliment, et si vous voulez marier votre fille dans un an ou deux, nous la retenons pour mon fils, que voilà, et qui en est déjà aussi fou que s'il la connaissait depuis sept ans, comme

Jacob. (C'était le chef des sbires de Lucques.)

—Ah! que non, seigneur capitaine des sbires, lui répondis-je en riant, ma fille est verte, elle n'est pas mûre de longtemps pour un mari; de plus, elle n'est pas faite pour un capitaine des sbires de la ville qui mépriserait notre humble famille, et puis elle est déjà fiancée en esprit avec son cousin, le fils de l'aveugle que voilà. Les deux enfants s'accordent bien : il ne faut pas séparer deux agneaux qui ont été attachés par le bon Dieu à la même crèche.

Le capitaine fit un signe de l'œil à ses compagnons, et se retourna deux ou trois fois, en me disant adieu avec un air de dire au revoir.

Voilà tout ce qui fut dit ce jour-là.

LXXIV.

Je n'y pensais plus deux jours après, et je n'en parlais déjà plus à la maison, quand le jeune capitaine des sbires redescendit avec ses amis de l'Ermitage.

Cette fois, Fior d'Aliza, c'était un dimanche, revenait de la messe des Camaldules avec son cousin Hyeronimo, revêtu de ses plus beaux habits. Les derniers sons de la cloche d'argent des ermites résonnaient encore, comme une gaieté des anges, à travers les branches du châtaignier ; le soleil d'automne éblouissait dans les feuilles jaunes ; les châtaignes, presque mûres, tombaient une à une, avec les feuilles d'or, sur l'herbe courte tondue par les brebis ; on entendait la cascade pleuvoir allègrement dans le bassin, et les merles siffler de joie en se frôlant les ailes et en se rappelant dans les lauriers. Il semblait qu'une joie sortait du ciel, de l'eau, de l'arbre, de la terre, avec les rayons, et disait, dans le cœur, aux oiseaux, aux animaux, aux jeunes gens et aux jeunes filles : « Enivrez-vous, voilà la coupe de la vie toute pleine. » Dans ces moments-là, monsieur, on se sentait, de mon temps, soulevé pour ainsi dire de terre, comme par un ressort élastique sous les pieds.

LXXV.

Les enfants le ressentirent et se mirent à danser, l'un devant l'autre, comme deux chevreaux, au pied du châtaignier, moitié dans l'ombre, moitié sous les rayons. Hyeronimo avait ses guêtres de cuir serrées au-dessus du genou par ses jarretières rouges, son gilet à trois rangs de boutons de laiton, sa veste brune aux manches vides, pendante sur une épaule; son chapeau de feutre pointu, bordé d'un ruban noir, qui tombait sur son cou brun et qui s'y confondait avec ses tresses de cheveux ; sa cravate lâche, bouclée sur sa poitrine par un anneau de cuivre, sa *zampogne* sous le bras gauche qui semblait jouer d'elle-même, comme si elle avait eu l'âme des deux beaux enfants dans son outre de peau.

LXXVI.

Fior d'Aliza avait son riche habillement des dimanches, ses épingles de fer à bouts d'or traversant ses cheveux, son collier à trois rangs de saintes médailles, avec des reliques, dansant sur son cou; son corset de velours noir sur sa gorgère rouge et évasée, que son jeune sein ne remplissait pas encore; son jupon court, de laine brune, ses pieds nus, ses sandales à la main, comme deux tambours de basque, avec leur courroie. Ils dansaient ainsi de joie, pour danser, sans se douter seulement que le malheur les épiait sous la figure de ce capitaine des sbires et de ses amis, en habits noirs, derrière les arbres.

LXXVII.

—Allons, mon garçon, viens avec nous pour nous montrer les sentiers qui raccourcissent la descente vers Lucques, cria tout à coup à Hyeronimo le chef des sbires. Nous te donnerons une poignée de *baïoques* pour la récompense.

—Volontiers, messieurs, répondit gracieusement Hyeronimo en reprenant ses sandales ferrées et en jetant à terre sa zampogne, mais je n'ai pas besoin de baïoques pour rendre service ; nous sommes assez riches à la cabane, avec nos châtaigniers et notre maïs, pour donner aux pauvres pèlerins sans rien demander aux riches comme vous.

Il se mit à marcher gaiement devant eux en laissant la pauvre Fior d'Aliza, un pied levé, tout étonnée et toute triste de ne plus pouvoir continuer la danse, par un si beau matin d'automne.

LXXVIII.

De ce jour-là, monsieur, il n'y a plus eu une belle matinée pour nous.

Mais, excusez-moi, le reste est si triste, qu'une pauvre femme comme moi ne pourrait plus vous le raconter sans pleurer. Si vous en voulez savoir plus long, il faut que l'aveugle vous le raconte à son tour, ou bien Fior d'Aliza elle-même, car, pour ce qui concerne la justice qui vint se mêler de nos affaires et nous ruiner, Antonio comprend cela mieux que moi ; et, pour ce qui concerne l'amour avec son cousin Hyeronimo, rapportez-vous-en à la jeune *sposa* ; c'est son affaire à elle, et je ne crois pas que, de notre temps, on s'aimât comme ils se sont aimés...

—Et comme ils s'aiment, dit, en reprenant sa belle-sœur, l'aveugle...

—Et comme ils s'aimeront, murmura tout bas entre ses dents la fiancée.

CHAPITRE IV.

LXXIX.

L'aveugle, après avoir bu une goutte de mon *rosoglio* dans ma gourde, reprit le récit juste où la veuve l'avait interrompu. . . . .
. . . .

—Quand Hyeronimo remonta de Lucques le soir, bien avant dans la nuit, à la cabane, il nous raconta que les messieurs de Lucques avaient été pleins d'honnêteté et de caresses pour lui pendant tout le chemin, qu'ils s'étaient arrêtés dans toutes les *osterie* des gros villages qu'ils avaient rencontrés pour s'y rafraîchir d'un verre de vin, d'une grappe de raisin, d'un morceau de *caccia-cavallo*, sorte de fromage dur et brillant, comme un caillou du Cerchio, et que partout on l'avait forcé de se mettre à table avec eux et de boire comme un homme, jusqu'à ce que les yeux lui tournassent dans la tête et la langue dans la bouche, comme pour le faire babiller à plaisir sur Fior d'Aliza, sa cousine; sur Léna, sa tante ; sur l'aveugle et sur sa famille.

Le capitaine des sbires lui-même, un peu aviné, ne tarissait pas, nous dit-il, sur la beauté de Fior d'Aliza sortant toute échevelée de la grotte aux chèvres, s'essuyant les pieds à l'herbe, et les bras à la laine des petits agneaux qu'elle venait de laver.

« Encore un ou deux printemps, » disait-il tout bas.

LXXX.

Un vieux petit pèlerin tout mince et tout vêtu de noir, d'un habit râpé avec un rabat mal blanchi autour du cou et une plume à écrire derrière son oreille, l'écoutait en l'approuvant finement du sourire.

—Signor Bartholomeo *del Calamayo*, lui disait à l'oreille le capitaine à moitié gris, vous êtes mon ami ou vous ne l'êtes pas.

—Votre ami à tout faire, lui répondit le scribe. Commandez-moi, il n'y a rien à quoi je ne puisse réussir avec ma plume, comme vous avec votre espingole.

—Ceci ne sera pas œuvre d'espingole, mais de plumitif, reprenait le sbire, en lui passant le bras autour du cou et en le pressant contre sa poitrine. Jurez que vous me servirez pour découdre d'un coup de canif cette fiançaille entre ces enfants, qui ne savent pas même ce que fiançaille veut dire.

Jusqu'ici j'ai méprisé le mariage, je suis arrivé à quarante ans sans que mon cœur ait battu plus vite d'une pulsation à la vue d'une femme, veuve ou fille, *contadine* de village ou dame de la ville; mais l'âge vient, je suis libre, je suis riche. Chacun à son heure, il faut faire une fin. Une belle fille à la maison, c'est une fin de l'homme; la voilà mûre bientôt, et moi encore assez vert. C'est à San Stefano que je dois d'avoir changé d'idée. J'allais y chercher le bon Dieu et j'y ai trouvé le diable sous la figure d'un ange. Allons, Bartholomeo del Calamayo, arrangez-moi cela avec votre bec de plume; je vois bien que ce sera difficile, si ces enfants savent déjà s'aimer; mais vous en savez plus que l'amour, astucieux *paglietta* (chicaneur) que vous êtes; imaginez-moi quelque bon filet de votre métier pour faire tomber cette chevrette des bois dans ma carnassière. N'ayez pas peur, Bartholomeo, mon compère; l'argent, s'il en faut, ne vous manquera pas, le crédit non plus; je suis l'ami du camérier du duc; les juges de Lucques ne peuvent pas exécuter un de leurs arrêts sans moi; le chef de la police du duché a épousé la fille de ma sœur; tous les sbires de la campagne sont sous mes ordres; c'est moi qui préserve contre les braconniers les chasses du souverain; on m'aime et l'on me craint partout, là-haut et là-bas, comme un grand inquisiteur des forêts du duché. A nous deux, vous le chien quêteur, moi le tireur, ne rapporterons-nous pas au logis cette colombe aux pieds roses?

Bartholomeo riait bêtement des joyeusetés dites à demi-voix par son ami le sbire; les autres remplissaient et vidaient leurs verres avec moi. A la porte de Lucques, je leur ai souhaité *felicissima notte*, et je les ai laissés regagner, tout trébuchant de fatigue et de vin, chacun leur porte.

LXXXI.

Nous ne fîmes pas beaucoup d'attention, les uns et les autres, à ces propos de buveurs ni à ces projets du dimanche que le lundi dissipe, et nous continuâmes à vivre en paix et en gaieté jusque après l'hiver.

Au printemps, la petite, qui touchait à ses treize ans, et qui avait grandi jusqu'à la taille de sa tante, commença à craindre de s'éloigner seule de la maison pour aller sarcler le maïs ou cueillir les feuilles de mûrier. Elle rencontrait souvent des inconnus dans le sentier du couvent, ou auprès de la grotte, ou sur le bord du bois de lauriers, ou même jusque sous le châtaignier, qui faisaient semblant de se reposer à l'ombre, en montant aux Camaldules ou en chassant dans la montagne.

Le capitaine des sbires cherchait, de temps en

temps, à l'aborder sur le seuil de la maison, et il lui adressait des compliments qui la faisaient rougir et fuir. Elle avait peur sans savoir de quoi ; les yeux de cet homme ne lui plaisaient pas ; plus ils étaient tendres, plus ils l'effrayaient ; elle priait sa tante ou son cousin de ne jamais la laisser seule avec lui.

Quand il vit cela, il cessa, un certain temps, de rôder dans la montagne ; mais un jour que ma sœur était seule à la maison, parce que j'avais suivi Hyeronimo et Fior d'Aliza au ruisseau pour tondre les brebis et pour laver avec eux les toisons, un petit monsieur sec, mince et noir comme un homme de loi ou comme un huissier, entra dans la cabane en saluant bien bas et en présentant un papier à ma belle-sœur.

Elle ne savait pas lire ; elle pria l'étranger de mettre le papier timbré sur la huche, en lui disant que nous le ferions lire le lendemain par le frère camaldule qui passait deux fois par semaine pour porter les vivres au couvent.

—Il n'y a pas besoin, dit l'homme de loi ; appelez votre fils, votre frère et votre nièce, qui ne sont pas loin ; je vais vous lire la citation moi-même.

Nous remontâmes tout surpris. Hyeronimo reconnut la ressemblance de ce messager avec Bartholomeo del Calamayo, l'ami du capitaine des sbires, de l'année précédente, mais il ne fit pas semblant, et l'enfant garda sa pensée en lui-même.

LXXXII.

—Vous êtes bien, dit l'homme de loi à mon frère, Antonio Zampognari, fils de Nicolas Zampognari et d'Annunziata Garofola, vos père et mère ?

—Oui, dit mon frère.

—Et vous, me dit-il, vous êtes bien Magdalena Zampognari, fille de Francesca Bardi et de Domenico Cortaldo, vos père et mère, du village de Bel-Sguardo, en plaine ?

—Oui, répondis-je.

—Eh bien! poursuivit-il d'une voix tranquille comme s'il nous avait dit bonjour, voici une citation des enfants et héritiers de Francesco Bardi et Domenico Cortaldo, représentants légitimes de la branche aînée des Zampognari, qui réclament, en vertu d'un jugement en bonne forme, le partage de la maison, domaine, eaux, bois et champs du domaine des Zampognari, leurs ancêtres, dont il ne vous revient que le quart, puisque vous, Antonio Zampognari, et vous, Magdalena Bardi, épouse de Felice Zampognari, vous ne représentez que le quart de la succession totale consistant dans le domaine habité et cultivé par vous. Ordre donc, ci-dessous, du tribunal souverain de Lucques de procéder au partage du domaine et du *podere* (métairie), et d'en remettre les trois quarts aux héritiers *Bardi di Bonvisi*, légitimes propriétaires du reste, se réservant, lesdits héritiers, de revendiquer contre vous, quand ils le jugeront opportun, leur part arriérée de jouissance des fruits dudit domaine, injustement retenus par vous et vos ascendants depuis l'année 1694.

LXXXIII.

Si les murs de la maison et le châtaignier qui la couvre s'étaient tout à coup écroulés sur nos têtes, nous n'aurions pas été plus atterrés que nous ne fûmes à la lecture de cette sommation, de rendre les trois quarts de notre domaine ; c'est comme si on nous avait demandé les trois quarts de notre vie à tous les quatre.

—Qu'avez-vous à dire ? nous demanda froidement, la plume en main et le papier sur le genou, l'homme de loi.

Nous nous regardâmes tous les quatre sans rien répondre ; que pouvions-nous répondre, monsieur ? nous étions nés là comme le figuier, la vigne et les chèvres, sans savoir qui nous avait semés. Il n'y avait jamais eu, de père en fils, d'oncle en neveu, dans la famille, ni de titre de propriété, ni division, ni partage ; nous croyions que le domaine était à nous comme la terre est aux racines du châtaignier qui nous avait vus naître, ombragés et nourris depuis le premier jour ; l'habitude de vivre et de mourir là était notre seul acte de propriété.

Nous baissâmes la tête et nous dîmes à l'homme de loi qui venait nous retrancher les trois quarts du bien :

—Puisque les juges de Lucques, qui sont si savants, le disent, il faut bien que cela soit vrai. Nous ne voulons pas garder le bien d'autrui, n'est-ce pas? Faites donc de nous ce que vous voudrez ; partagez le bien et les bêtes, pourvu qu'on nous laisse la cabane et le châtaignier, dont les racines sont dessous et dont les branches tombent sur le toit, et un chevreau sur trois, et mon pauvre chien qui les garde et qui me conduit quand je monte à la messe les dimanches ; et nos deux enfants, qui sont bien à nous, puisque c'est nous qui les avons nourris et élevés, et qu'ils s'aiment bien et qu'ils nous aident comme nous les avons aidés dans leur enfance. Nous vivrons de peu, mais nous vivrons encore. Qu'il soit fait selon ce papier, et le bon Dieu pour tous !

LXXXIV.

—Eh bien ! dit l'homme de loi, puisque vous n'en appelez qu'au bon Dieu, on vous enverra demain deux commissaires au partage qui limiteront votre quart d'avec les trois quarts revenant par le jugement aux *Bardi de Bel-Sguardo;* j'oubliais de vous dire que, par un autre papier que voici, les Bardi, vos parents, ont vendu leurs droits sur l'héritage à *Gugliamo Frederici,* capitaine des sbires de la ville et du duché de Lucques ; c'est un brave homme avec qui vous pourriez vous accommoder et qui pourra, par charité, vous laisser le choix du quart du domaine qu'il vous conviendra de garder à vous, en réservant de faire valoir ses droits sur les intérêts accumulés, depuis que vous jouissez indûment de la totalité des revenus. Qui sait même si tout ne pourra pas s'arranger entre lui et vous, de bonne amitié ; l'homme est puissant et riche, et si vous y mettez de la complaisance, il n'y mettra peut-être pas de rigueur.

Là-dessus il nous remit les deux papiers, nous salua poliment et redescendit à Lucques.

LXXXV.

Nous restâmes muets et pétrifiés sur le seuil, comme les roches qui pleurent au bord de la caverne.

—Pourvu qu'ils nous laissent le châtaignier, les sept figuiers et les ceps de vigne dont nous faisons sécher les grappes, les figues et les châtaignes pour l'hiver! dis-je à ma belle-sœur.

—Pourvu qu'ils nous laissent les chevreaux et leur mère que j'ai élevés, et dont le lait et les fromages nous nourrissent à leur tour! dit-elle.

—Pourvu qu'ils nous laissent la fontaine, avec le bassin à l'ombre de la grotte, où je me vois dans l'eau en me baignant les pieds et en filant ma quenouille, comme une sainte Catherine dans un ciel d'église, quand je garde les brebis paissant sur le bord!

—Pourvu qu'ils nous laissent le chien de mon père pour me remplacer auprès de lui quand il sort en tâtant le terrain avec son bâton autour de la maison, je suis content! dit Hyeronimo. J'irai m'engager tous les étés dans les bandes de moissonneurs de la campagne de Sienne, et peut-être de Rome; je travaillerai pour nous quatre, comme quatre; le soir, pendant que les autres se reposeront, je jouerai de la zampogna pour les pèlerins ou les pèlerines des saintes du pays; ou bien je ferai danser dans les noces des riches métairies de la plaine de Terracine, et je rapporterai bien assez de froment ou assez de baïoques (monnaie du pays) pour vous nourrir et vous chauffer le reste de l'année.

—Est-ce que nous avons besoin de nous quitter pour bien vivre? reprit Fior d'Aliza toute pâle (à ce que dit sa mère), comme si son cœur s'était arrêté de battre dans sa poitrine. Est-ce que la farine de châtaignes, quand je l'ai bien passée au tamis, bien séchée, bien pétrie avec de la crème de chèvre et bien cuite en galettes dans la cendre entre deux feuilles de châtaignier, n'est pas aussi bonne que le pain ou la *polenta* (galette de maïs dont se nourrissent les paysans d'Italie)? Est-ce que le bois mort dans les bois de lauriers n'appartient pas à celle qui le ramasse, comme l'épi oublié à la glaneuse? Nous n'aurons pas besoin qu'Hyeronimo aille gagner la *mal'aria* dans les eaux dormantes de la *Maremme*, dont on voit d'ici les brouillards traîner au bord de la mer comme des fumées d'enfer, n'est-ce pas?

LXXXVI.

—Ah! que tu as raison, dit ma belle-sœur à ma fille; si mon pauvre mari avait pensé comme toi, je ne serais pas sans appui sur cette terre.

Je dis la même chose à Hyeronimo, et nous nous reconsolâmes comme nous pûmes le soir, en allant visiter, l'un sa fontaine, l'autre ses plants de maïs déjà en fuseaux et commençant à jaunir; l'autre, ses ceps de vigne en fleur qui embaumaient jusqu'à la maison; l'autre en comptant ses brebis et ses chèvres; moi, en touchant le poil et les oreilles dressées de mon chien qui me léchait le visage et les mains, comme s'il avait compris à je ne sais quoi que nous avions besoin d'être consolés.

L'un disait : Ils nous laisseront ceci; l'autre disait : Ils ne nous prendront pas cela. Fior d'Aliza prenait de la belle eau du bassin dans sa main, s'en lavait le visage et embrassait l'eau qui fuyait entre ses doigts roses, comme si elle avait dit adieu à la source.

Hyeronimo, en regardant ses belles tiges de maïs et en mesurant sa taille à leur hauteur, disait : S'ils nous les prennent, me rendront-ils les gouttes de sueur que j'ai versées sur leurs racines en les plantant dans ce sol si dur et si épierré ?

—Et nos écureuils de printemps, et nos corneilles d'hiver, et nos hirondelles d'été, et nos colombes et nos rossignols dans le bois de lauriers ou sur le châtaignier, nous les prendront-ils aussi, et se laisseront-ils partager, comme le reste, entre le sbire et nous? disait ma belle-sœur. A ces mots, elle voulait bien rire, mais elle avait comme une larme dans la voix, comme une goutte d'eau dans le goulot d'une gourde qui ne peut ni rester ni couler par le cou de la courge.

Moi, j'étais bien triste aussi, mais je me raisonnais en me disant, à part moi : Ils ne partageront du moins ni ma sœur ni sa fille, ni mon enfant, ni mon pauvre chien. Si tout cela me reste, qu'importe un peu plus ou un peu moins de mesures de terre sur une montagne ! Il y en aura toujours assez long et assez large pour recouvrir mes pauvres os quand j'irai rejoindre au ciel la céleste mère de Fior d'Aliza, à qui je pense toujours quand j'entends sa voix si claire dans les lèvres de l'enfant!

LXXXVII.

Le surlendemain, les commissaires-arbitres montèrent avec leur écritoire, leurs piquets et leurs compas, à la cabane; nous ne voulûmes seulement pas voir ce qu'ils faisaient, tout cela nous fendait le cœur. L'avocat noir, mince et râpé, avec sa plume au chapeau, que mon fils Hyeronimo avait vu et entendu en guidant les pèlerins, l'année précédente, avec le capitaine des sbires, était auprès d'eux. Ma belle-sœur et les enfants me dirent qu'il avait l'air de compatir à notre chagrin et de s'excuser de représenter, dans l'opération, son ami le capitaine des sbires, mais qu'en dessous il avait plutôt l'air triomphant comme un homme qui a trouvé une bonne idée et qui s'en réjouit avec lui-même.

—Ne vous attristez pas, disait-il à ma belle-sœur, à sa fille et à Hyeronimo; le capitaine est de bon cœur; il ne veut que ce qui lui revient, il ne poussera pas les choses à l'extrême ; il m'a chargé de vous ménager. Qui sait même si tout ce que nous allons déchirer ne pourra pas se recoudre, si vous êtes des gens accommodants et de bonne oreille? Il est garçon, il est riche, il voudra se marier un jour; vous avez une belle enfant qui pourra lui plaire. Eh, eh, eh! ajouta-t-il en passant sa main noire d'encre sous le menton de Fior d'Aliza tout en larmes, comme elle a grandi, mûri et embelli, la petite chevrette du châtaignier! C'est un bel avocat que vous avez là en herbe; cet avocat-là pourra bien vous rendre plus qu'on ne vous enlève. Le capitaine n'a que d'honnêtes intentions; n'aimeriez-vous pas bien, ma belle enfant, à changer cette robe de bure brune et ces sandales sur vos jambes nues contre de riches robes de soie, de fins souliers à boucles luisantes comme l'eau de cette cascatelle, et à devenir une des dames les plus regardées du duché de Lucques, où il y en a tant de pareilles à des duchesses?

Il voulut l'embrasser sur le front. Fior d'Aliza se recula comme si elle avait vu le dard d'un serpent sous le bois mort.

—Je ne serai jamais que la fille de ma mère; la

sœur ou la femme d'Hyeronimo, dit-elle entre ses dents ; et elle se sauva vers son cousin, qui n'avait rien entendu.

Il portait les paquets et les chaînettes des commissaires, comme saint Laurent quand il portait l'instrument de son supplice.

Ma belle-sœur rentra triste et pensive à la maison ; elle me raconta l'air et les propos de l'avocat. Nous commençâmes à nous méfier de quelque chose.

LXXXVIII.

Deux heures après, tout était fini ; les commissaires revinrent avec Hyeronimo, plus pâle, dit-on, qu'un mort ; ils nous lurent un acte de partage et de délimitation par lequel on nous retranchait de toute possession et jouissance les trois quarts du bien paternel. Dans ce retranchement étaient compris d'abord le champ défriché de maïs d'où nous tirions le meilleur et le plus sûr de notre nourriture, le bois de lauriers qui chauffait le four, la plantation de mûriers qui nous donnait la feuille pour les vers à soie (une once de soie avec quoi nous achetions le sel et l'huile pour toute l'année), enfin le petit pré avec la grotte, la source et le bassin où Fior d'Aliza lavait les agneaux et où pâturaient les brebis et les chevreaux. Hélas! que nous restait-il, excepté la roche et les broussailles autour de la maison et la vigne rampante sur la pente de grès qui descend de la terrasse au midi vers le pré de la grotte!

—Encore la vigne?

—Non, monsieur. Le terrain sur lequel nos pères l'avaient plantée et les vieux ceps tortus et moussus comme la barbe des vieillards ne nous restaient pas en propriété; seulement les vieux pampres qui sortaient du terrain enclos de pierres grises, qui avaient grimpé de roc en roc jusqu'à la maison, et qui formaient une treille devant la fenêtre et un réseau contre les murs de la cabane et jusque sur le toit, nous restaient ainsi que les grappes que ces branches pouvaient porter en automne; c'était assez pour notre boisson, car les enfants et ma belle-sœur ne buvaient que de l'eau; et je ne buvais du vin moi-même que quelques petits coups les jours de fêtes.

—Mais qu'est-ce qui vous restait donc? demandais-je au vieillard aveugle.

—Ah! monsieur, il nous restait le châtaignier, notre père nourricier d'âge en âge, et le vaste espace d'herbe fine et de mousse broutées qui s'étend sous son ombre et sur ses racines..... C'est-à-dire, continua-t-il en se reprenant, que le châtaignier, principale source du revenu du domaine des Zampognari, avait été partagé en quatre parties par les arpenteurs arbitres : le tronc de l'arbre avec toutes les branches qui regardent le nord, le couchant, le matin, appartenaient au sbire, représentant de nos anciens parents; ils pouvaient en faire ce qui leur conviendrait, même l'étroncher en partie s'il leur paraissait nuisible ; mais tous les fruits qui tomberaient ou que nous abattrions des vastes branches qui regardent le midi et qui s'étendent comme des bras sur la pelouse, sur la cour et sur le toit de la maison, étaient à nous. Il y en avait encore bien assez, tant il est gros et fertile, pour nous nourrir presque toute l'année, pourvu que le caprice ne prît pas aux propriétaires du fonds et du tronc de l'arbre de le couper. Mais il n'y avait pas de crainte; car les trois quarts des fruits rapportent bien, bon ou mal an, pour eux soixante sacs de belles châtaignes : ils auraient ruiné leur propre domaine en l'abattant.

LXXXIX.

Nous nous contentâmes donc de ce partage ; que pouvions-nous dire ? Dieu est le maître d'ouvrir ou de rétrécir sa main à ses créatures ! On nous laissait encore le troupeau composé de cinq brebis, de trois chèvres avec leurs chevreaux et du chien que vous voyez là sur ses trois pattes, et qui a l'air d'écouter sa propre histoire dans la nôtre. Hyeronimo enfant l'avait appelé *Zampogna*, parce qu'il aimait la musique comme un *pifferaro*, et que toutes les fois que nous voulions le faire revenir avec les chevreaux du pâturage où il gardait les moutons, nous n'avions qu'à sonner un air de musette sur la porte.

Nous avions de plus le droit de faire pâturer les cinq moutons et les trois chèvres dans tous les steppes en friche, dans les bruyères incultes et dans les bois de lauriers, pourvu que les bêtes ne touchassent ni aux mûriers, ni au champ de maïs, ni à la vigne, ni à l'herbe du pré dans le ravin de la source; nous pouvions aussi faire un sentier à travers le pré et aller puiser de l'eau, pour nous et pour les bêtes, à la source sous la grotte; mais il nous était défendu de troubler l'eau du bassin en y lavant les toisons; le beau bassin d'eau claire, où Fior d'Aliza se plaisait tant à se mirer à travers les branches de saule, ne devait plus refléchir que les étoiles de là-haut. C'était pourtant notre étoile, à nous, et la source parut devenir sombre depuis que l'enfant ne s'y mirait plus à côté de son cousin.

XC.

Voilà, monsieur, comme tout fut fait par la volonté des juges de Lucques. Ces hommes s'en allèrent gaiement le soir, après leur opération finie, et nous restâmes tous les cinq sans nous dire un mot, jusqu'à la nuit noire, sur le seuil de notre porte.

Chacun pensait, à part soi : « Qu'allons-nous faire? »
Fior d'Aliza pensait à son pré tout fleuri d'étoiles,
de clochettes, de toutes sortes de fleurs dont elle ne
ferait plus de couronnes pour la Madone, et dont
elle ne rapporterait plus les brassées embaumées à
l'étable des bêtes; Antonio, à ses belles quenouilles
de maïs barbues et dorées qui allaient être moisson-
nées par d'autres et pour d'autres que nous; Magdalena, à ses vers à soie qui allaient mourir faute de
feuilles de mûrier, et dont les cocons blancs et
jaunes ne se dévideraient plus sur son rouet pendant
les soirs d'hiver pour remplir de sel le bahut de bois
de noyer au coin de l'âtre.

Moi, je pensais aux sacs de châtaignes que les
cueilleurs de la plaine viendraient ramasser sous
mes yeux au mois de septembre, et qu'ils emporte-
raient à Lucques, sans s'inquiéter s'il nous en res-
terait pour vivre sur les cinq branches réservées aux
habitants de la maison.

Je pensais aussi à cette pauvre vieille vigne qui
avait coûté tant de peine à cultiver, à nos pères et à
nos mères, à ces ceps reconnaissants, comme s'ils
avaient des cœurs humains, qui montaient de si loin

pour embrasser la porte, la fenêtre, le toit, de leurs pampres les plus lourds de grappes. Pauvres ceps ! dont les racines ne seront plus à nous pendant que leurs feuilles, leur ombre et leurs grappes nous serviraient encore de si bas.

Quant aux sept figuiers, ils nous restaient tous les sept comme des arbres domestiques ; on n'avait pas pu nous en déposséder, parce que leurs racines étaient sous les murs de la maison ; c'était une bonne récolte qui n'était pas à dédaigner dans les années où la fleur des châtaigniers aurait gelé sous le givre ; les figues, séchées sur le toit dans les saisons chaudes, pouvaient bien remplir quatre sacs bien tassés ; c'était quasi de quoi nous empêcher de mourir de faim, en les faisant gonfler et cuire dans le lait des chèvres.

Nous nous couchâmes sans nous parler, de peur que le son de la voix de l'un ne fît pleurer l'autre, mais nous ne dormîmes pas, bien que nous en fissions le semblant. J'entendis toute la nuit chacun de nous se retourner dans sa couche et soupirer le plus bas qu'il pouvait, pour cacher son insomnie à la famille ; jusqu'au chien qui ne dormit pas cette nuit-là, et qui ne cessa pas de gronder ou de hurler du côté de Lucques, comme s'il avait compris que les hommes qui étaient partis par ce sentier n'étaient pas nos amis. Ah! les bêtes, monsieur, cela en sait plus long que nous, allez; celui-là vous le fera bien voir tout à l'heure.

XCI.

Dès qu'il fit jour, nous sortîmes tous ensemble, y compris les bêtes et le chien; nous allâmes reconnaître de l'œil, aux beaux premiers rayons du soleil d'été rasant les montagnes, dont il semblait balayer les longues ombres et sécher la rosée, le dommage que la journée de la veille nous avait fait.

Hélas! qu'on nous en avait pris long, et qu'il nous en restait peu. Comme *Jephté*, dans la Bible, monsieur, qu'on dit qui alla se pleurer elle-même sur les collines, nous ne pûmes nous empêcher de nous pleurer nous tous : Fior d'Aliza, sur son beau pré vert et sur les bords fleuris de son bassin au bord de la grotte, dont elle aimait tant la chute de la source, gaie et triste, dans le bassin ; Hyeronimo, sur ses tiges presque mûres de maïs, dont il embrassait des lèvres les plus belles quenouilles en leur disant adieu dans sa pensée ; Magdalena, dans la plantation des mûriers dont les feuilles ne gonfleraient plus son tablier pour les rapporter à ses petites bêtes fileuses comme elle ; moi, sous le châtaignier qu'on nous avait coupé en quatre sur le papier, dont nous n'aurions plus que l'ombre d'un côté, et ce que l'automne fait tomber par charité sur notre herbe, et dont je n'aurais pas même une branche en toute propriété, à moi, pour m'y tailler une bière !

XCII.

Les bêtes ne comprenaient pas pourquoi nous les retenions à côté de nous par les cornes ou par la laine, et pourquoi nous les empêchions de s'aller repaître, comme à l'ordinaire, dans le bois, dans l'herbe, sous les mûriers, dans les allées gazonnées de la vigne.

Après avoir bien regardé, bien soupiré et bien

sangloté devant chacun de ces morceaux du domaine, qui étaient aussi des morceaux de notre pauvre vie, nous rentrâmes en silence dans le petit espace presque inculte qui nous était réservé, nous attachâmes les bêtes dans la cour herbeuse, à la porte de l'étable. Fior d'Aliza alla ramasser des herbes le long des sentiers qui n'appartiennent à personne; Hyeronimo alla ramasser des branches et des fagots de feuilles dans les rejets de châtaigniers, sur les hautes montagnes du couvent, abandonnées aux daims et aux chevreuils.

Les deux enfants revinrent bientôt, chargés de plus d'herbes et de feuilles qu'il n'en fallait pour les cinq brebis et les trois chèvres; mais la liberté manquait aux pauvres bêtes : elles nous regardaient et semblaient nous demander de l'œil pourquoi nous ne les laissions plus brouter et bondir à leur fantaisie dans le ravin et sur le rocher. Il fallut même aller leur chercher à boire comme à des personnes. Fior d'Aliza et Hyeronimo commencèrent à tracer, en descendant et en remontant, leur sentier étroit vers la source, dont le pré, la grotte et le bassin leur appartenaient tout entiers la veille.

XCIII.

Ce fut ainsi, monsieur, que notre vie se replia tout à coup comme un mouchoir qu'on aurait déchiré dans une large pièce de toile. Nous eûmes bien de la peine à nous y faire les premiers temps, et nos pauvres bêtes bien plus encore; elles s'échappaient bien souvent de l'étable, de la cour, de la corde, des mains même de Fior d'Aliza pour courir dans le ravin, dans les mûriers, même dans la vigne.

Quand le *fattore* (le chef des métayers du capitaine des sbires) montait à la montagne, il y avait toujours quelques pampres traînants rongés par les chèvres dans les ceps, ou quelques maïs égrenés sur le champ, ou quelques branches pendantes des mûriers, effeuillées par les cabris.

Il nous injuriait quelquefois et nous menaçait toujours de faire tuer les bêtes si l'on venait à les surprendre hors de nos limites. Que pouvions-nous faire, que demander excuse et qu'offrir de réparer le dommage à nos dépens? Nous recommandions bien à Fior d'Aliza de tenir de près ses chevreaux et de ne pas quitter de l'œil les animaux. Mais comme elle avait rencontré deux ou trois fois le capitaine des sbires qui cherchait à l'approcher, qui lui avait pris le menton et qui avait voulu l'embrasser sur ses cheveux, en lui demandant si elle voudrait bien devenir sa femme quand elle aurait ses seize ans; et comme, malgré les honnêtetés de cet homme, elle en avait peur et répugnance, à cause de Hyeronimo et de nous, qu'elle ne voulait jamais quitter des yeux ou du cœur, la petite n'aimait pas à rester dehors toute seule loin de Hyeronimo et de nous; c'est ce qui fait que les bêtes étaient moins bien gardées.

Quant à Hyeronimo, quand on lui parlait seulement du capitaine des sbires, il devenait pâle de colère comme le papier, et sa voix grondait en prononçant son nom, comme une eau qui bout dans la marmite de fer sur notre foyer; pourtant, il ne lui souhaitait point de mal; il était trop doux pour en faire à un enfant; mais il voyait bien, sans que rien fût dit sur ce sujet entre nous, que cet homme puissant voulait nous enlever par caresse, par astuce ou par violence plus que le pré, la vigne, les mûriers ou notre part du châtaignier : c'est peut-être cela, monsieur, qui lui fit comprendre qu'il aimait plus que d'amitié sa cousine, et c'est peut-être aussi la peur du sbire qui apprit après à Fior d'Aliza combien Hyeronimo lui était plus qu'un frère.

Que voulez-vous, monsieur? le chagrin mûrit le cœur avant la saison; quand le ver pique le fruit et que le vent secoue la branche, le fruit véreux tombe de lui-même; ils ne savaient pas ce que c'était que de s'aimer, mais la peur de se perdre faisait qu'ils ne pouvaient pas plus se séparer en idée que deux agneaux nés de la même mère et qui ont sucé leur vie au même pis et à la même crèche.

Ce fut bien là le malheur; ces enfants s'aimaient trop pour que la fille devînt une grande dame de Lucques, et pour que le garçon fît une autre fortune que dans le cœur d'une fille des châtaigniers.

XCIV.

—Notre malheur, s'écria la belle *sposa*, en se jetant d'un bond sur le berceau de son enfant, en l'élevant dans ses deux beaux bras nus jusqu'au-dessus de sa tête, et en collant ensuite son charmant visage sur la bouche souriante de son nourrisson; notre malheur! Ah! si Hyeronimo vous entendait comme je vous entends, père!... Et elle lui fit une délicieuse moue avec les lèvres.

Elle se rassit et se remit à remuer du pied le berceau du petit, toute rêveuse et toute rouge d'avoir laissé échapper ce cri de deux amours dans une seule voix.

XCV.

—Eh bien! vous allez voir ce que nous eûmes à souffrir, ces pauvres innocents et nous, continua l'aveugle.

L'automne approchait, les grappes de la treille devant la porte et celles des pampres qui enlaçaient la maison et le toit comme le filet du pêcheur enlace l'eau dans ses mailles, commençaient à rougir et à sucrer les doigts de Fior d'Aliza. Elle en cueillait çà et là une graine en passant sous les feuilles ; nous nous promettions une riche vendange pour la fin de l'automne, des raisins à sécher sur la paille et une petite jarre de vin sucré pour les fêtes de Noël et du jour de l'an dans le cellier.

Tout à coup Hyeronimo s'aperçut que les feuilles de la vigne jaunissaient et rougissaient comme des joues de malade, avant que les raisins eussent achevé de rougir ; que les branches se détachaient des murs comme des mains qui ne se retiennent plus par les ongles à la corniche, et que les grappes, elles-mêmes mortes, commençaient à se rider avant d'être pleines, et ne prenaient plus ni suc ni couleur dans les sarments détendus.

—O ciel ! dit-il, la vigne est malade ; les passereaux eux-mêmes ne becquètent plus les grappes, tant elles sont âpres ; une *lune* a passé par là.

—Allons voir, dirent ensemble les enfants, si la vigne, dans le champ, a pâli et séché sous la même lune.

Ils y coururent et ils revinrent en pleurant, comme Adam et Ève qui sont en peinture là-haut aux Camaldules, quand ils virent pour la première fois mourir quoi? un homme? un animal? un insecte? non, une feuille!... quelque chose qui frémissait, mon bon Seigneur!...

La vigne, notre vigne à nous, n'était pas malade, elle était morte, morte pour toujours; morte comme si elle n'avait jamais vécu. Ces belles larges feuilles qui étaient bien à nous, puisque leurs pampres nous avaient cherchés de si loin pour s'accrocher à nos tuiles sur le toit et à nos piliers de pierre devant la porte, et jusqu'aux lucarnes de la chambre haute de Fior d'Aliza, où elles se glissaient par les fentes du volet; ces beaux sarments serpentant qui faisaient notre ombre l'été, notre gaieté l'automne, notre joie sur la table l'hiver, nous caressaient pour la dernière fois comme un chien qui meurt en vous léchant les pieds; morts non pas pour tout le monde, monsieur, mais morts pour nous.

Une belle nuit, sans que nous nous en fussions doutés, le *fattore* (le métayer) du sbire propriétaire, prétendant que la séve, en montant jusqu'à notre cabane, appauvrissait la vigne-mère et stérilisait les ceps d'en bas, avait coupé à coups de serpe les vieux gros pampres serpentant qui nourrissaient nos sarments contre nos murailles, de sorte que le cep, lui, restait vivant dans la vigne basse, mais les rejets étaient morts désormais pour nous!...

XCVI.

Jamais je ne vous dirai le chagrin de la cabane à ces cris des deux enfants qui pleuraient ces berceaux de leur enfance, ces feuilles de leur ombre, ces grappes de leur soif, ce crépissage vivant et aimant de leur pauvre toit; et les lézards qui couraient si joyeux parmi leurs feuilles; et les merles qui picotaient si criards, comme des oiseaux ivres, les grains premiers mûrs; et les abeilles qui bourdonnaient si allègrement dans les rayons du soleil entre les grappes plus miellées que le miel de leurs ruches; et le soleil couchant le soir sur la haute mer, et la lune tremblante à terre, quand les pampres à travers lesquels elle passait, tremblaient eux-mêmes au vent de la nuit! Enfin tout! tout ce qu'il y avait pour nous et pour eux de parenté, de souvenirs, d'amitié, de plaisir, d'intelligence entre ce treillage plus vieux que nous tous devant la maison.

—Oh! les méchants! s'écria tout le monde en sanglotant et en regardant mourir à petit feu nos chères tapisseries (*sparterias*) de vigne. Mais que pouvions-nous dire et que pouvions-nous faire? Tous nos regrets ne ressouderont pas la branche au cep. Toutes nos larmes ne lui serviront pas d'autre séve! Elle est morte, et nous mourrons, il n'y a que cela pour nous consoler. Livrons les dernières grappes aux oiseaux, ces dernières feuilles aux chèvres, ces derniers sarments à notre foyer d'hiver; morte, elle nous servira encore tant qu'elle pourra, et nous bénirons encore ses dernières pousses. Et puis après? Eh bien! après, nos murs seront nus contre le soleil et la pluie, il n'y aura pas d'ombre sur la porte, les oiseaux et les lézards s'en iront chercher leur plaisir ailleurs. Le *padre Hilario* ne s'assoira plus, en s'essuyant le front, sous la treille, et en suspendant ses deux besaces aux nœuds entrelacés du gros pampre; qu'y pouvons-nous? Le papier est le papier; il ne parle pas pour s'expliquer; d'ailleurs, il aurait beau s'expliquer, le mal est fait; il ne ferait pas reverdir en une parole des pampres de trois cents ans. Il a dit : « La vigne est au sbire, la treille est à vous ; » mais il n'a pas dit que le propriétaire de la vigne n'aurait pas le droit de couper son pampre !

Un frisson nous prit à ces mots, nous pensâmes tous, et tous à la fois au châtaignier, notre seul nourricier sur la terre.

Dieu ! nous écriâmes-nous, le papier dit bien que les châtaignes tombant sur nous sont à nous, mais il ne dit pas que le propriétaire du tronc, des racines et des branches n'aura pas le droit de couper son arbre. Oh ! malheureux que nous sommes, si cela devait arriver jamais, que deviendrions-nous ?

XCVII.

A ces mots, nous entendîmes monter par le sentier de rochers polis, du côté de Lucques, le *padre Hilario;* il suait et il soufflait comme une mule trop chargée qui a besoin qu'on la soulage, au sommet de la montée, de sa charge.

Le *padre Hilario* était le frère commissionnaire

du couvent des Camaldules de San Stefano; c'était un beau vieillard à grande barbe blanche; une couronne de cheveux fins comme des fils de la Vierge, autour de sa tonsure, le rendait tout à fait semblable aux statues de san Francisco d'Assise, sur les murs du chœur des Franciscains de Lucques; il était si vieux, qu'il nous avait tous vus naître; mais il n'était point cassé pour son âge, il était seulement un peu voûté par l'habitude de porter les besaces gonflées des cruches d'huile et des outres de vin du couvent, et de monter à pas mesurés les sentiers à pic de la montagne.

Notre cabane était à peu près à moitié chemin de la plaine aux Camaldules; il avait l'habitude, depuis plus de quarante ans, de s'y arrêter un bon moment pour respirer et pour converser un instant avec les Zampognari; il avait caressé les enfants, marié les jeunes filles, consolé et vu mourir les vieillards de cette cabane. Il n'était pas de nos parents, on ne savait pas même où il était né; il y en a qui disaient qu'il avait été soldat sur les galères de Pise, prisonnier des corsaires à Tanger, échappé d'esclavage avec une Mauresque convertie sur une barque dérobée à son père; qu'ils avaient été assaillis par une tempête, poursuivis par les pirates sur la Méditerranée, et que, dans le double danger de périr par la mer ou par la vengeance des Turcs qui allaient les engloutir ou les atteindre, ils avaient fait vœu à saint François, quoique amants, de se faire lui ermite, elle nonne, si saint François les sauvait miraculeusement du danger. Saint François avait apparu entre deux nuées sur le mât de leur frêle barque; les pirates avaient sombré, le vent s'était calmé, la mer, aplanie comme un miroir; et un courant invisible les avait portés sur le sable près de l'écueil de la *Meloria*, sur la côte toscane. Ils s'étaient embrassés pour la première et la dernière fois en ce monde, et ils étaient allés pieds nus, chacun de son côté, elle à Lorette, lui à San Stefano de Lucques, se présenter à la porte de deux couvents.

XCVIII.

Saint François, content de leur fidélité à accomplir leur vœu, les avait fait accueillir comme si on les attendait, elle comme sœur converse, lui comme frère servant, à la porte des Carmélites de Lorette et des Camaldules de Lucques. Ils ne devaient se rencontrer que dans le paradis.

Voilà ce que l'on disait dans les montagnes du père Hilario; mais lui, il n'en disait jamais un mot dans ses entretiens avec nous; on eût dit que san Francisco lui avait ôté la mémoire de ses amours ou qu'il lui avait mis le doigt du silence sur les lèvres; il ne parlait jamais que de nous, des anciens de la cabane qu'il avait connus, des mariages, des naissances, des morts de la famille, de l'abondance ou de la rareté des châtaignes, du prix de l'huile pour les lampes du sanctuaire, et quelquefois des révolutions qui se passaient là-bas dans les plaines, à Florence, à Sienne, à Rome ou à Lucques.

« Mais cela ne nous regarde ni vous ni moi, disait-il toujours, en finissant ses entretiens et en reprenant ses besaces sur l'épaule, son rosaire à la main; le flot des hommes ne montera pas si haut qu'où nous sommes; il y aura toujours des neuvaines à l'autel des Camaldules et toujours des *pifferari* qui viendront acheter des *zampognes* pour prier devant les Madones ou pour faire danser aux noces des Maremmes. Allons notre chemin au ciel et sur ces montagnes, et que san Francisco bénisse la cabane comme le couvent. »

Puis il se remettait en route comme un Juif-Errant, et nous entendions son pas au bruit de ses sandales sur la roche, longtemps après qu'il avait disparu derrière les sapins.

XCIX.

Bien qu'il ne fût pas de nos parents (au moins, nous le croyions), le père Hilario nous aimait par une vieille habitude. Il s'étonna, ce jour-là, de nous trouver tout pâles et tout en larmes. Il ne savait rien de ce qui s'était passé depuis trois mois, qu'il n'était ni monté ni descendu par le sentier des Zampognari, ni des visites du capitaine des sbires, ni du procès de Nicolas del Calamayo, ni du partage du domaine revendiqué par les héritiers des *Bardi*, ni de la revente de leurs droits au sbire, ni des poursuites de cet homme puissant pour épouser, par ruse ou par violence, la belle enfant qui l'avait, par malheur, ébloui comme un soleil levant dans les yeux d'une taupe; ni de tous nos champs confisqués avec leurs riches promesses de récoltes, ne nous laissant que le quart des châtaignes, les cinq brebis et les chevreaux pour subsistance; ni enfin de l'abomination qu'on venait de nous faire, avec une si infernale malice, en tuant notre vigne sur notre propre mur, comme on aurait tué notre chien sur les pieds de l'aveugle pour le faire trébucher dans le précipice!

C.

—Oh! quoi, dit-il, ils ont bien eu le cœur de couper les pampres qui montent innocemment de père en fils jusqu'à votre foyer!... Hélas! c'est trop vrai, ajouta-t-il en levant les mains au ciel et en regardant les feuilles mortes qui n'avaient plus la force de supporter le poids de leurs lourdes grappes flétries. Se peut-il que la malignité des hommes aille jusque-là? Ah! que j'y ai passé de bons soirs à causer à l'ombre, avec vos braves pères, en buvant une goutte du bon jus de vos ceps et en bénissant san Francisco des dons de Dieu pour les cœurs simples; mais à présent, continua-t-il, je ne repasserai jamais là sans maudire la perversité des méchants!... Mais non, ajouta-t-il en se reprenant, non, ne maudissons personne, même ceux qui nous font du mal; plaignons-les, au lieu de les haïr. La pitié est la charité des persécutés envers les persécuteurs : c'est la seule vengeance qui plaît à Celui qui est là-haut. Prions pour eux; n'est-ce pas plus malheureux d'être bourreau que d'être victime?

CI.

C'est ainsi qu'il nous consola, en prenant part, par ses larmes, à la mort de notre treille, et qu'il tourna notre colère en miséricorde pour nos ennemis. Puis :

—Voyons donc, dit-il, ce fatal papier qui vous a dépossédés de l'héritage des Zampognari, que j'ai toujours cru aussi à vous que ce rocher est à la montagne, ou que cette mousse est à ce rocher. Je suis bien vieux, j'ai plus de quatre-vingt-dix ans d'âge ; qui sait peut-être si le bon Dieu ne m'a laissé vieillir ainsi inutile à moi et au monde, que pour rendre témoignage pour les pauvres Zampognari contre quelques traits de plume de scribe, qui cherche des procès pour gagner son pain dans des paperasses, comme l'écureuil cherche la noisette dans la mousse en retournant les feuilles mortes? Donnez-moi ce papier : la première fois que j'irai encore à Lucques, je le ferai voir au professeur de droit Manzi, mon vieil ami.

Le père Hilario emporta le papier, et nous n'y pensâmes plus que pour pleurer notre vendange égrenée à terre; les oiseaux du ciel eux-mêmes semblèrent la pleurer avec nous ; les passereaux, les grives, les colombes, les merles, quand ils s'aperçurent que les pampres noircissaient, que les feuilles tombaient en été comme après une gelée d'hiver, se réunissaient en tourbillon dans l'air au-dessus de la maison nue, et allaient et venaient comme des fous en jetant de petits cris désespérés; on eût dit qu'un renard était entré furtivement dans leur nid et avait mangé leurs œufs pendant qu'il étaient sortis de l'arbre.

CII.

Ainsi chaque jour resserrait notre pauvre vie; mais ce fut bien pis, quelques semaines après, quand les quenouilles de maïs furent mûres et que la seconde récolte des feuilles de mûrier demanda à être cueillie. Tous les jours, comme si nous avions été des voleurs, des agents du sbire rôdaient ici et là dans nos alentours, épiant les chèvres et les moutons qui nous donnaient le lait et la laine dans notre pauvreté toujours croissante; l'huile de la lampe, que nous entretenions dans la cabane, le soir, devant la Madone, ne pouvant plus en acheter à la ville, semblait leur faire envie; ils prétendaient que Fior d'Aliza, sa mère et Hyeronimo, nous n'avions pas le droit d'aller cueillir les noisettes que nous pilions dans le mortier pour en tirer quelques gouttes. Ils disaient que ces noisettes des bois voisins et sans maître appartenaient bien aux écureuils, mais pas à nous; ils ne voulaient pas non plus que nous ramassassions la mousse des steppes des voisins pour en faire des litières à nos bêtes, parce que, disaient-ils, la mousse tient chaud à la terre, et que cette terre n'était plus à nous. S'ils avaient pu, ils auraient confisqué le vent et interdit aux petites hirondelles de venir nous réjouir de leur babillage dans leurs nids cachés sous le rebord du toit. Mon Dieu! avions-nous à souffrir! Et cependant l'air est si bon ici sur ces cimes où la *mal'aria* n'ose pas monter.

Hyeronimo devenait le plus bel adolescent de toute la plaine de Lucques; quant à Fior d'Aliza, la force de la jeunesse est telle qu'elle florissait d'autant mieux sous nos larmes qu'elle avait plus de peine, comme ces herbes du bord de la cascade, qui sont d'autant plus riches et d'autant plus rouges qu'elles sont plus souvent mouillées par l'écume et resséchées par le rayon de soleil. Elle chantait déjà sur la porte qu'elle avait encore une goutte de pleurs sur les cils des yeux. On dit qu'elle éblouissait tous les pèlerins, qui s'arrêtaient exprès pour lui demander une gorgée d'eau dans sa cruche. « Si les anges

habitaient encore les hauts lieux, disaient-ils entre eux, en s'éloignant et en se retournant pour la regarder encore, nous dirions que ce n'est pas une fille de l'homme, mais une créature de lumière. »
J'étais tout réjoui quand la mère de Hyeronimo, qui l'aimait comme sa fille, me rapportait ce qu'elle avait entendu ainsi de la bouche des passants. Hyeronimo s'en apercevait aussi tous les jours davantage; il en était fier, mais aussi un peu jaloux. Il n'aimait pas que ces sbires rôdassent sans cesse ainsi autour de nos limites. Fior d'Aliza, toutes les fois qu'elle sortait pour mener les chèvres à la feuille, l'appelait pour l'accompagner; avec lui, elle n'avait plus peur.

CIII.

Cependant, un matin qu'il était allé dénicher des œufs de faisan dans les bruyères au plus haut des montagnes, derrière l'ermitage des Camaldules, elle eut bien plus que peur, et nous avec elle, hélas!

Une bande de bûcherons de la plaine, armés de leurs grandes haches et de leurs longues scies d'acier pour abattre et débiter le bois dans les forêts, parut avec l'aurore au pied du gros châtaignier ; ils s'assirent en cercle autour des racines, aiguisèrent leur hache et leur scie sur des pierres de grès, débouchèrent leurs fiasques de vin, se coupèrent des tranches de pain et de fromage, et se mirent à déjeuner gaiement tout près de nous.

Je m'approchai timidement d'eux, et je leur demandai poliment qu'est-ce donc qu'ils venaient faire si haut et si loin dans une partie des montagnes où jamais la hache des bûcherons n'avait retenti depuis que le monde est monde.

—Vous allez le savoir, mon ami, me répondit une voix qu'il me sembla reconnaître à son accent de méchanceté hypocrite (ma belle-sœur, qui était accourue à son tour avec Fior d'Aliza, me dit vite que c'était celle du scribe Nicolas del Calamayo); vous allez le savoir à vos dépens. Dites adieu à votre arbre, il ne vous donnera ni ombre ce soir, ni châtaignes cet automne. Le propriétaire l'a vendu hier au maître de ces bûcherons, pour l'abattre et pour l'exploiter à son profit. Il m'a chargé de monter à sa place jusqu'ici pour leur livrer l'arbre et pour verbaliser contre vous si vous mettiez obstacle à la livraison.

—Comment si j'y mets obstacle ! m'écriai-je en me précipitant les deux bras ouverts et tendus devant moi pour me jeter entre l'arbre et la hache ; mais c'est comme si vous commandiez de ne pas m'opposer à ce qu'on enlevât ma tête aveugle de dessus mes épaules ! Cet arbre, monsieur, c'est autant que ma tête !... c'est plus que ma pauvre tête, ajoutai-je en pleurant ; c'est la vie de toute ma famille, c'est le père nourricier de ma sœur, de mon neveu, de ma fille et de moi ! Vous savez bien, vous qui avez apporté le papier qui nous a dépouillés de tout ce qui faisait vivre ici les Zampognari depuis les siècles des siècles, vous savez bien qu'on ne nous a laissé que ces trois grosses branches qui s'étendent de notre côté sur la pelouse et sur la maison qui nous restent ; vous savez bien que ces branches sont à nous, c'est encore assez, car l'arbre est si grand que ces seules branches, le quart de l'arbre, nous rempliront encore au moins huit sacs de châtaignes ;

c'est juste ce qu'il faut pour quatre bouches, en économisant. Vous me tueriez plutôt contre le châtaignier que de vous laisser porter la hache sur son écorce ; si quelque chose est à nous sur la terre, c'est lui ! Oserez-vous nier que le papier des juges me réserve en jouissance tout le bois, toutes les feuilles, toute l'ombre, tous les fruits de ce côté ?

—Non, répondit l'homme de loi, je ne le conteste pas ; mais, de votre côté, oserez-vous nier que la propriété de l'arbre lui-même est au capitaine des sbires, et que, quand il aura fait de sa propriété ce qu'il a le droit d'en faire, votre droit tout conditionnel, à vous, ne subsistera plus ; car, puisqu'il est le propriétaire, il a le droit d'abattre l'arbre, et, le tronc une fois abattu, que deviennent les branches ?

CIV.

—J'avoue, monsieur, que je n'y avais jamais pensé et que je restai muet à cette réponse ; mais si ma parole ne pouvait repousser sa raison, toute ma vie en moi protestait contre cette iniquité de l'homme de loi.

Magdalena et Fior d'Aliza alors, qui n'avaient jamais, plus que moi, pensé seulement qu'on pouvait nous abattre le châtaignier sur la tête, ne cherchaient pas de raisons, mais des supplications contre cet homicide.

Tombées à genoux aux pieds de l'homme noir, elles levaient leurs mains vers ses mains, le conjurant de nous laisser vivre, et lui expliquant, ainsi qu'aux bûcherons, que nos quatre vies tenaient aux racines et aux branches de ce toit nourricier de leurs pères. Ah! si vous les aviez entendues, monsieur, demander aux bûcherons avec quoi elles me nourriraient dans cette cabane, désormais sans le moindre champ à cultiver autour des murs? sur quoi elles coucheraient leur pauvre petit troupeau, dont les feuilles du châtaignier étaient la nourriture et toute la litière? Il y avait de quoi fendre le tronc de l'arbre, mais non le cœur de l'homme de loi.

Cependant il faut être juste, les bûcherons semblaient attendris en voyant cette belle jeune fille, inondée de larmes jusqu'au bout des mèches de ses cheveux épars sur son sein d'enfant. Ils se regardaient entre eux, ils comprenaient cette misère, ils regardaient la masse, la magnificence et la verte vieillesse féconde de l'arbre; ils détournaient le tranchant de leurs haches sur lesquelles quelques gouttes de leurs yeux tombaient silencieusement.

—Allons, à l'ouvrage! dit l'homme de loi.

Les bûcherons semblent hésiter à obéir : l'un dit qu'il ajuste le manche de sa hache, l'autre que les dents de sa scie ne mordent pas.

CV.

Pendant cette hésitation des bûcherons, Calamayo, l'homme noir, feignit de se laisser attendrir par les larmes de la mère et de l'enfant; il tira un peu à l'écart Magdalena, et lui dit à voix basse quelques mots à l'oreille avec un faux air de bonté :

—Peut-être, lui dit-il, y aurait-il encore un moyen de sauver le châtaignier, si vous étiez une femme d'esprit et une mère raisonnable? Le capitaine des sbires a le cœur sensible, quoiqu'il ait déjà la barbe un peu grise; il est garçon, il est riche, il est ennuyé de vieillir seul, sans joie dans sa maison, sans enfant après lui pour hériter de ses *scudi* et de son domaine; il a été ébloui, à ses voyages dans la montagne, de la beauté de votre fille et de son innocence. Qui sait, si vous lui envoyiez Fior d'Aliza, avec un panier de figues et de châtaignes à son bras, lui demander la grâce du châtaignier et des figuiers, s'il ne vous accorderait pas à cause d'elle la vie de l'arbre et même la restitution du domaine tout entier de vos pères? Tout dépendrait de vous, j'en suis sûr; on ne refuse rien à une *sposa* qui donne son cœur en échange d'un morceau de terre sur la montagne. Que dites-vous de mon idée? Voyons, pensez un peu; je vous donne pour réfléchir le temps que l'ombre de cette branche mettra à se replier jusqu'à ses racines.

CVI.

Magdalena resta immobile, pétrifiée, muette à ces paroles, dont elle comprit bien la malice. L'idée de dépayser ma fille de la cabane où elle ne faisait qu'une avec nous trois; l'idée de la séparer d'Hyeronimo, dont elle n'avait jamais été désunie depuis la mamelle qui les avait nourris l'un et l'autre; l'idée de jeter cette âme, qui rayonnait semblable au soleil de tous nos matins sur notre fenêtre, comme un misérable tas de *baïoques* de cuivre à un étranger, en échange de la place qu'il nous laisserait ainsi pour végéter sur la montagne, lui souleva le cœur.

—Moi, monsieur, donner Fior d'Aliza pour quoi que ce soit, même pour ma pauvre vie dans ce bas-monde! Ah! si c'est là le prix qu'exige le ciel pour nous épargner, qu'il nous tue tout de suite; qu'il nous ensevelisse tous les quatre ensemble dans le tronc de l'arbre que ces bourreaux de bûcherons vont abattre sur nos têtes! Mille fois plutôt mourir que de céder ma fille à cet homme dur! Quand ce serait même le prince de Lucques, il n'aurait pas assez de son duché pour la payer à sa tante, à son père et à Hyeronimo; c'est comme si vous me disiez qu'on va payer à quelqu'un le souffle de sa respiration; quand la somme serait comptée, l'homme serait mort.

Elle fondit en larmes et elle devint rouge comme une feuille morte de notre treille coupée, de douleur et de honte de ce qu'on osait seulement lui faire une si offensante proposition.

CVII.

— Eh bien ! voilà l'ombre de la branche qui touche aux racines, dit Calamayo en la regardant d'un regard de cruelle interrogation. Allons ! à vos haches et à vos pioches ! cria-t-il aux bûcherons.

Ils levèrent leurs haches, et je les entendis retomber sur le tronc près des racines avec un bruit sourd, tout semblable au bruit des pelletées de terre pierreuse que j'entendis tomber sur la bière de mon frère et de ma jeune femme quand nous allâmes les ensevelir, il y a treize ans, là-haut, au cimetière des Camaldules ; les éclats d'écorce de bois volèrent sous l'acier jusqu'à nos pieds. Nous perdîmes la raison à ce bruit ; il nous sembla que chaque coup du tranchant des haches nous emportait un morceau de nos cœurs. Magdalena, Fior d'Aliza et moi, nous tombâmes à terre et nous nous traînâmes sur nos genoux vers le châtaignier en lui faisant un rempart de nos mains étendues, en l'embrassant de nos bras, de nos poitrines, de nos bouches, comme si l'on avait voulu tuer notre père et notre mère.

Les bûcherons s'arrêtèrent, leurs haches levées, de peur de nous blesser en les laissant retomber contre le pied de l'arbre.

—Écartez ces misérables insensés, s'écria l'homme de loi, qui font violence à la justice!

CVIII.

A ces mots, il prit Fior d'Aliza par l'épaule et la jeta rudement en arrière sur une racine, où son front évanoui toucha rudement, et où la veine de sa tempe jeta quelques gouttes de sang qui rougit sa joue et ses beaux cheveux blonds; puis, aidé par deux des plus robustes bûcherons, il repoussa violemment Magdalena et moi du tronc de l'arbre.

Pendant ce temps, il faisait signe aux autres de frapper plus fort sur l'entaille déjà ouverte dans le tronc du châtaignier, et les éclats de l'écorce et du bois saignant jonchaient l'herbe aux pieds des ouvriers.

Presque évanouis tous les trois de douleur et de la secousse qui nous avait précipités à terre, nous entendîmes les coups redoublés comme d'un autre monde, et le petit chien Zampogna, qui avait cessé d'aboyer, léchait, tout haletant, le sang rose sur la tempe de sa jeune maîtresse, Fior d'Aliza.

—Tenez, monsieur, on voit, à ce qu'on dit, encore la marque, ajouta l'aveugle en promenant le doigt sur la joue de la jeune *sposa*.

CIX.

A ce moment, continua-t-il, Hyeronimo, qui descendait des hauteurs des Camaldules avec un énorme fagot de genêts sur le cou, entendit les aboiements de Zampogna, les coups de hache des bûcherons, les voix larmoyantes de sa mère, de Fior d'Aliza et de moi; à travers une clairière, il vit Calamayo et ses hommes qui nous arrachaient avec violence du tronc de l'arbre, et qui nous rejetaient sans pitié sur les pierres et sur les racines arrosées du sang du visage de sa cousine. Il jeta son fagot pour courir plus vite, et, tenant à la main le hacheron qui lui servait à couper les genêts et les bruyères pour le feu de l'hiver prochain, en trois bonds, avec de grands cris qui nous réveillèrent de notre demi-mort tous les trois, il s'élança entre nous, l'arbre et les bûcherons, et, brandissant sa hachette sur leurs têtes, il les écarta, tous étonnés et tous tremblants, à une certaine distance, groupés autour de Calamayo.

Sa fureur redoubla en voyant le sang de sa cousine. En deux mots, nous lui racontâmes la scène qui venait de se passer.

—Misérables lâches! cria-t-il à Calamayo et à ses acolytes, vous n'aurez la vie du châtaignier qu'avec ma vie! L'arbre est la vie de ma mère, de mon oncle, de ma cousine, de nos pères et de nos enfants; tuez-nous tout de suite si vous voulez le tuer, mais vous ne le tuerez pas, moi vivant!

A ces mots, il s'approcha, avec un geste désespéré et pitoyable, les bras en l'air, de l'entaille déjà profonde de l'arbre, et, tout pâle de douleur, il pleura un moment en silence comme on pleure sur la blessure d'un homme mourant d'un coup de feu.

CX.

Cependant un dialogue terrible et menaçant s'était établi à distance entre Hyeronimo et Calamayo, abrité, contre le jeune homme, derrière le groupe armé de ses bûcherons.

—Vous êtes témoins, disait l'homme de loi, que ce jeune insensé s'est opposé avec violence, et une arme à la main, à l'abattement de l'arbre, et qu'il fait opposition à la justice. Nous cédons à ses menaces pour ne pas ensanglanter le débat, nous prenons acte de son délit et nous réservons les droits à l'exécution de l'ordre, auquel nous sommes délégués, pour les faire exécuter en leur temps par la force publique.

Calamayo et ses ouvriers se retirèrent après cette protestation en nous faisant des gestes et en poussant des clameurs de vengeance. Ma pauvre sœur, prenant la tête ensanglantée de Fior d'Aliza sur ses genoux, étancha le sang que sa chute sur la racine faisait égoutter de sa tempe. Hyeronimo alla puiser de l'eau dans le creux de ses deux mains pour laver et démêler ses beaux cheveux blonds, humides de sang et poudrés de terre.

Ce fut alors que nous pleurâmes tous les quatre comme nous n'avions jamais pleuré. Hélas! nous étions restés vainqueurs, grâce à l'apparition et au courage d'Hyeronimo.

L'entaille de l'arbre, quoique saignante, n'était pas mortelle : en plaquant de la terre humide sur la blessure et en la recouvrant de morceaux d'écorce reliés autour du tronc par des lianes, nous pouvions le guérir et vivre encore de ses dons d'automne tous les hivers ; notre petit troupeau de chèvres et de cabris nous alimenterait pendant la belle saison, nos figues sèches nous remplaceraient les raisins disparus avec la vigne; mais nous ne nous dissimulions pas que le châtaignier n'avait pas longtemps à vivre, puisque le sbire et son conseiller avaient juré de nous réduire à la mendicité et de nous expulser par la faim de notre pauvre nid sur la montagne.

CXI.

Ma sœur nous raconta l'amour du capitaine des sbires pour sa belle enfant, la condition que l'avocat avait mise tout bas à la vie du châtaignier et à la restitution de nos petits champs, troqués contre la cousine d'Hyeronimo. A cette confidence, Hyeronimo, sans rien dire, devint plus rouge et plus resplendissant de colère contenue, que quand il s'était jeté, sa hachette à la main, seul contre dix hommes armés. Fior d'Aliza ne le vit pas, mais elle devint pâle comme un linge et se colla convulsivement contre le sein de sa mère.

Quant à moi, je mis ma tête aveugle entre mes deux mains, sur mes genoux tout tremblants, et je pressentis confusément de grands malheurs. Hélas! pourquoi ces seigneurs pèlerins de Lucques nous avaient-ils découverts dans notre pauvre cabane, et pourquoi Fior d'Aliza les avait-elle éblouis, comme une étoile dans un ciel de nuit, sur nos montagnes, éblouit l'œil et fait rêver à mal le berger!

CXII.

Ces pressentiments n'étaient que trop fondés, monsieur; pourtant nous fûmes bien tranquilles pendant un certain temps après l'événement du châtaignier ; nous guérissions avec beaucoup de soins sa blessure, comme vous voyez ; tous les jours Hyeronimo et Fior d'Aliza apportaient au pied de l'arbre des mottes de terre humide, enlevées au bord de la grotte, pour rafraîchir l'arbre et pour le panser comme on panse un malade. Nous nous flattions qu'on nous avait oubliés là-bas, dans ce coin de rocher, où nous ne faisions point d'autre mal que de respirer, de nous aimer et de vivre.

CXIII.

Mais l'amour d'un débauché qui a vu une innocente, et qui pense à l'emmener dans sa maison, est un charbon ardent qui brûle la main et qui ne laisse pas dormir celui qui ne craint pas Dieu plus que le feu dans ses veines. La maudite beauté de l'enfant ne sortait plus de l'œil du sbire. Il avait résolu, par les conseils de Calamayo, sans doute, de nous entraîner dans la misère, d'éteindre notre foyer, de nous contraindre à aller mendier notre pain dans les rues de Lucques, de nous y ramasser ensuite comme des vagabonds, de nous jeter, ma sœur et moi séparément, dans un hôpital, de forcer Hyeronimo à s'expatrier dans les Maremmes ou sur quelque felouque de pêcheur; de faire enfermer, à cause de sa jeunesse et de sa beauté, Fior d'Aliza dans un couvent, pour l'y faire élever en dame et pour l'épouser ensuite comme par charité, grâce à l'abbesse qui était sa parente et sa complaisante.

Le frère Hilario, qui connaissait la malice du monde de la ville, nous a raconté ensuite toute la chose; mais alors, de quoi pouvions-nous nous douter? Et quand même nous nous serions doutés de quelque complot de ce genre, comment pouvions-nous nous en défendre? Nous n'avions de notre côté que la Providence; mais il y a des temps où elle se cache comme pour épier jusqu'où va la patience des bons et la perversité des méchants. En ce temps-là, elle paraissait nous avoir entièrement oubliés.

CXIV.

Un jour que nous étions sans défiance, ma sœur auprès de sa quenouille sur le seuil de la cabane ; moi occupé à tresser des nattes de *sparteria* avec des joncs devant la porte, assis au soleil ; Hyeronimo à retourner les figues qui séchaient sur le toit ; Fior d'Aliza et le chien, à garder ses chèvres et ses chevreaux, bien loin derrière les châtaigniers, dans les bruyères qui touchent à notre ancien champ de maïs, sa chèvre entraîna par son exemple ses chevreaux à descendre du rocher dans le maïs et à brouter les mauvaises herbes entre les cannes déjà mûres ; cela ne faisait aucun mal, monsieur, car les feuilles des cannes étaient déjà jaunes et sèches, et les chevreaux ne les mordillaient seulement pas ; le petit chien Zampogna s'amusait innocemment à courir à travers les cannes après les alouettes, et à revenir tout joyeux vers Fior d'Aliza qui lui jetait des noisettes pour les lui faire rapporter dans son tablier.

Tout à coup, cependant, voilà qu'elle s'aperçut que les chèvres s'égaraient, par habitude, hors de la bruyère, sous les châtaigniers qui étaient à nous; elle lança de la voix et du doigt le petit chien après les animaux pour qu'il les ramenât, comme il avait coutume, à leur devoir. Mais, au moment où Zampogna atteignait la chèvre et ses petits et aboyait autour d'eux pour les faire sortir du maïs, voilà six coups de feu qui résonnent comme des tonnerres derrière les sapins, de l'autre côté du champ, et trois sbires, leurs fusils fumants à la main, qui sortent avec de grands cris de la sapinière et qui se jettent comme des furieux à travers les cannes.

La chèvre laitière était tombée morte du coup, sur le corps d'un des deux chevreaux blancs qu'elle allaitait; l'autre, blessé d'une chevrotine au cou, tout près des oreilles, perdait tout son sang et était venu se réfugier, par instinct, entre les pieds nus de Fior d'Aliza; le petit chien, une jambe de devant à demi coupée par une balle, hurlait, en traînant sa jambe, derrière elle; la pauvre petite, atteinte elle-même de quelques gros grains de plomb qui avaient ricoché, aux deux bras, jetait des cris déchirants, non sur ses blessures qu'elle ne sentait pas, mais sur le carnage de sa chèvre, de ses chers chevreaux et du pauvre Zampogna; elle courait vers nous en emportant le chevreau expirant sur son sein, suivie de Zampogna qui marchait sur trois pattes et qui arrosait l'herbe de son sang.

CXV.

A ces coups de feu, à ces cris, à cette vue, monsieur, nous nous étions tous levés en sursaut, comme à un coup de feu du ciel, pour courir au-devant de notre enfant; la mère nous devançait les bras tendus, les cheveux épars; moi-même je courais au bruit sans mon bâton, comme si j'y avais vu clair, à la seule lueur de mon cœur; Hyeronimo, s'élançant du toit d'un seul bond, avait décroché du mur, en passant, l'espingole de son père, qui n'avait pas été déchargée depuis sa mort; il courait comme le feu du ciel au secours de Fior d'Aliza, à la fumée des six coups de feu, flottant comme un brouillard sur les cannes de maïs. Arrivé à quelques pas de sa cousine, à la vue de son sang et à la voix du sbire, il avait tiré au hasard son coup de feu sur ces assassins; un d'eux, soutenu par ses compagnons, s'enfuyait avec eux frappé d'une balle à l'épaule.

—Scélérat! criaient-ils en s'éloignant, dernière portée d'un nid de brigands! tu as été pour ton malheur plus adroit que tu ne croyais l'être. Va! tu t'es tué toi-même en frappant notre sergent : vie pour vie, sang pour sang; ce sera ton premier et dernier crime.

Et nous les entendîmes, cachés par les sapins, casser et couper des jeunes tiges pour en faire un brancard sur lequel ils emportèrent leur camarade mourant à la ville.

CXVI.

Nous étions si troublés des blessures aux bras de la jeune fille, de la mort de tout notre pauvre troupeau, notre nourricier, et de la jambe coupée du pauvre chien, mon seul guide dans la montagne, que nous ne pensâmes seulement pas que ces hommes pouvaient remonter en force, après avoir laissé leur sergent blessé ou mort à leur caserne et déposé en justice contre nous. D'ailleurs, qu'avions-nous à nous reprocher que d'avoir rendu feu pour feu, en défendant la vie ou en vengeant le sang de notre innocente contre des assassins qui l'avaient frappée en traître, et qui avaient répandu un sang plus pur que celui d'Abel?

Le chevreau qu'elle portait encore, la tête renversée sur son épaule, expira sur ses genoux en entrant à la maison. Hyeronimo arracha avec ses dents les six gros grains de plomb qui étaient entrés sous sa peau, aussi tendre qu'une seconde écorce de châtaigne ; sa mère lava les filets de sang qui en sortaient et pansa ses bras avec des feuilles de larges mauves bleues, retenues sur la blessure avec des étoupes fines.

Hyeronimo arrêta le sang que perdait Zampogna en entourant l'os de sa pauvre jambe coupée d'une terre glaise, et en retenant cette terre humide autour de l'os nu avec une bande arrachée de sa manche de chemise. Vous voyez que la pauvre petite

15

bête est bien guérie, monsieur, dit l'aveugle en m'indiquant de la main le petit chien, aussi alerte que s'il avait eu ses quatre jambes, et, une fois guéri, il m'a conduit tout aussi bien dans les plus mauvais pas avec ses trois pattes qu'avec quatre.

Un boiteux, monsieur, ajouta-t-il en souriant et en caressant de la main la soie de Zampogna, n'est-ce pas assez pour un aveugle?

Cependant je vis une larme mouiller ses yeux sans regard, en caressant son ami estropié, le pauvre Zampogna.

CXVII.

—Quelle nuit nous passâmes! monsieur. Magdalena, debout, allant sans cesse écouter si Fior d'Aliza respirait aussi doucement qu'à l'ordinaire; Hyeronimo, le chien sur sa poitrine, pour l'empêcher de faire un mouvement qui dérangeât son appareil de terre et de chanvre; moi, assis contre la porte avec le chevreau mort entre mes pieds, pensant à la chèvre et à la nourriture de la maison qui avait tari pour jamais avec sa mamelle percée de balles! Qu'allions-nous devenir avec de l'eau au lieu de lait pour assaisonner nos châtaignes sèches et nos figues coriaces? Comment soutiendrions-nous tous les quatre notre pauvre vie? Nous n'avions plus ni raves, ni maïs, ni goutte de vin, plus rien que les salsifis sauvages, les chicorées amères et l'oseille acide, qui poussaient çà et là dans les lagunes humides aux creux des hautes montagnes; il ne restait plus un seul *baïoque* de notre dernière récolte de soie, depuis que les mûriers donnaient leurs feuilles au fermier du sbire; et puis comment sortirais-je pour aller à la messe, le dimanche, aux Camaldules, si le pauvre Zampogna, que j'entendais respirer en haletant, venait à ne pas réchapper de son coup de feu? Ah! Dieu préserve mon pire ennemi d'une nuit comme celle que nous passâmes entre ces deux désastres de la cabane! Il n'y avait que l'innocente Fior d'Aliza qui dormait, quoique blessée, aussi tranquillement que l'agneau qui a laissé de sa laine dans les dents du loup.

CXVIII.

Tout étourdis que nous étions par les événements de la journée, et tout abattus par la terreur qui nous enlevait jusqu'à la pensée du lendemain, cependant nous ne pouvions pas attendre le grand jour pour soustraire Hyeronimo au danger qui le menaçait et aux menaces que les sbires avaient proférées en s'éloignant.

—Il faut te sauver aux Camaldules, lui dit sa mère; tu appelleras du pied du mur, le frère Hilario, et tu le supplieras de t'ouvrir la chapelle où le *bandit* de San Stefano a vécu jusqu'à quatre-vingt-dix ans dans un asile inviolable à tous les gendarmes de Lucques, de Florence et de Pise, protégé par la sainteté du refuge. Les dimanches, après la messe, nous irons, ton père, Fior d'Aliza et moi, te porter ton linge et ta nourriture de la semaine.

—Bénie soit l'idée de ta mère, m'écriai-je en embrassant Hyeronimo, qui pleurait en regardant sa cousine endormie..... Allons, courage, mon pauvre garçon, lui dis-je; le seul moyen de les revoir et de nous revoir tous dans de meilleurs jours, c'est de suivre le conseil de ta mère; c'est l'âme de ton père qui l'inspire. Ne perds pas un instant; embrasse-nous et recommande-toi à Dieu et à ses saints. Voilà la lune qui se baigne déjà à moitié dans la mer de Pise, pour laisser place au soleil; tu n'as plus qu'une demi-heure de nuit pour monter, invisible à travers les bois, aux Camaldules. Si le sbire que tu as blessé est mort, les sbires seront ici en même temps que le jour. La vengeance des hommes irrités est matinale.

En parlant ainsi je tenais le loquet de la porte de la cabane pour le pousser dehors, tout en pleurant comme lui; sa mère et sa cousine, réveillées par le bruit de mes sanglots et des siens, sanglotaient de leur côté dans l'ombre. Un dernier rayon de la lune, à travers les feuilles mortes de la vigne, éclairait ces mornes adieux; les bras se détachaient pour se resserrer encore.

CXIX.

Ah! elle en a entendu, cette nuit-là, des lamentations, cette voûte, ajouta avec force l'aveugle; elle en a entendu autant que le jour où les cercueils de ma femme et de mon frère furent cloués à nos oreilles par le marteau du fossoyeur des Camaldules! Quatre cœurs qu'on arrache à la fois les uns des autres, ça fait du bruit autant que quatre planches qu'on scie et qu'on cloue pour ensevelir quatre vies!

Eh bien! monsieur, ce n'était rien que cette séparation de quelques jours ou de quelques années, avec l'espérance de se revoir à travers les barreaux de la chapelle du refuge des Camaldules tous les dimanches, et de se dire, de la bouche et des yeux, ce qui chargeait le cœur. Le malheur était plus près que nous ne pensions. A peine avais-je posé le doigt sur le loquet et entre-bâillé la porte, sans rien entendre, excepté le vent de l'aurore pleurant doucement dans les branches des sapins, que la porte, cédant violemment aux épaules de douze ou quinze soldats embusqués, muets autour de la cabane, me renversa tout meurtri jusque sur la cendre du foyer; et ces soldats, s'engouffrant dans la chambre et faisant résonner les crosses de leurs carabines sur les dalles, se jetèrent sur Hyeronimo, le précipitèrent à leurs pieds dans la poussière, et lui lièrent les mains derrière le dos avec les courroies de leurs fusils; ils lui attachèrent une longue chaînette de fer à une de ses jambes, comme on fait à la bête de somme aux bords des fossés pour la laisser paître sans qu'elle puisse pâturer plus loin que sa chaîne; puis, le relevant de terre à coups de pieds et à coups de crosse :

—Marche, brigand, lui crièrent-ils, on va te confronter avec le cadavre de ta victime, et tu ne pourriras pas longtemps dans le cachot qui t'attend. Et quant à toi, petite couleuvre aux écailles luisantes, dis adieu à ton trou dans les racines du châtaignier, tu n'y resteras pas longtemps; les religieuses de la maison des novices ne tarderont pas à t'envoyer prendre pour te donner une éducation moins sauvage. Pour toi, misérable taupe de rocher, et pour ta vieille

Parque de sœur, ne vous inquiétez pas de votre pain; il y a des hôpitaux dans le duché pour les aveugles et pour les veuves sans secours, et deux grabats ne vous y manqueront pas pour mourir.

CXX.

En nous jetant ces insultes pour consolation, ils chassèrent devant eux Hyeronimo enchaîné, dont les anneaux de fer résonnaient sur les roches, sans nous permettre même de l'embrasser pour la dernière fois. Je les suivis de l'oreille et du cœur aussi longtemps que je pus entendre le bruit des pas de l'escorte. Magdalena, étendue à terre sur le seuil de la porte, mordait l'herbe et les pierres en appelant éperdûment son fils.

Hélas! il était déjà bien loin sur le chemin de la mort et il ne pouvait entendre la voix de sa mère.

A moi, du moins, ma fille me restait. Je voulus rentrer dans la maison pour m'assurer, en la touchant sur ses cheveux, que je n'étais pas sans Providence sur la terre; depuis le grand cri qu'elle avait jeté en se roulant sur le pavé, quand on avait terrassé et enchaîné son cousin, nous n'avions pas entendu seulement soupirer dans la cabane. A la faible lueur de jour naissant qui me reste dans les yeux, j'étendis la main du côté où je l'entendais remuer, pour démêler, comme à l'ordinaire, ses beaux cheveux avec mes doigts, et pour approcher de son front ma bouche.

Jésus Maria! miséricorde! monsieur, qu'est-ce que je devins? Je devins pierre comme la statue de la femme de Noé quand, au lieu de tomber sur ses belles tresses de soie blonde qui partaient du faîte de son front et qui se déroulaient jusque sur ses deux épaules, je sentis sous ma main une tête, toute ronde et tout frais tondue, qui cherchait à se dérober à mon attouchement comme quelqu'un qui a honte et qui baisse le visage; je crus rêver. Ma main glissa du front sur le cou; ce fut bien une autre surprise, monsieur : au lieu de cette douce peau blanche d'enfant qui caressait la main comme une feuille lisse et fraîche de muguet, quand je touchai ses épaules à l'endroit où elles sortent du corsage de laine, je sentis le rude poil velu d'une veste de bure, comme celle des *pifferari* des Abruzzes, et, en descendant plus bas vers la taille, une ceinture de cuir à boucles de laiton, de larges braies et de grosses guêtres boutonnées sur des souliers ferrés qui résonnaient comme des marteaux sur l'enclume.

CXXI.

Je poussai un cri de surprise et d'horreur; la mère accourut, se signa et tomba à la renverse à l'aspect de ma fille ainsi défigurée. La pauvre enfant, surprise dans sa mue, tomba de son côté, à demi-habillée, sur le bord du lit, couvert de sa robe, du corsage et des cheveux qu'elle venait de dépouiller.

Un grand silence remplit la cabane.

—Malheureuse! qu'as-tu fait et que voulais-tu faire? m'écriai-je, en même temps que sa tante Magdalena levait les bras en l'air pour s'étonner et se désespérer.

La jeune fille fut longtemps sans répondre ni à moi ni à sa tante; elle tenait sa tête entre ses mains et se cachait les yeux avec les belles tresses coupées de ses cheveux d'or, qui dégouttaient de ses larmes.

—Parle donc! mais parle donc! lui disions-nous à l'envi.

CHAPITRE V

CXXII.

. . . .
. . . .
. . . .

Mais ici, monsieur, il faut qu'elle nous dise elle-même ce qui s'était passé dans sa tête et dans son cœur si soudainement, en voyant son cousin traîné à la mort par les sbires, et tout ce qui se passa ensuite entre elle et lui à Lucques après que nous fûmes séparés les uns des autres pendant ces six mortels mois, plus longs que toute une vie d'homme.

Allons, Fior d'Aliza, continua-t-il en s'adressant à la jeune et rougissante *sposa*, conte au seigneur ton idée en faisant ce que tu fis, et comment la grâce de Dieu a tout fait tourner, malgré tant de transes, au profit de l'amour. Regardez ce bel enfant de trois mois qui dort, tout rose, sur sa coupe blanche et toujours pleine; c'est pourtant un fruit d'une veille de mort. Qui le dirait à le voir?

La jeune mère regarda en dessous le visage endormi de son beau nourrisson et sourit de souvenir en s'envermeillant de pudeur; puis elle raconta, sans lever une seule fois les yeux, et comme par pure obéissance à son père, ce qu'on va lire. Cela sortait de sa bouche sans chaleur, sans exclamation, sans style, sobrement, simplement, sans bruit, sans couleur, comme la lumière sort de la lampe quand on l'allume. Le crépuscule, qui commençait à tomber et à assombrir l'air dans la cabane, la vêtissait d'une brume de Rembrandt, dans l'angle, entre l'âtre et la fenêtre; ce demi-jour, presque nuit, rassurait sa timidité un peu sauvage; et puis on voyait qu'elle attendait quelqu'un à chaque minute (c'était Hyeronimo), et qu'elle avait besoin de parler fiévreusement de lui et d'elle pour dévorer par des paroles l'amoureuse impatience de ce cher retour.

Quant à l'enfant, il continuait à dormir sur le blanc oreiller, pendant que la jeune femme allait raconter comment il était venu au monde, entre deux rosées de sang et de larmes.

CXXIII.

—Faut-il tout dire au seigneur étranger? demanda froidement Fior d'Aliza.

—Oui, dis hardiment tout, répondit la mère; il n'y a point de honte à s'aimer quand on s'aime honnêtement comme toi et lui.

. . . .
. . . .
. . . .
. . . .
. . . .
. . . .

CXXIV.

—Je ne savais pas que j'étais amoureuse d'Hyeronimo, dit-elle un peu honteusement alors, et comment l'aurais-je su? Nous n'étions pas deux, nous n'étions qu'un, moi et lui; lui et moi, c'était tout le monde. Pour savoir si on aime quelqu'un, il faut comparer ce qu'on éprouve pour celui-là avec ce qu'on ressent pour un autre. Il n'y avait jamais eu d'autre entre lui et moi, tellement, ma tante, que lui et moi ça ne faisait pas deux; et comme aussi nous n'avions jamais été séparés ni même menacés d'être désunis l'un de l'autre, nous ne pouvions pas savoir combien il y avait de lui dans moi et de moi dans lui, et combien il manquerait tout à coup de moi en moi et de lui en lui si on venait jamais à nous arracher d'ensemble.

Aidez-moi donc, ma tante; je ne sais pas dire, je m'embrouille dans lui et dans moi sans pouvoir les démêler dans mes paroles, comme je n'aurais pas su les démêler dans notre inclination l'un pour l'autre; enfin, c'est comme si mon cœur avait battu dans son sein, et comme si son cœur avait battu dans ma poitrine; ou plutôt, non, ce n'étaient pas deux cœurs, c'était un seul cœur en deux personnes. Tellement, mon père et ma tante, dit-elle en se tournant à demi vers eux, que vous croyez que c'est moi qui suis ici seule avec vous ; eh bien ! pas du tout, il y est tout entier avec moi ; je le vois, je le sens, je l'entends, je lui parle. De même que ses gardiens là-bas croient qu'il est seul enchaîné sur le banc de sa galère ; eh bien ! non, j'y suis tout entière avec lui et en lui, aussi présente que vous croyez me voir ici, dans la cabane ; c'était, c'est encore et ce sera toujours ainsi. L'amour, à ce qu'il paraît est un mystère.

Tout cela n'est que pour vous dire que je ne me doutais seulement pas que j'aimais d'amour Hyeronimo, et que lui non plus ne se doutait pas qu'il m'aimait d'amour jusqu'au moment où les sbires, en l'emmenant à la mort, nous apprirent que l'un ne pouvait pas respirer sans l'autre. Ni Dieu ni ses anges n'y pouvaient trouver à redire, n'est-ce pas, puisque nous étions aussi innocents que ces deux gouttes de lait qui se fondent en une seule goutte en tombant du bout de mes deux seins sur les lèvres de ce petit innocent que voilà ?

L'image dont cette naïve jeune mère ne soupçonnait pas même la candeur ne fit sourire ni l'aveugle, ni la vieille tante, ni moi ; tout était pureté dans

16

cette bouche pure, vierge d'âme, quoique avec son fruit d'innocence sur son sein.

CXXV.

— Aussi, vous le savez bien, mon père, et vous, ma tante, nous n'avions jamais deux volontés, lui et moi. Quand il me disait : Allons ici ou là, j'allais ; quand je l'appelais, il venait partout où j'avais fantaisie d'aller moi-même ; nous ne savions jamais qui est-ce qui avait pensé le premier, mais nous pensions toujours la même chose : à la source, pour puiser l'eau de la maison ; sur les branches, pour battre les châtaignes ; aux noisetiers, pour remplir lui sa chemise, moi mon corset de noisettes vertes ; au maïs, pour sarcler les cannes ou cueillir les grains jaunis par l'été ; à la vigne, aux figuiers, pour couper les grappes ou pour sécher les figues mûres ; à l'étable, pour traire les chèvres, pendant qu'il les tenait par les cornes ; dans le ravin, où il y a l'écho de la grotte, pour nous apprendre à remuer les doigts sur les trous du chalumeau de la *zampogna*, à chercher à l'envi l'un de l'autre des airs nouveaux dans l'outre du vent qui s'enflait et se désenflait de musique sous notre aisselle ; ici, là, enfin partout, toujours deux, toujours ensemble, toujours un ! quand vous en appeliez un, mon père ou ma tante, il en venait toujours deux, car votre appel ne trouvait jamais l'un sans l'autre.

CXXVI.

Ce fut ainsi jusqu'à l'approche de mes quatorze ans ; jusque-là, ni moi ni lui nous n'avions senti le moindre ombrage l'un de l'autre ; nous nous regardions tant qu'il nous plaisait dans le fond des yeux, sans que le regard de l'un troublât le moins du monde l'œil de l'autre, pas plus que le rayon de midi ne trouble l'eau de la grotte quand il la regarde à travers les feuilles du frêne, et qu'il la transperce jusqu'au fond, sans y voir seulement sombrir autre chose que son image. Nous nous regardions quelquefois ainsi par badinage jusqu'à ce que l'eau du cœur nous montât de fatigue dans les yeux ; mais cette eau était aussi pure que celle de la grotte au soleil.

CXXVII.

Cependant, peu de temps avant le malheur du châtaignier blessé, du troupeau tué, du plomb sur mes bras et du coup de fusil tiré innocemment par Hyeronimo pour me défendre contre les sbires, je commençais à changer sans savoir pourquoi, à n'être plus si bonne, si gaie et si prévenante qu'à l'ordinaire avec le pauvre garçon, à l'éviter sans raison, à trembler comme d'un frisson quand j'entendais son pas ou sa voix, à rentrer à la maison pour filer à côté de ma tante quand j'aurais pourtant mieux aimé à être dehors au soleil ou à l'ombre auprès de lui, à me retirer toute seule avec mes chèvres et mes moutons dans les bruyères les plus écartées, à me cacher derrière les oseraies au bord de l'eau courante, et à regarder sans voir je ne sais quoi dans le ruisseau le jour, ou dans le firmament le soir. J'étais bien aise qu'il ne sût pas où j'étais, et bien fâchée de ce qu'il ne venait pas me surprendre ; le moindre saut d'un petit poisson hors de l'eau, la moindre branche d'osier qu'un oiseau faisait tressauter en s'envolant me faisait tressaillir ; quelquefois même je pleurais sans savoir de quoi, puis je riais quand il n'y avait pas sujet de rire ; enfin une quenouille emmêlée de contradiction, quoi ! tellement que je ne me comprenais pas moi-même, et que ma tante disait à mon père, qui ne m'entendait plus si folâtre :

« Ne t'inquiète pas, mon frère, c'est la mue. L'oiseau fait ses ailes, la chevrette fait ses dents, l'enfant fait son cœur. » Et je les entendais rire tout bas.

CXXVIII.

Mais Hyeronimo, qui ne comprenait rien à mes changements, à mes silences et à mes éloignements de lui, paraissait lui-même malade de cœur et d'humeur, de la même fièvre et de la même langueur que moi ; à mon dépit, il semblait à présent moins me chercher que me fuir ; il ne me regardait plus en face et jusqu'au fond du regard comme auparavant ;

il frissonnait comme la feuille du tremble quand, par hasard, il fallait que sa main touchât la mienne en jetant les panouilles de maïs dans mon tablier ou en retournant les figues dans le même panier sur le toit ; nous ne nous parlions plus que de côté, quand il fallait absolument se parler pour une chose ou pour une autre, et pourtant, nous ne nous haïssions pas, car, à notre insu, nous étions aussi habiles à nous chercher qu'à nous fuir, tellement qu'on aurait dit que nous ne nous fuyions que pour nous retrouver, et que nous ne nous retrouvions que pour nous fuir.

Je me disais : Est-ce que je ne l'aime pas? Mais qu'est-ce qu'il m'a fait pour le haïr? Ou bien : Est-ce qu'il ne m'aime pas? Mais qu'est-ce que je lui ai fait pour qu'il me haïsse?

Ce fut le temps où je me cachai de ma tante elle-même pour m'habiller, toute seule, derrière la porte de la maison, les dimanches, et où je me regardai pour les premières fois dans le morceau de miroir cassé encadré dans le mur contre la cheminée. Il semblait que je voulusse me faire belle pour mon ange gardien, car, quand les pèlerins passaient par hasard près du châtaignier, et qu'ils regardaient, en se parlant entre eux, mon visage, cela me faisait honte au lieu de me faire plaisir; ce n'était pas pour eux que je désirais voir mes cheveux reluire comme de l'or au soleil.

CXXIX.

Pourtant je vis bien qu'Hyeronimo n'avait rien contre moi quand il s'élança à mon secours, comme un *saint Michel* dans le tableau, contre les sbires, et qu'il tira, à la vue de mon sang, son tromblon contre la gueule de six fusils braqués sur sa poitrine. Je dois même dire que je me réjouis en moi-même de voir couler mon sang sur mes bras, puisque ces grains de plomb qu'il m'arracha de la peau avec ses dents lui étaient entrés plus avant qu'à moi dans le cœur.

Mais hélas! mon père et ma tante, le moment où les sbires l'enchaînèrent, le lendemain, là, sur le plancher, et l'entraînèrent à la prison de Lucques en l'accablant d'outrages et de menaces de mort, m'en apprit bien vite plus que je n'en aurais su en trois ans. Je sentis que mon cœur s'en allait tout entier avec lui et que la chaîne de fer qui lui garrottait les membres me tirait en bas aussi fort que si j'en avais été garrottée moi-même.

Ce ne fut point une illusion, monsieur, je le sentis comme je vous vois; ce fut comme un poids qui fait, bon gré mal gré, trébucher une balance. Je sautai du lit, à demi-nue, et je me dis : Ils en tueront deux ou je l'arracherai de leurs mains; allons!.. Son ange gardien était entré en moi, il avait pris ma figure.

CXXX.

Ma tante et mon père étaient dehors de la porte à écouter les pas des sbires qui entraînaient Hyeronimo dans la nuit; je m'habillai dans l'ombre, mais, quand je me vis à moitié habillée, avec mes cheveux longs et bouclés, mal retenus par l'aiguille à la pointe de clou au sommet de la tête, avec ma veste brodée de vert sur la poitrine, mes bras nus sortant de ma chemise, mes manches de drap tombant vides le long de mon corps, ma jupe courte, mes pieds nus dans mes sandales pailletées qui me couvraient à peine les ongles des doigts, j'eus peur, et je me dis : Que vas-tu faire? On te ramassera à la porte de la ville ou dans la boue des rues comme une balayure de fille, et l'on te jettera dans un égout de Lucques pour y pourrir avec celles qui ont vendu leur honneur, et à quoi lui serviras-tu alors, soit pour la vie soit pour la mort? Tu auras déshonoré son nom et celui de ta mère, voilà tout!

Mon Dieu! que faire? Et je me mis à pleurer et à prier Dieu en retombant, la tête sur mon lit, noyée dans mes larmes.

En la relevant pour me renverser en arrière, dans mon désespoir, voilà qu'une idée me frappe le front, comme une chauve-souris quand la lumière de la lampe l'éveille et lui fait frôler les ailes contre mes cheveux.

CXXXI.

Sans délibérer seulement une minute, j'arrache de mon corps les habits de femme, j'ôte mes bras de mes manches, mes pieds de mes sandales, je prends au clou de la cheminée les grands ciseaux avec lesquels nous tondions la laine de nos moutons au printemps, quand nous avions encore notre petit troupeau à l'étable. Je me coupe les cheveux sur les tempes, sur le front, sur le cou jusqu'à la racine, et j'en jette les poignées sur mon lit; le coffre où ma tante conservait les habits, les guêtres, les souliers, le chapeau, la zampogne de son pauvre jeune mari défunt, me frappe les yeux au pied du lit de Magdalena; je l'ouvre, j'en tire convulsivement toutes ces hardes presque neuves : la chemise de toile écrue, avec la boucle de laiton à épingle qui la resserre comme un collier au-dessus de la poitrine; les larges chausses de velours qui se nouent avec des boutons de corne au-dessous du genou; la veste courte à boutons de cuivre, les souliers à clous, les longues et fortes guêtres de cuir qui en recouvrent les boucles et qui montent jusqu'au-dessus des genoux; le chapeau de Calabre, au large rebord, retombant sur les yeux, à la tête pointue, avec sa ganse de ruban noir et ses médailles de la madone de Montenero, qui pendent et qui tintent autour de la ganse.

En un moment, je fus revêtue de tout cet habillement, tantôt un peu trop court, tantôt un peu trop large pour ma taille; mes mains, adroites et promptes comme la fièvre qui me battait dans les tempes, les ajustèrent si vite et si bien sur mes épaules, à ma ceinture, à mes jambes, à ma tête, à mes pieds, qu'on aurait dit que je n'en avais jamais revêtu d'autres, et qu'ils avaient été taillés pour moi.

Puis, prenant au fond du coffre la zampogne qui dormait silencieuse depuis sept hivers, dégonflée et vide, auprès des habits de son maître, j'en passai la courroie autour de mon cou et je la pressai du coude sous mon bras gauche, de manière à ressembler trait pour trait à un jeune *pifferaro* des Abruzzes, qu'on écoute au pied des croix et des niches des villages, et à qui on ne demande pas d'où il vient.

Ma tante et mon père vous diront que nous nous étions appris dès notre tendre âge, Hyeronimo et moi, à jouer aussi bien l'un que l'autre de cet instrument, et que mes doigts connaissaient les trous du chalumeau aussi bien que les doigts de l'organiste des Camaldules connaissent, sans qu'il les regarde, les touches obéissantes de son orgue.

Je m'étais dit en moi-même, en m'habillant : Prends aussi la zampogne, cela te servira de contenance, de gagne-pain, de passe-port, et, qui sait, peut-être de salut, à la recherche de Hyeronimo dans la ville ; car le son, c'est plus pénétrant encore que les yeux, cela perce les murs, et si je ne puis pas le voir, par hasard, il pourra m'entendre !

Enfin, ce fut une inspiration de quelqu'un de ces chérubins qu'on voit jouer de leurs harpes dans les voûtes peintes du dôme des églises, sans doute, preuve que le ciel même se plaît à la musique des *pifferari*, qui jouent le mieux la prière de leurs cœurs, des pauvres vieillards ou des pauvres enfants, sur leurs instruments.

Ainsi travestie, je poussai doucement la porte au crépuscule du matin, espérant que mon père et ma tante, éloignés du seuil de la maison ou endormis dans les larmes, ne s'apercevraient pas de mon dessein.

. . . .

CXXXII.

Mais ils ne dormaient pas, et ils étaient assis en silence, à la claire lueur des étoiles, sur le banc qui touche à la porte.

Le bruit du loquet fit tourner la tête à ma tante; elle me reconnut et poussa un cri de surprise et de désespoir, qui fit jeter, sans savoir de quoi, le même cri d'horreur à mon père aveugle.

Elle lui dit que je me sauvais, et dans quels habits!

Ils se jetèrent tous les deux, les bras étendus, entre la porte et le chemin pour me retenir; je tombai évanouie entre leurs bras.

Ils me reportèrent ensemble sur mon lit dans la cabane; et quand ma tante vit mes beaux longs cheveux coupés comme une toison d'agneau, jetés sous ses pieds au bord du lit, elle jeta de tels cris qu'ils réveillèrent les corneilles sur les branches du châtaignier.

Elle dit tout à mon père :

—Folle enfant! s'écrièrent-ils d'une même voix, et que prétendais-tu faire en te détruisant ainsi et en te sauvant tu ne sais pas où? Et, en abandonnant ton père et ta tante, sais-tu seulement où les sbires ont emmené ton cousin? et pour un enfant que nous avons perdu, veux-tu nous faire perdre encore le seul enfant que Dieu nous laisse?

CXXXIII.

—Je leur dis alors, comme on parle dans le délire de la fièvre, tout ce qu'on peut dire quand on a perdu sa raison et qu'on n'écoute rien de ce qui combat votre folie par des raisons, des caresses ou des menaces, que mon parti était pris; que si Hyeronimo devait mourir, il valait autant que je mourusse avec lui, car je sentais bien que ma vie serait coupée avec la sienne; que des deux manières ils seraient également privés de leurs deux enfants; que, vivant, il aurait peut-être besoin de moi là-bas; que, mourant, il lui serait doux de me charger au moins pour eux de son dernier soupir et de prier en voyant un regard de sœur le congédier de l'échafaud et le suivre au ciel; que la Providence était grande, qu'elle se servait des plus vils et des plus faibles instruments pour faire des miracles de sa bonté; que je l'avais bien vu dans notre Bible, dont ma tante nous disait le dimanche des histoires; que Joseph dans son puits avait bien été sauvé par la compassion du plus jeune de ses frères; que Daniel dans sa fosse avait bien été épargné par les lions, enfin tant d'autres exemples de l'Ancien Testament; que j'étais décidée à ne pas abandonner, sans le suivre, ce frère de mon cœur, la chair de ma chair, le regard de mes yeux, la vie de ma vie; qu'il fallait me laisser suivre ma résolution, bonne ou mauvaise, comme on laisse suivre la pente à la pierre détachée par le pas des chevreaux, qui roule par son poids du haut de la montagne, quand même elle doit se briser en bas; que toutes leurs larmes, tous leurs baisers, toutes leurs paroles n'y feraient rien, et que, si je ne me sauvais pas aujourd'hui, je me sauverais demain, et que peut-être je me sauverais alors trop tard pour assister le pauvre Hyeronimo.

CXXXIV.

En parlant ainsi, je m'efforçais de m'échapper violemment des bras de mon père et de ma tante. Leurs sanglots et leurs larmes affaiblissaient la résistance qu'ils opposaient à mes efforts.

—Eh bien! tu me passeras donc sur le corps! s'écria mon père en se couchant sur le pas de la porte.

A la vue de mon pauvre père aveugle étendu ainsi sur le seuil et qu'il me fallait franchir pour voler sur les pas de mon frère, les forces me manquèrent; je crus voir un sacrilége, et je tombai à mon tour à genoux et les bras étendus autour de son cou; ma tante, de son côté, se précipita tout échevelée sur nos deux corps palpitants, en sorte que nous ne formions plus, à nous trois, qu'une seule masse vivante ou plutôt mourante, d'où ne sortaient que des sanglots et des soupirs, étouffés par des reproches et par des baisers.

J'étais vaincue, monsieur, et je demandais à Dieu

de mourir en cet instant pour tous mes parents, afin de m'éviter l'horrible et impossible choix, ou d'abandonner mon père et ma tante, ou d'abandonner mon cher et malheureux Hyeronimo, lorsqu'une voix, comme si elle fût descendue du ciel, interrompant tout à coup le silence de nos embrassements, dit d'un ton d'autorité à mon père et à ma tante :

« Ne résistez pas à Dieu, qui parle par le cœur des innocents, laissez Fior d'Aliza courir sur les traces de son frère, la protection de Dieu la suivra peut-être dans la foule, comme elle a suivi Sarah dans le désert. Partez, mon enfant, j'aurai soin de ceux qui restent. »

CXXXV.

A ces mots, qui nous firent tressaillir comme un coup de tonnerre, nous nous relevâmes tous les trois de la poussière, et nous vîmes debout devant nous notre seul ami sur la terre, le père Hilario.

Il jeta sur le plancher sa besace, plus pleine de provisions qu'à l'ordinaire ; il en tira du pain, du *caccia cavallo* (fromage de buffle des Maremmes), une fiasque de vin de Lucques, et dit à mes vieux parents :

—Ne vous inquiétez pas comment vous vivrez en l'absence de ces enfants, je vous en apporterai toutes les semaines autant ; l'aumône est la récolte des abandonnés, je ne fais que vous rendre ce que vous m'avez tant de fois donné dans vos jours de richesse. Si je mendiais pour moi, je serais un voleur du travail des hommes ; mais en mendiant pour vous, je ne serai qu'une des mains de Dieu qui reçoit du cœur pour rendre à la bouche.

CXXXVI.

Il nous dit alors en peu de mots que le bruit des coups de feu de la veille dans les châtaigniers, du massacre de notre troupeau, de mes blessures aux deux bras, de la mort du brigadier des sbires et de l'emprisonnement de Hyeronimo, était monté jusqu'aux Camaldules, de bouche en bouche, par les chevriers de San Stefano ; qu'à cette nouvelle, il avait bien pensé que nous avions besoin de consolation, qu'il avait demandé au supérieur la permission de venir à notre aide et de prendre dans sa besace ce qui était nécessaire à une pauvre famille privée du seul soutien capable de pourvoir à ses nécessités.

Il ajouta qu'il s'était levé bien avant le jour, afin d'arriver à la cabane aussitôt que le réveil dans nos yeux et le désespoir dans nos cœurs.

Il dit enfin que, caché en silence derrière la porte, la main sur le loquet, il avait tout entendu de ma résolution de chercher les traces d'Hyeronimo, comme l'ombre celles du corps, et des résistances de mon père et de ma tante.

—Cette pensée, mais c'est une pensée du cœur, dit-il, il faut la lui laisser accomplir, car, quand la raison ne sait plus quoi conseiller aux hommes dans leur situation désespérée, il n'y a que le cœur qui ait quelquefois raison contre tout raisonnement; laissez-le donc parler dans le cri de l'enfant, et qu'elle aille, à la grâce de Dieu, là où le cœur la pousse.

CXXXVII.

Mon père et ma tante, déjà ébranlés par la violence de ma résolution et par l'obstination de ma pensée, n'osèrent plus résister à cette voix du frère quêteur, qu'ils étaient habitués à considérer comme l'ordre du ciel.

Je profitai de leur hésitation pour m'arracher de nouveau de leurs bras, qui me retenaient plus faiblement, et pour m'élancer, sans plus de réflexion, sourde à leurs cris, par le sentier qui descend dans la plaine.

CXXXVIII.

Je descendis d'abord comme un tourbillon de feuilles sous un vent d'hiver qui les roule de précipices en précipices, sans autre sentiment et sans autre idée que de me rapprocher d'Hyeronimo.

Puis, quand je n'entendis plus les cris de ma

tante qui me rappelait, malgré le frère, à la cabane, et que je fus parvenue au bord de la plaine, où les passants et les chars de maïs commençaient à élever les bruits et la poussière du matin sur les routes des villages et des villas, je tombai plutôt que je ne m'assis sur le bord du sentier, à l'endroit où il va se rejoindre aux grandes routes, sous le petit pont sans eau qui sert à passer le torrent pendant l'hiver pour aller de Lucques au palais de Saltochio.

Là, sans pouvoir être vue de personne, j'essuyai mon front tout mouillé de sueur, mes yeux obscurcis de larmes; je repris mon haleine essoufflée et je me mis à réfléchir, trop tard, hélas! à ce que j'allais faire, toute seule ainsi et toute perdue, dans les rues de la grande ville, d'où j'entendais déjà les cloches et les bruits formidables monter dans l'air avec le soleil du matin.

Oh! que j'avais peur, mon Dieu! et que je sentais mon pauvre cœur devenir petit dans ma poitrine! Car la solitude, les bruits ou les silences des lieux solitaires, les rugissements même des bêtes dans les bois ne m'ont jamais fait peur, voyez-vous! Mais la foule d'une ville où tout le monde vous regarde, où personne ne vous connaît, où l'œil du bon Dieu lui-même semble vous perdre de vue dans la confusion de la multitude, les bruits confus et tumultueux qui sortent, comme des chocs des feuilles ou des vagues, des hommes rassemblés, allant çà et là, sans se parler, où leur pensée inconnue les mène. Oh! c'est cela qui m'a toujours fait trembler sans savoir de quoi, car l'homme, je crois, c'est plus perfide que la nuit, c'est plus terrible que la mer de Livourne sur le rocher de la *Meloria;* c'est plus intimidant que les sombres murmures des pins dans les ténébreuses montagnes des Camaldules de Lucques!

Je pensai que je n'oserais jamais sortir de dessous l'arche du pont sur lequel j'entendais déjà les pas des contadins qui portaient des raisins et des figues au marché, et surtout que je n'aurais jamais le courage de passer devant les gardes des portes, et d'entrer dans la terrible ville.

Et quand tu y seras, me disais-je en moi-même, que feras-tu? où iras-tu? que diras-tu? A qui oseras-tu demander où l'on a mené ton cousin, et dans quel cachot on le retient?

Et quand on te le dirait, à qui t'adresseras-tu pour qu'on t'ouvre les portes de fer de sa cage? Et alors même que tu parviendrais à le découvrir et que tu te coucherais, comme une chienne sans maître, au pied de sa tour pour le voir un jour mener au supplice et pour demander à mourir avec lui, qui est-ce qui te nourrira en attendant, et où trouveras-tu, sans un baïoque seulement dans la main, un asile pour reposer ta tête?

CXXXIX.

Tout cela m'apparut pour la première fois à l'idée, monsieur, et me fit aussi froid au front et au cœur, bien que ce fût en un beau jour d'automne, que si un vent de neige avait soufflé sous l'arche du pont. Je fus tentée de remonter à la cabane ou bien de rester là sans faire un pas de plus, pour mourir de faim sous le lit desséché du torrent. . . . .
. . . .
. . . .

Je ne sais pas au juste combien d'heures je restai

dans cette angoisse; mais quand je m'en réveillai, les rayons plus longs du soleil avaient pénétré à moitié sous l'arche, échauffaient le sable et, en me rendant la chaleur, me rendaient la pensée et le courage. Je me dis : Tu n'as pas à choisir, Hyeronimo est dans Lucques; il est là, soit pour vivre, soit pour mourir, là tu dois être pour mourir ou pour y vivre le plus près de lui que Dieu le permettra. Entre sans trembler dans la ville. En te voyant dans ce costume et avec la *zampogna*, dont tu sais jouer, sous le bras, tout le monde te prendra pour le fils d'un de ces *pifferari* qui viennent dans la saison de la Notre-Dame de septembre donner la sérénade aux Madones des carrefours ou aux jeunes fiancées sur leurs balcons, indiqués secrètement par les amoureux, qui leur font la cour avec l'aveu de leurs mères; les âmes pieuses ou les cœurs tendres me jetteront quelques baïoques dans mon chapeau, ce sera assez pour me nourrir d'un peu de pain et de figues; les marches des églises ou les porches des Madones me serviront bien de couche pour la nuit, enveloppée que je serai dans le lourd manteau de mon oncle; car j'ai oublié de vous dire, monsieur, que j'avais trouvé aussi dans le coffre, et que j'avais emporté sur mon bras le manteau de peau de chèvre brune, qui sert de lit l'été, ou de couverture l'hiver aux *pifferari*.

En vivant ainsi et en parlant avec l'un ou avec l'autre, quelque âme charitable finira bien par me dire ce qui est advenu de Hyeronimo. Un malheur comme le sien (un *guaï*), cela doit faire bien du bruit dans le pays ; quand je saurai où on l'a jeté, soit dans les cachots, soit même dans les galères de *Serra-Vezza*, je finirai bien, par la grâce de Dieu, par me faire voir ou par me faire entendre de lui. Qui sait, peut-être me laissera-t-on lui parler et soutenir ses fers pour le soulager dans son travail ? Quand il saura que sa sœur souffre avec lui, il souffrira la moitié moins, car une âme prend, dit-on, plus de la moitié des maux d'une autre âme sur la terre, comme dans le purgatoire. Être plaint, être regardé seulement par qui vous aime, c'est être à demi déchargé. Allons, et fions-nous à l'ange de la Bible qui nourrissait les lions dans la fosse de Daniel, pour qu'ils ne dévorassent pas l'innocent persécuté.

CXL.

Tout en parlant ainsi en moi-même, je repris la zampogne, le manteau, le bâton à pointe ferrée de mon oncle, et je me risquai à sortir, toute rougissante, mais toute réconfortée, de dessous l'arche du pont.

C'était l'heure de midi : personne ne passait en ce moment sur la route à cause du grand soleil et de la grande poussière.

Quand je fus seule ainsi, sur le haut du pont, je vis tout au sommet de l'arche du milieu un pilier creusé en niche où rayonnait une Madone toute couverte d'or et d'argent, de fleurs en papier, et de poussière sous sa grille. Je me sentis inspirée de tomber à genoux devant elle et de lui jouer un air de montagne, afin de l'attendrir sur mon sort, mais surtout sur celui d'Hyeronimo ; je me dis : Personne ne me voit ni ne m'entend qu'elle, personne ne me donnera un pauvre baïoque ou un pauvre *carlin* (autre pièce de monnaie populaire dans cette partie de l'Italie) ; ce n'est donc pas pour le monde, c'est bien pour elle toute seule que je vais jouer, elle m'en saura plus gré que si c'était par vanité ou par intérêt; elle ne pourra pas dire que c'est pour le monde.

CXLI.

Alors je m'agenouillai dans la poudre du chemin, sur le premier degré du palais de sa niche, j'enflai la peau de chèvre si longtemps vide et muette qui donne le vent au chalumeau d'où le vent sort en musique, selon qu'on ouvre ou qu'on ferme plus agilement avec les doigts les trous de la flûte, et je commençai à jouer un des airs les plus amoureux et les plus dévots que nous avions composés par moitié, Hyeronimo et moi, un beau soir d'été, au bord de l'eau, sous la grotte du pré.

Cet air coulait des lèvres et du hautbois comme l'eau coulait en cadence et en glouglous mélodieux de la source cachée au fond de la voûte de l'antre; puis il s'épanchait, comme l'eau prisonnière, en murmures de paix et de contentement entre les roseaux;

puis il imitait, en finissant par cinq ou six petites notes décousues et argentines, le tintement des gouttes de rosée qui tombent par instants des feuilles mouillées par la cascatelle dans le bassin, et qui la font chanter aussi, on ne sait pas si c'est pour pleurer, on ne sait pas si c'est pour rire; en sorte que, quand le couplet était fini, on entendait comme un écho moqueur ce petit refrain de notes insigniﬁantes, mais jolies à l'oreille; elles avaient l'air de se moquer, ou du moins de badiner avec le motif tendre et religieux du couplet de la zampogne : c'étaient des Tyroliens passant en pèlerinage, pour aller à San Stefano des Camaldules, qui nous avaient donné, avec leurs ritournelles à perte de voix, l'idée de ce refrain vague et fou à la fin de notre air d'amour et de dévotion, près des cascades. Notre père et notre oncle eux-mêmes en avaient été émerveillés en nous l'écoutant jouer sur leurs zampognes.

—C'est drôle! disaient-ils, ça donne envie de pleurer au commencement, et ça fait presque rire à la fin; c'est un air d'enfants qui ne peuvent pas tenir leur sérieux jusqu'au bout, mais dont le sourire se mêle aux larmes comme le rayon de soleil à la pluie du matin.

CXLII.

Eh bien! monsieur, ce fut pourtant le premier air que je me sentis inspirée de jouer devant la Madone du pont; jamais les sons de la zampogne ne m'avaient paru avoir une telle expression sous les doigts de mon père, de mon oncle, d'Hyeronimo, de moi-même, ni de personne; il me semblait que ce n'était pas moi qui jouais, mais qu'un esprit du ciel, caché dans l'outre, soufflait les notes et remuait les doigts sur le roseau à sept trous du chalumeau.

Si j'étais la Madone, pensais-je tout en jouant, il me semble que je serais flattée et attendrie par un air. J'y mêlais des soupirs et des paroles tout bas dans mon cœur, tout en jouant; cela allait bien tant que l'air du couplet était sérieux, dévot et tendre comme mon idée, mais à la fin du couplet, quand il fallut jouer la ritournelle, la ritournelle gaie, folle et sautillante comme les éclats de voix du pinson ivre de plaisir, au bord de son nid sur les branches, oh! alors, monsieur, je pus à peine achever, malgré la dissonance si je n'achevais pas, et, malgré la peur de manquer ainsi à l'oreille de la Madone, j'achevai cependant, mais le chalumeau s'échappa de mes doigts à la dernière note de gaieté qui contrastait trop fort avec mon désespoir : mes larmes me coupèrent le souffle, la zampogne se dégonfla dessous mon coude avec un long gémissement faux, comme de quelqu'un qu'on étrangle, et je roulai évanouie sur le pont sans regarder, sans voir, jusqu'à ce qu'un char à quatre bœufs, qui menait une noce de contadini, s'arrêta devant moi, à ce qu'on me dit depuis.

CXLIII.

Je ne sais pas combien de temps, monsieur, je restai ainsi évanouie de douleur sur les marches de la petite chapelle, au milieu du pont, devant la niche grillée de la Madone. Quand je revins à moi, je me trouvai toujours couchée dans la poussière du chemin, sur le bord du pont; mais une jolie contadine, en habit de fête, penchait son gracieux visage sur le mien, me donnait de l'air au front avec son éventail de papier vert tout pailleté d'or, et me faisait respirer, à défaut d'eau de senteur, son gros bouquet de fleurs de limons qu'elle tenait à la main comme une fiancée de la campagne ; elle était tellement belle de visage, de robe, de dentelles et de rubans, monsieur, qu'en rouvrant les yeux je crus que c'était un miracle, que la Madone vivante était descendue de sa niche ou de son paradis pour m'assister, et je fis un signe de croix, comme devant le Saint-Sacrement, quand le prêtre l'élève à la messe et le fait adorer aux chrétiens de la montagne au milieu d'un nuage d'encens, à la lueur du soleil du matin, qui reluit sur le calice.

CXLIV.

Mais je vis bien vite que je m'étais trompée, quand un beau jeune paysan de Saltochio, son fiancé ou son frère, détacha de son épaule une petite gourde de coco suspendue à sa veste par une petite chaîne d'argent, déboucha la gourde, et, l'appliquant à mes lèvres, en fit couler doucement quelques gouttes dans ma bouche, pour me relever le cœur et me rendre la parole.

J'ouvris alors tout à fait les yeux, et qu'est-ce que je vis, monsieur? Je vis sur le milieu du pont, devant moi, un magnifique chariot de riches paysans, de la plaine du *Cerchio*, autour de Lucques, tout chargé de beau monde, en habits de noces, et recouvert contre le soleil d'un magnifique dais de toile bleue parsemée de petits bouquets de fleurs d'œillets, de pavots et de marguerites des blés, avec de belles tiges d'épis barbus jaunes comme l'or, et des grappes de raisins mûrs, avec leurs pampres, et bleus comme à la veille des vendanges. Les roues massives, les ridelles ou balustrades du chariot étaient tout encerclées de festons de branches en fleurs; sur le plancher du chariot, grand comme la chambre où nous sommes, il y avait des chaises, des bancs, des matelas, des oreillers, des coussins, sur lesquels étaient assis ou couchés, comme des rois, d'abord les pères et les mères des fiancés, les frères et les sœurs des deux familles, puis les petits enfants sur les genoux des jeunes mères, puis les vieilles femmes aux cheveux d'argent qui branlaient la tête en souriant aux petits garçons et aux petites filles; tout ce monde se penchait avec un air de curiosité et de bonté vers moi pour voir si l'éventail de la belle fiancée et les gouttes de *rosolio* de son *sposo* me rendraient l'haleine dans la bouche et la couleur aux joues.

Deux grands bœufs blancs, aussi luisants que le marbre des statues qui brillent sur le quai de Pise, étaient attelés au timon du char; un petit bouvier de quinze ans, avec son aiguillon de roseau à la main, se tenait debout, arrêté devant les gros bœufs; il leur chassait les mouches du flanc avec une branche feuillue de saule; leurs cornes luisantes, leur joug poli, de bois d'érable, étaient enlacés de sarments de vigne encore verte dont les pampres et les feuilles balayaient la poussière de la route jusque sur leurs sabots vernis de cire jaune par le jeune bouvier; ils regardaient à droite et à gauche, d'un œil doux et oblique, comme pour demander pourquoi on les avait arrêtés, et ils poussaient de temps en temps des mugissements profonds, mais joyeux, comme des zampognes vivantes qui auraient joué d'elles-mêmes un air de fête.

CXLV.

Voilà ce que je vis devant moi, monsieur, en rouvrant les yeux à la lumière.

Les deux fiancés m'avaient adossée sur mon séant contre le parapet du pont, à l'ombre, et ils me regardaient doucement avec de belle eau dans les yeux ; on voyait qu'ils attendaient, pour questionner, que je leur parlasse moi-même la première ; mais je n'osais pas seulement lever un regard sur tout ce beau monde pour lui dire le remercîment que je me sentais dans le cœur.

—C'est la faim, disait le fiancé, et il m'offrait un morceau de gâteau bénit que le prêtre du village voisin venait de leur distribuer à la messe des noces ; mais je n'avais pas faim, et je détournais la tête en repoussant sa politesse.

—C'est la soif, disait le petit bouvier, en m'apportant une gorgée d'eau du Cerchio dans une feuille de muguet.

—C'est le soleil, disait la belle *sposa*, en continuant à remuer plus vite, pour faire plus de vent, son large éventail de noces sur mes cheveux baignés de sueur.

Hélas! je n'osais pas leur dire : Ce n'est ni la faim de la bouche, ni la soif des lèvres, ni la chaleur du front, c'est le chagrin. Que leur aurait fait mon chagrin jeté tout au travers de leur joie, comme une ortie dans une guirlande de roses?

—N'est-ce pas que c'est la chaleur et la poussière du jour qui t'ont surpris sur le chemin, pauvre bel enfant, me dit enfin la fiancée, et qu'à présent que l'ombre du mur et le vent de l'éventail t'ont rafraîchi, tu ne te sens plus de mal? On le voit bien aux fraîches couleurs qui te refleurissent sur la joue.

—Oui, *sposa*, répondis-je d'une voix timide; c'était la chaleur, et le long chemin, et la poussière, et la fatigue de jouer tant d'airs à midi devant les niches des Madones, sur la route de Lucques.

—Je vous le disais bien, reprit-elle, en se retournant avec un air de contentement vers son fiancé et vers ses vieux et jeunes parents qui regardaient tout émus du haut du char.

—L'enfant est fatigué, dit tout le monde; il faut

lui faire place à l'ombre de la toile sur le plancher du chariot. Il est bien mince et les bœufs sont bien forts et bien nourris; il n'y a pas de risque que son poids les fatigue; puisqu'il va à Lucques et que nous y allons aussi, que nous en coûtera-t-il de le déposer sous la voûte du rempart?

—Monte, mon enfant, dit la fiancée, c'est une bénédiction du bon Dieu que de trouver une occasion de charité à la porte de la ville, un jour de noce et de joie, comme est ce beau jour pour nous.

—Monte, mon garçon, dit le fiancé en me soulevant dans ses bras forts et en me tendant à son père, qui m'attira du haut du timon et qui me fit passer par-dessus les ridelles.

—Monte, jeune *pifferaro*, dirent-ils tous en me faisant place, il ne nous manquait qu'un ménétrier, dont nous n'avons point au village, pour jouer de la zampogne sur le devant du char de noces en rentrant en ville et en nous promenant dans les rues aux yeux ravis de la foule, tu nous en serviras quand tu seras rafraîchi; et puis, à la nuit tombée, tu feras danser la noce chez la mère de la mariée, si tu sais aussi des airs de *tarentelle,* comme tu sais si bien des airs d'église.

Car ils m'avaient entendue, en s'approchant aux pas lents des bœufs, pendant que je jouais les dernières notes de ma litanie de douleur et d'amour, toute seule devant la niche du pont.

CXLVI.

A ces mots, tous me firent place, en tête du char, près du timon, et jetèrent sur mes genoux, les uns du gâteau de maïs parsemé d'anis et des grappes de raisin, les autres des poires et des oranges. Je fis semblant de manger par reconnaissance et par égard, mais les morceaux s'arrêtaient entre mes dents, et le vin des grappes, en me rafraîchissant les lèvres, ne me réjouissait pas le cœur; cependant, je faisais comme celui qui a faim et contentement pour ne pas contrister la noce.

CXLVII.

Pendant que le char avançait au pas lent des

grands bœufs des Maremmes et que les deux fiancés, assis l'un près de l'autre, sous le dais de toile, causaient à voix basse, les mains dans les mains, le petit bouvier assis tout près de moi, sur la cheville ouvrière du timon, derrière ses bœufs, regardait avec un naïf ébahissement ma zampogne et me demandait qui est-ce qui m'avait appris si jeune à faire jouer des airs si mélodieux à ce morceau de bois attaché à cette peau de bête.

Je me gardai bien de lui dire que c'était un jeune cousin nommé Hyeronimo, là tout près dans la montagne de Lucques ; je ne voulais pas mentir, mais je lui laissai entendre que j'étais un de ces *pifferari* du pays des Abruzzes, où les enfants viennent au monde tout instruits et tout musiciens, comme les petits des rossignols sortent du nid tout façonnés à chanter dans les nuits et tout pleins de notes qu'on ne leur à jamais enseignées par alphabet ou par solfége.

Il s'émerveillait de ce que sept trous dans un roseau, ouverts ou fermés au caprice des doigts, faisaient tant de plaisir à l'oreille, disaient tant de choses au cœur, et il oubliait presque d'en toucher ses bœufs, qui marchaient d'eux-mêmes. Puis il mettait une gloriole d'enfant à me raconter à son tour ceci et cela sur cette belle noce qu'il conduisait à la ville, et sur les personnages qui remplissaient derrière nous le chariot couvert de toile et de feuilles.

CXLVIII.

—Celle-ci, me disait-il, celle qui vous a vu la première évanoui sur le bord du chemin, c'est la fille du riche métayer *Placidio* de *Buon Visi*, qui a une étable pleine de dix bœufs comme ceux-ci, de grands champs bordés de peupliers, unis entre eux par des guirlandes de pampres qu'on vendange avec des échelles, et parsemés çà et là de nombreux mûriers à tête ronde, dont les filles cueillent les feuilles dans des *canestres* (sorte de paniers pour contenir l'été la nourriture des vers à soie). Nous sommes sept enfants dans la métairie : moi je suis le frère du nouveau marié, le plus jeune des garçons ; celui-ci est notre père, celle-là est notre mère, ces petites filles sont mes sœurs, ces deux femmes endormies sur le derrière du char sont les deux grand'mères, qui ont vu bien des noces, et bien des baptêmes, et bien des enterrements dans la famille depuis leurs propres noces à elles-mêmes. Ces autres hommes, jeunes et vieux, et ces femmes qui tiennent des fiasques à la main ou qui jouent au jeu de la *morra* sur le matelas, sont les parents et les parentes du village de *Buon Visi :* les oncles, les tantes, les cousins, les cousines de nous autres ; ils viennent avec nous pour nous faire cortége ou pour se réjouir, tout le jour et toute la nuit, avec nous passer le jour de la noce à Lucques chez le *bargello* (le geôlier, officier de police dans les anciennes villes d'Italie) ; car, voyez-vous, cette belle fiancée, la *sposa* de mon frère, ce n'est ni plus ni moins que la fille unique du *bargello* de Lucques. Nos familles sont alliées depuis longues années, à ce que dit notre aïeule, et c'est elle qui a ménagé ce mariage depuis longtemps, parce qu'elle était la marraine de la fiancée, parce que la fille sera riche pour notre condition, et que les deux mariés s'aimaient, dit-elle, depuis le jour où la fille du *bargello,* petite alors, était venue pour la première fois chez sa marraine assister, avec nous autres, à la vendange des vignes et fouler, en chantant, les grappes dans les granges avec ses beaux pieds, tout rougis de l'écume du vin.

—Ah! nous allons bien en vider des fiasques, ce soir, allez, à la table du *bargello!* ajouta-t-il ; c'est drôle pourtant qu'on se marie, qu'on festine, qu'on chante et qu'on danse dans la maison d'un *bargello*, si près d'une prison où l'on gémit et où l'on pleure, car la maison du *bargello*, ça n'est ni plus ni moins qu'une dépendance de la prison du duché, à Lucques, et de l'une à l'autre on va par un souterrain voûté et par un large préau, entouré de cachots grillés, où l'on n'entend que le bruit des anneaux de fer qui enchaînent les prisonniers à leur grille, comme mes bœufs à leur mangeoire quand je les ferme à l'étable.

CXLIX.

Ces récits du jeune bouvier, qui m'avaient laissée d'abord distraite et froide, me firent tout à coup tressaillir, rougir et pâlir quand il était venu à parler de geôle, de geôlier, de cachots et de prisonniers ; car l'idée me vint tout à coup que la maison où allait se réjouir cette noce de village était peut-être précisément celle où l'on aurait jeté sur la paille le pauvre Hyeronimo, et que la Providence me fournirait peut-être, par cet évanouissement de douleur sur la route et par cette fortuite rencontre, une occasion de savoir de ses nouvelles, et qui sait, peut-être de parvenir jusqu'à lui.

—Dieu ! me dis-je tout bas en moi-même, la Madone du pont du *Cerchio* m'aurait-elle exaucée pour si peu? Et je pressai, sans qu'on s'en aperçût, ma zampogne sur mon cœur, car c'est elle qui avait si bien joué l'air dont la Vierge était tout à l'heure attendrie.

CL.

Je ne fis semblant de rien et je continuai à interroger, sans affectation, l'enfant jaseur, pour tirer par hasard quelque indice ou quelque espérance de ce qui s'échappait de ses lèvres.

Pendant ce temps les grands bœufs marchaient toujours, et les murs gris des remparts de Lucques, couronnés d'une noire rangée de gros tilleuls, commençaient à apparaître à travers la poudre de la route, au fond de l'horizon.

—Ton frère, le fiancé, dis-je au petit, est donc laboureur, et il aidait son père dans les travaux de la campagne?

— Oh! non, dit-il, nous étions assez de monde à la maison sans lui pour soigner les animaux et pour servir de valets de ferme au père ; mon frère aîné était entré depuis deux ans, comme porte-clefs de la prison, dans la maison du *bargello ;* notre aïeule l'avait ainsi voulu, pour que sa filleule, la fille du *bargello,* et son petit-fils, mon frère, eussent l'occasion de se voir tous les jours et de s'aimer ; car elle avait toujours eu ce mariage dans l'esprit, voyez-vous, et les grand'mères, qui n'ont plus rien à faire dans la maison, ça voit de loin et ça voit mieux que les autres. L'œil des maisons, c'est la vieillesse, à ce qu'on dit; les jeunes n'en sont que les pieds et les mains.

CLI.

—Mais, après la noce, ton frère et ta belle-sœur vont-ils toujours rester dans cette prison chez le père et la mère de la *sposa?*

—Oh! non, répondit l'enfant; ils vont revenir à la maison, et notre père, qui commence à se fatiguer de la charrue, va remettre à mon frère, à présent marié, le bétail et la culture; il se réserve seulement les vers à soie, parce que ces petites bêtes donnent plus de revenu et moins de peine. Elles filent d'elles-mêmes, pourvu que les jeunes filles et les vieilles femmes leur apportent, quatre fois par jour, les feuilles de mûrier dans leur tablier, et qu'on leur change souvent la nappe verte sur la table, comme à des ouvriers délicats qui préfèrent la propreté à la nourriture.

—Et qui est-ce qui remplacera ton frère, le porte-clefs de la prison, auprès des prisonniers, chez le *bargello?*

—Ah! dame, je n'en sais rien, dit l'enfant. Je

voudrais bien que ce fût moi, car on dit que c'est une bien belle place, qu'on y gagne bien des petits bénéfices honnêtement, et qu'on est à même d'y rendre bien des services aux femmes, aux mères, aux filles de ces pauvres prisonniers.

CLII.

Un éclair me traversa la pensée, et mon cœur battit sous ma veste comme un oiseau qui veut s'envoler. Miséricorde! me dis-je en moi-même, si la femme du *bargello* et son mari, qui sont là, derrière moi, dans le char, et qui n'ont peut-être pas encore trouvé de garçon pour remplacer leur gendre, venaient à jeter les yeux sur moi et à m'accepter pour porte-clefs à la place de leur gendre? J'aimerais mieux cette place que celle du duc de Lucques dans son palais de marbre et d'or.

Mais c'était une pensée folle, et je la chassai comme une tentation du démon ; cependant, malgré moi, je cherchai à plaire à la fiancée, à sa mère et à son père, qui avaient été charitables pour moi, en leur témoignant plus de respect qu'aux autres et en tirant de ma zampogne et de mes doigts, quand on me prierait de jouer, des airs qu'ils aimeraient le mieux à entendre.

CLIII.

On ne tarda pas de m'en prier, monsieur; nous touchions enfin aux portes de la ville. C'est l'habitude du pays de Lucques, quand la noce des paysans est riche et la famille respectée, qu'un musicien, soit fifre, soit violon, soit hautbois, soit musette, soit même tambour de basque, se tienne debout sur le devant du char à bœufs et qu'il joue des aubades, ou des marches, ou des tarentelles joyeuses en l'honneur des mariés et des assistants.

—Notre bon ange nous a bien servis ce matin, dit la bonne femme du *bargello*, de nous avoir fait rencontrer par hasard sur le pont un joli petit musicien des Abruzzes, tel que nous n'aurions pas pu, pour cinquante carlins, en trouver un aussi habile et aussi complaisant dans toute la grande ville de Lucques, excepté dans la musique de monseigneur le duc.

—Allons, enfant, dit tout le monde en approuvant la bonne mère d'un signe de tête, fais honneur à la mariée et à sa famille; enfle la zampogne, et qu'on se souvienne à Lucques de l'entrée de noce de la fille du *bargello* et de Placidio !

CLIV.

J'obéis et j'enflai la zampogne, en cherchant sous mes doigts, tout tremblants, les airs de marche au retour des pèlerinages d'été dans les Maremmes, les chants de départ pour les moissonneurs qui vont en Corse par les barques de Livourne, les hymnes pour les processions et les *Te Deum* à San Stefano, les barcarolles de Venise ou les tarentelles de l'île d'Ischia au clair de la lune, que j'avais si souvent jouées sous les châtaigniers, les dimanches soir, avec Hyeronimo, et qui me paraissaient de nature à réjouir la noce et à faire arrêter les passants ; mais je n'en avais guère besoin.

La famille du *bargello* était très-aimée dans le peuple des boutiques et des places de Lucques, parce que, malgré ses fonctions, le *bargello*, chargé des prisons, était doux et équitable, et qu'il avait dans ses fonctions même de police mille occasions d'être agréable à celui-ci ou à celui-là. Qui est-ce qui n'a pas affaire, une fois ou l'autre dans sa vie, avec la justice ou la police d'un pays? Il faut avoir des amis partout, dit le peuple, même en prison ; n'est-ce pas vrai, monsieur ? Je l'ai bien vu moi-même plus tard, dans les galères de Livourne. Celui qui tient le bout de la chaîne peut la rendre à son gré lourde ou légère. Le *bargello* et sa femme avaient un vilain métier, mais c'étaient de bonnes gens.

CLV.

La foule de leurs amis se pressait à la porte de la ville; on sortait de toutes les maisons et de toutes les boutiques pour leur faire fête ; les fenêtres étaient garnies de jeunes filles et de jeunes garçons qui jetaient des œillets rouges sur les pas des bœufs, sur le ménétrier et sur le char ; nous en étions tout couverts ; on battait des mains et on criait : Bravo ! *pifferaro*.

A chaque air nouveau qui sortait, avec des variations improvisées, sous mes doigts, cela m'excitait, monsieur, et je crois bien qu'après l'air au pied de la Madone, je n'ai jamais joué si juste et si fort de ma vie. Ah ! c'est que, voyez-vous, il y a un dieu pour les musiciens, monsieur ! Ce dieu, c'est la foule ; quand elle est contente, ils sont inspirés ; j'étais au-dessus de moi-même, ivre, folle, quoi ! Chacun me tendait une fiasque de vin ou un verre de *rosolio;* on m'attachait une giroflée à ma zampogne ou un ruban à ma veste pour me témoigner le contentement.

Quand nous arrivâmes à la sombre porte à clous de fer du *bargello,* tout à côté de l'énorme porte de la prison, et que les bœufs s'arrêtèrent, je ressemblais à une Madone de Lorette : on ne voyait plus mes habits à travers les rubans, les couronnes et les bouquets.

CLXVI.

On me fit entrer avec toutes sortes de bienséances, comme si j'avais été de la famille et de la noce. La femme du *bargello*, son mari, la fiancée et le *sposo* me dirent poliment de rester, de boire et de manger à leur table, à côté du petit bouvier leur frère, et de jouer, après le dîner de noces, tous les airs de danse qui me reviendraient en mémoire, pour faire passer gaiement la nuit aux convives, monsieur. Ce n'était pas facile, car, pendant que ma zampogne jouait la fête, mon cœur battait la mort et l'enterrement. Hélas ! n'est-ce pas le métier des artistes? Leur art chante et leur cœur saigne. Voyez-moi, monsieur ; n'en étais-je pas un exemple ?

CLVII.

Une partie de la nuit se passa pourtant ainsi, moitié à table, moitié en danse; les mariés semblaient s'impatienter cependant de la table et de la musique pour regagner le village où ils allaient maintenant résider avec les nouveaux parents; la femme du *bargello* cherchait vainement à prolonger la veillée, pour retenir un peu plus de temps sa fille ; elle souriait de la bouche et pleurait des yeux sur sa maison bientôt vide.

Le petit bouvier rattela ses bœufs au timon fleuri; on s'embrassa sur les marches de la prison, et le cortége s'en alla sans moi, plus triste qu'il n'était venu, par les sombres rues de Lucques.

CLVIII.

—Et toi, mon garçon, me dirent le bargello et sa femme, où vas-tu coucher dans cette grande ville, par la pluie et le temps qu'il fait? (Car il était survenu un gros orage d'automne pendant la soirée des noces.)

—Je ne sais pas, répondis-je, sans souci apparent, mais en réalité bien inquiète de ce que ces braves gens allaient me dire. Je ne sais pas, et je n'en suis guère en peine, il y a bien des arcades vides devant les maisons et des porches couverts devant les églises de Lucques, une dalle pour s'étendre; un manteau de bête pour se couvrir et une zampogne pour oreiller, n'est-ce pas le lit et les meubles des pauvres enfants de la montagne comme je suis? Merci de m'avoir logé et nourri tout un jour si honnêtement, comme vous avez fait; le bon Dieu prendra bien soin de la nuit.

Je disais cela des lèvres, mais mon idée était bien autre chose; je priais mon bon ange tout bas d'inspirer une meilleure pensée au *bargello* et à sa femme.

CLIX.

Ils se parlaient à demi-voix tous deux, pendant que je démontais ma zampogne et que je pliais mon manteau de poil de chèvre lentement, comme pour m'en aller. Ils avaient l'air indécis de deux personnes qui se demandent : Ferons-nous ou ne ferons-nous pas? La femme semblait dire oui, et le mari dire : Fais ce que tu voudras, peut-être bien que ton idée sera la bonne.

—Eh bien ! non, me dit tout à coup la femme attendrie, pendant que le mari appuyait ce qu'elle disait d'un signe de tête, eh bien ! non, il ne sera pas dit que nous aurons laissé coucher dehors, un jour de fête pour la maison, un pauvre musicien qui a réjoui toute la journée ces murailles ! A quoi bon aller chercher un gîte sous le porche des églises avec les vagabonds et les mendiants couverts de vermine, peut-être, pendant que nous avons là-haut, en montrant du geste à son mari l'escalier tortueux d'une petite tour, le lit vide du porte-clefs qui s'en va à Saltochio avec notre fille ?

—C'est vrai, dit le *bargello*. Monte, mon garçon, par ces marches tant que l'escalier te portera, tu trouveras à droite, tout à fait en haut, une petite chambre, avec une lucarne grillée, par où la lune entre jusque sur le lit de celui qui est maintenant notre gendre, et tu dormiras à l'abri et en paix jusqu'à demain ; avant de t'en aller reprendre ton métier de musicien par les routes et par les rues, tu viendras déjeuner, et nous te parlerons, car nous aurons peut-être quelque chose à te dire.

—Oui, n'y manque pas, mon garçon, ajouta la bonne femme, nous aurons quelque chose à te dire, mon mari et moi, car ta face d'innocence me plaît, et ce serait dommage qu'une boule de neige comme ça s'en allât rouler dans la boue des ruisseaux et se fondre dans un égout, faute d'une main propre pour la ramasser encore pure.

—Bien dit, ma femme, ajouta le *bargello;* il y en a beaucoup eu dans cette geôle qui n'y seraient jamais entrés s'ils avaient trouvé une âme compatissante sur leur chemin, un soir de fête dans Lucques.

CLX.

La tour était haute, étroite, humide et percée seulement, çà et là, de fentes dans l'épaisse muraille, pour regarder par-dessus la ville.

C'était une de ces guérites aériennes que les anciens seigneurs de Lucques ou chefs de faction, tels que le fameux *Castruccio Castracani*, faisaient élever autrefois, à ce que m'a dit la femme du *bargello*, pour dominer les quartiers des factions contraires et pour voir, au delà des remparts de Lucques, si les Pisans ou les Florentins s'approchaient de la ville. Les marches étaient roides, et les murs solides, auraient aplati les boulets. Tout à fait en haut, à l'endroit où les hirondelles et les corneilles bâtissent leurs nids inaccessibles sous les corniches ou sur les tourelles, il y avait une petite porte tellement basse, qu'il fallait se courber en deux pour y passer ; elle était fermée par un verrou gros comme le bras d'un homme fort et garni de têtes de clous, taillés en diamants, qui étaient aussi froids que la neige ; elle s'ouvrait et se fermait avec un bruit creux qui résonnait du haut en bas jusqu'au pied de l'escalier de la tour. On dit qu'elle avait servi, dans les anciens temps, à murer, dans ce dernier étage de la tour, un prisonnier d'État qu'on avait voulu laisser mourir à petit bruit, dans ce sépulcre au milieu des airs, et que les gonds et les verrous de la porte avaient retenu le bruit de ses hurlements.

Le vent aussi y hurlait comme des voix désespérées à travers les mâchicoulis et les meurtrières. Cette tour du *bargello* avait fait partie autrefois, dit-on, d'un palais d'une maison éteinte des seigneurs de Lucques ; on l'avait convertie ensuite en prison d'État, et, plus tard encore, en prison pour les meurtriers ordinaires. Elle séparait la maison du *bargello* de la petite cour profonde et étroite de la prison, sur laquelle les cachots grillés des détenus prenaient leur jour.

CLXI.

Je tirai le verrou, je poussai la porte, j'entrai, toute tremblante, dans la petite chambre à voûte basse, éclairée le jour par une large meurtrière, qu'un triple grillage séparait du ciel ; le vent qui sortit de la chambre, quand la porte s'ouvrit, et des chauves-souris, qui battaient leurs ailes aveugles contre les murs, faillirent éteindre la lampe que je tenais dans ma main gauche pour m'éclairer jusqu'au lit.

C'était bientôt vu, monsieur ; en cinq pas, on faisait le tour de cette chambre haute, il n'y avait qu'une voûte de pierre blanchie à la chaux comme les murailles, un lit bien propre, une cruche de cuivre pleine d'eau claire et une chaise de bois, où le porte-clefs jetait sa veste et son trousseau de clefs, en se couchant.

Je me jetai d'abord à genoux devant une image de san Stefano, le saint de nos montagnes, qui se trouvait par hasard attachée par quatre clous sur la muraille. Je me dis en moi-même : Bon ! c'est un protecteur inattendu que je trouve dans ma détresse; tu me secourras, toi, moi qui suis une fille de la montagne, née et grandie à l'ombre de ton couvent !

Je fis ma prière et je m'étendis ensuite tout habillée sur le lit, recouverte de mon manteau de bête et ma pauvre zampogne, fatiguée, couchée à côté de ma tête, comme si elle avait été un compagnon vivant de ma solitude et de ma misère.

J'essayai de fermer les yeux pour dormir, mais ce fut impossible, monsieur; plus je fermais mes paupières, plus j'y voyais en moi-même des personnes et des choses qui me donnaient un coup au cœur et des sursauts à la tête : les sbires sortant de derrière les arbres et tirant cruellement, malgré mes cris, sur mon chien et mes pauvres bêtes; Hyeronimo lâchant sur eux son coup de feu; le bandit de sbire mort au pied de l'arbre ; Hyeronimo, surpris et enchaîné, conduit par eux au supplice; mon père aveugle et ma tante désespérée tendant leurs bras dans la nuit pour le retenir et ne retenant que son ombre; des juges, un corps mort étalé devant eux ; des soldats chargeant leurs carabines avec des balles de fer dans un cimetière où une fosse, toute creusée d'avance, attendait un assassin condamné à mort; puis deux vieillards expirant de misère et de faim à côté de leur pauvre chien blessé dans notre cahute de la montagne, puis des ruisseaux de larmes sur des taches de sang qui noyaient toutes mes idées dans un déluge d'angoisses.

Que vouliez-vous que je pusse dormir, au milieu de tout cela, mon père et ma tante? Je me décidai plutôt à rouvrir les yeux et à prier et à pleurer, toute la nuit, au pied du lit, le front sur la zampogne et les mains jointes sur mon front brûlant. C'est ce que je fis, monsieur, jusqu'à ce qu'un bruit singulier, que je n'avais jamais entendu auparavant, montât du bas de la cour de la prison jusqu'à la meurtrière qui me servait de fenêtre, et que ce bruit me fît me dresser sur mes pieds, comme en sursaut, quand on se réveille d'un mauvais rêve.

CLXII.

Et qu'est-ce que c'était donc que ce bruit sinistre, me direz-vous, qui montait si haut jusqu'à ton oreille à travers la lucarne de la tour? C'était un bruit de ferraille qu'on aurait remuée dans un grenier ou dans une cave, un cliquetis de gros anneaux de métal qui se dérouleraient sur des dalles de pierre, un frôlement de chaînes contre les murs d'une prison, et, de temps en temps, les gémissements sourds et les *ohimé* contenus de prisonniers qui, se retournant sur leur paille, et qui, cherchant le sommeil comme moi, ne pouvaient trouver que l'insomnie dans leurs remords, dans leurs pensées et dans leurs larmes !

CLXIII.

Après avoir écouté un moment et cherché à voir dans la cour du haut en bas, à travers les triples nœuds des grilles entrelacées en guise de serpents qui s'étouffent en s'embrassant, je ne pus rien voir, mais j'entendis de plus en plus les secousses des chaînes rivées aux anneaux de fer, et qu'un prisonnier s'efforce toujours en vain d'arracher du mur.

Une pensée me monta aussitôt au front : Si c'était lui ! Si c'était le pauvre innocent Hyéronimo, que les juges auraient déjà jeté dans la prison de Lucques avant de savoir s'il était coupable ou s'il était seulement courageux pour son père, pour sa tante et pour moi !

Dieu ! que cette image me bouleversa plus encore que je n'avais été bouleversée depuis le coup de feu ! J'en glissai inanimée tout de mon long sur la pierre froide, au pied de la lucarne ; le froid des dalles sur mes mains et sur mon visage me ranima, je me relevai pour écouter encore; mais l'attention même avec laquelle je cherchais à écouter m'ôtait l'ouïe, à force de tendre l'oreille, et je n'entendais plus qu'un bourdonnement confus semblable à un grand vent précurseur de la pluie à travers les rameaux de sapins, quand la tempête commence à se lever de loin sur la mer des Maremmes et qu'elle monte au sommet de nos montagnes.

CLXIV.

Seigneur! me disais-je, si c'était lui, pourtant, et si le hasard, ou le saint nom du hasard, le bon Dieu, nous avait rapprochés ainsi, dès le second jour, l'un de l'autre, pour nous secourir ou pour mourir du moins ensemble du même déchirement et de la même mort!...

Mais c'est impossible, et quel moyen de m'en assurer? Comment connaître si c'est lui qui se torture là-bas, au fond, dans la loge de bêtes féroces; comment lui faire savoir, sans nous trahir l'un l'autre à l'oreille des autres prisonniers ou du *bar-*

gello, que je suis là, tout près de lui, cherchant les moyens de l'assister ?

Ma voix n'irait pas jusqu'à ces profondeurs ; la sienne ne monterait pas jusqu'à ces hauteurs ; et puis, si nous parvenions à nous parler, tout le monde entendrait ce que nous nous serions dit, et le *bargello* et sa femme, si bons pour moi parce qu'ils ne me connaissent pas, ne manqueraient pas d'éventer qui je suis et de me jeter dehors comme une fille perdue et mal déguisée, qui cherche à se rejoindre à son amant ou à son complice.

Et je pleurai encore, muette, devant la lucarne où il n'entrait plus du dehors que la sombre et silencieuse nuit. Les chouettes seulement s'y battaient les ailes en jetant de temps à autre des vagissements d'enfants qu'on réveille.

Vous me croirez si vous voulez, monsieur, eh bien ! je leur portais envie ; oui, j'aurais voulu être oiseau de nuit pour pouvoir déployer mes ailes sur ce gouffre et jeter mes cris en liberté dans ce silence !

CLXV.

Tout en marchant çà et là dans la tour, je ne sais comment cela se fit, mais je posai par hasard le pied sur ma zampogne, qui avait glissé du lit sur le plancher, au moment où je m'étais levée en sursaut pour aller écouter à la lucarne.

La zampogne n'était pas encore tout à fait désenflée du vent de la noce; elle rendit sous mon pied un reste d'air ni joyeux ni triste, mais clair et perçant, semblable au reproche d'un chien qu'on écrase, en marchant par mégarde sur sa patte endormie.

Ce cri me fendit le cœur, mais il m'inspira aussitôt une idée qui ne me serait jamais venue, à moi toute seule, sans elle.

Je ramassai la zampogne avec regret et tendresse, comme si je lui avais fait un mal volontaire en la foulant sous mon pied, je l'embrassai, je la serrai sous mon bras comme une personne vivante et sentante, je lui parlai, je lui dis en pleurant : Veux-tu servir ceux qui t'ont faite? tu as été le gagne-pain du père, sois le salut de sa malheureuse fille.

On eût dit que la zampogne m'entendait, elle se gonfla comme d'elle-même au premier mouvement de mon bras, et le chalumeau se trouva, sans que j'y eusse seulement pensé, sous mes doigts.

Je me rapprochai de la lucarne ouverte et je me dis : Là où ma voix ne parviendrait jamais ou bien où elle ne pourrait parvenir sans trahir qui je suis aux oreilles du *bargello* et de ses prisonniers, le son délié de la zampogne parviendra de soi-même et ira dire à Hyeronimo, s'il est là et s'il reconnaît l'air que lui et moi nous avons inventé et joué seuls : « C'est Fior d'Aliza! ce ne peut être un
« autre! On veille donc sur toi là-haut, là-haut dans
« la tour ou dans quelque étoile du firmament. »

CLXVI.

Alors, monsieur, je me mis à préluder doucement, çà et là, par quelques notes décousues, et puis à me taire pour dire seulement à ceux qui ne dormaient pas : « Faites attention, voilà un *pifferaro* qui va donner une aubade à quelque Madone ou à quelque saint de la chapelle de la prison. »

Mais pas du tout, mon père et ma tante, je ne jouai point d'aubade, ni de litanie, ni de sérénade que d'autres musiciens ambulants pouvaient savoir jouer aussi bien que nous, et qui n'auraient rien appris de lui et de moi à Hyeronimo.

Je cherchai à me souvenir juste de l'air qu'Hyeronimo et moi nous avions composé ensemble, et petit à petit, note après note, dans nos soirées d'été du dimanche sous la grotte, et qui imitait tantôt le roucoulement des ramiers au printemps sur les branches, tantôt les gazouillements argentins des gouttes d'eau tombant de la rigole dans le bassin du rocher, tantôt les fines haleines du vent de nuit qui se tamise, en se coupant sur les lames des joncs de la fontaine, aiguisées comme le tranchant de la faux de mon père ; tantôt le bruit des envolées subites des couples de merles bleus, quand ils se lèvent tout à coup du fourré, avec des cris vifs et précipités, moitié peur, moitié joie, pour aller s'abattre sur le nid où ils s'aiment et où ils se taisent pour qu'on ne puisse plus les découvrir sous la feuille.

L'air finissait et recommençait par cinq ou six petits soupirs, l'un triste, l'autre gai, de manière que cela semblait ne rien signifier du tout, et que cependant cela faisait rêver, pleurer et se taire comme à l'Adoration devant le Saint-Sacrement, le soir, après les litanies, à la chapelle de San Stefano, dans notre montagne, quand l'orgue joue de contentement dans le vague de l'air.

CLXVII.

Je vous laisse à penser, mon père, si je jouai bien cette nuit-là l'air de Fior d'Aliza et d'Hyeronimo (car c'était ainsi que nous avions baptisé cette musique).

Vous l'appeliez vous-mêmes ainsi, mon père et ma tante! quand vous nous disiez à l'un ou à l'autre : « Jouez aux chèvres l'air que vous avez trouvé à vous deux! » Les chevreaux en bondissaient de plaisir dans les bruyères; ils s'arrêtaient de brouter, les pieds de devant contre les rochers et la tête tournée vers nous pour écouter (les pauvres bêtes!).

Je jouai donc l'air à nous deux, avec autant de mémoire que si nous venions de le composer, sous la geôle, et avec autant de tremblement que si notre vie ou notre mort avait dépendu d'une note oubliée sur les trous d'ivoire du chalumeau; je jetais l'air autant que je pouvais par la lucarne, pour qu'il descendît bien bas dans la noire profondeur de la cour et qu'il n'en tombât pas une note sans être recueillie par une oreille, s'il y avait une oreille ouverte, dans cette nuit et dans ce silence des loges de la prison.

De temps en temps je m'arrêtais, l'espace d'un soupir seulement, pour écouter si l'air roulait bien entre les hautes murailles qui faisaient de la cour comme un abîme de rochers, et pour entendre si aucun autre bruit que celui de l'écho des notes ne trahissait une respiration d'homme au fond du silence; puis, n'entendant rien que le vent de la nuit sifflant dans le gouffre, je menais l'air, de reprise en reprise, jusqu'au bout; quand j'en fus arrivée à cette espèce de refrain en soupirs entrecoupés, gais et tristes, par quoi l'air finissait en laissant l'âme indécise entre la vie et la mort du cœur, je ralentis encore le mouvement de l'air et je jetai ces trois ou quatre soupirs de la zampogne, bien séparés par un long intervalle, sous mes doigts, comme une fille à son balcon jette, une à une, tantôt une fleur blanche détachée de son bouquet, tantôt une fleur sombre, et qui se penche pour les voir descendre dans la rue et pour voir laquelle tombera la première sur la tête de son amoureux.

CLXVIII.

—Quel poëte vous auriez fait ! ne puis-je m'empêcher de m'écrier, en entendant cette jeune paysanne emprunter naïvement une si charmante image pour exprimer son inexprimable anxiété d'amante et de musicienne, en jouant son air dans le vide, sans savoir si ses notes tombaient sur la pierre ou dans le cœur de son amant.

—Ne vous moquez pas, monsieur, je dis ce que j'ai vu tant de fois dans les rues de Lucques et de

Livourne, quand un amoureux fait donner, par les *pifferari*, une sérénade à sa fiancée.

—Eh bien! repris-je, quand l'air fut joué, qu'entendîtes-vous, pauvre abandonnée, au pied de la tour?

—Hélas! rien, monsieur, rien du tout pendant un moment qui me dura autant que mille et mille battements du cœur. Et cependant, pendant ce moment qui me parut si long à l'esprit, je n'eus pas le temps de reprendre seulement ma respiration. Mais le temps, voyez-vous, ce n'est pas la respiration qui le mesure quand on souffre et qu'on attend, c'est le cœur; le temps n'y est plus, monsieur, c'est déjà l'éternité!

CLXIX.

—Quel philosophe, que cette pauvre jeune femme qui ne sait pas lire! me dis-je tout bas cette fois en moi-même, pour ne pas interrompre l'intéressante histoire.

Fior d'Aliza ne s'aperçut même pas de ma réflexion : elle était toute à son émotion désespérée pendant la nuit de silence qui lui avait duré un siècle.

—Anéantie par ce silence qui répondait seul à l'air que la zampogne venait de jouer au hasard, pour interroger la profondeur des cachots ou bien pour apprendre à Hyeronimo, s'il était là, que Fior d'Aliza y était aussi, se souvenant de lui dans son malheur, je laissai tomber à terre la zampogne et je glissai moi-même, découragée, au pied de la lucarne, les bras accrochés aux barreaux de fer de la fenêtre sans en sentir seulement le froid.

Mais au moment où mes genoux touchaient terre, monsieur, voilà qu'un lourd bruit de chaînes qu'on remue monte d'en bas jusqu'à la lucarne, et qu'une faible voix, comme celle d'un mineur qui parle aux vivants du fond d'un puits, fait entendre distinctement, quoique bien bas, ces trois mots séparés par de longs intervalles : *Fior d'Aliza, sei tu? Est-ce toi, Fior d'Aliza?*

Anges du ciel! c'était lui; la zampogne avait fait ce miracle de me découvrir son cachot. Pour toute réponse, je ramassai l'instrument de musique à terre, et je jouai une seconde fois l'air d'Hyeronimo et de Fior d'Aliza; mais je le jouai d'un mouvement plus vif, plus pressé, plus joyeux, avec des doigts qui avaient la fièvre et qui communiquaient aux sons le délire de mon contentement d'avoir découvert mon cousin.

CLXX.

Quand j'eus fini, je prêtai l'oreille une seconde fois; mais le jour commençait à glisser du haut de la tour dans la cour obscure; des bruits de portes de fer et de sourds verrous qui s'ouvraient intimidaient sans doute le prisonnier : il fit résonner seulement, du fond de sa loge grillée, un grand tumulte de chaînes froissées à dessein les unes contre les autres, comme pour me faire comprendre, ne pouvant me le dire : « Je suis Hyeronimo, je suis là et j'y suis dans les fers. » La zampogne avait servi d'intelligence entre nous.

Mais, hélas! ma tante, de quoi me servait-il d'avoir découvert où il était et de lui avoir envoyé, du haut d'une tour, une voix de famille de notre montagne, si je n'avais aucun moyen de l'approcher, de le consoler, de le justifier, de le sauver des sbires ses ennemis, sans doute acharnés à sa mort?

CLXXI.

Cependant je tombai à genoux pour bénir Dieu d'avoir pu seulement entendre le son de ses chaînes ; toute ma crainte était qu'on ne m'éloignât tout à l'heure de l'asile que le hasard m'avait ouvert la veille ; j'aurais été contente d'être une pierre scellée dans ces murailles, afin qu'on ne pût jamais m'arracher d'auprès de lui ! Mais qu'allais-je devenir au réveil du *bargello* et de sa femme?

Au moment où je roulais ces transes de mon cœur dans ma pensée, à genoux devant mon lit, les mains jointes sur la zampogne muette, et le visage, baigné de larmes, enfoui dans les poils de bête du manteau de mon oncle, la porte de la chambre s'ouvrit sans bruit, comme si une main d'ange l'avait poussée, et la femme du *bargello* entra, croyant que je dormais encore.

En me voyant ainsi, tout habillée de si bon matin et faisant si dévotement ma prière (elle le crut ainsi du moins), la brave créature conçut encore, à ce qu'elle m'a dit depuis, une meilleure idée du petit *pifferaro* et une plus vive compassion de mon isolement dans cette grande ville de Lucques.

Je m'étais levée toute confuse au bruit, et je tremblais qu'elle vînt me demander compte des airs de musique dont j'avais troublé, sans doute, le sommeil de ses prisonniers. Je cherchais dans ma tête une réponse apparente à lui faire, et je baissais les yeux sur la pointe de mes souliers de peur qu'elle ne lût je ne sais quoi dans mes yeux.

CLXXII.

Mais au lieu de cela, mon père, elle ne parla seulement pas de la musique nocturne, pensant sans doute que j'avais étudié un air pour la neuvaine de *Montenero*, pèlerinage de matelots de la ville de

Livourne, et, d'une voix très-douce et très-encourageante, elle me demanda ce que je comptais faire tout à l'heure en sortant de chez eux, et si j'avais quelque père et quelque mère ou quelque corps de *pifferari* ambulants qui me recueillerait à Prato, ou à Pise, ou à Sienne, pour me reconduire dans les Abruzzes, d'où je paraissais être descendu avec ma zampogne.

—Non, lui dis-je, mon père est aveugle et ma mère est morte (et je ne mentais pas en le disant, comme vous voyez), je n'appartiens à aucune bande de musiciens des Abruzzes ou des Maremmes, et je cherche seulement à gagner tout seul, par les chemins, d'une façon ou d'autre, le pain de mon père et de ma tante, qui ne peut pas quitter la maison où elle soigne son frère.

CLXXIII.

Tout cela était vrai encore. Mais je ne disais pas mon pays ni la raison qui m'avait fait prendre un habit d'homme, ni le meurtre d'un sbire qui avait fait jeter mon cousin dans quelque prison.

La bonne femme, me croyant vraiment des Abruzzes, ne me demanda même pas le nom de mon village.

—Est-ce que tu n'aimerais pas mieux, mon pauvre garçon, continua-t-elle, entrer en service chez des braves gens que de courir ainsi les chemins, au risque d'y perdre ton âme à vendre du vent aux oisifs des carrefours?

—Oh! oui, que je l'aimerais bien mieux! lui répondis-je, toute rouge de l'idée qu'elle allait peut-être me proposer la place du gendre qui venait de la quitter, et pensant à toutes les occasions que j'aurais ainsi de voir, d'entendre et de servir celui que je cherchais.

—Eh bien! me dit-elle avec plus de bonté encore, et comme si elle avait parlé à un de ses fils (mais elle n'en avait jamais eu), eh bien! craindrais-tu de prendre service chez nous parce que nous sommes geôliers de la prison du duché, dont tu vois la cour par cette fenêtre, et parce que le monde méprise, bien à tort quelquefois, ceux qui portent le trousseau de clefs à la ceinture, pour ouvrir ou fermer les portes des malfaiteurs ou des innocents?

—Oh! que non, m'écriai-je, en entrant tout de suite mieux qu'elle dans son idée, je ne crains rien de malhonnête au service d'honnêtes gens, comme vous et le seigneur *bargello* vous paraissez être tous les deux. Un geôlier, ça n'est pas un bourreau; c'est une sentinelle qui peut exécuter, avec rudesse ou avec compassion, la consigne de monseigneur le duc. Je n'aurais pas de répugnance à voir des malheureux, surtout si, sans manquer à mes devoirs, je pouvais les soulager d'une partie de leurs peines. Quand j'étais chez mon père, je n'aimais pas moins mes chèvres et mes brebis, parce que je leur ouvrais la porte de l'étable le matin et que je la refermais sur elles le soir. Disposez-donc de moi, comme il vous conviendra; j'obéirai avec fidélité à vos commandements, comme si vous étiez mon père et ma mère.

CLXXIV.

—Et les gages? me dit-elle, toute contente en me

voyant consentir à son idée, combien veux-tu d'écus
de Lucques par année, outre ton logement, ta nourriture et ton habillement, que nous sommes chargés
de te fournir?

—Oh! mes gages, dis-je, vous me donnerez ce que
vous me jugerez devoir gagner honnêtement, quand
vous aurez éprouvé mes pauvres services ; pourvu
que mon père et ma tante mangent leur pain retranché du morceau que vous me donnerez, je ne
demande que leur vie par-dessus la mienne.

—Eh bien! c'est dit, s'écria-t-elle en battant ses
mains l'une contre l'autre, comme quelqu'un qui est
content ; descends avec moi dans le guichet où mon
mari t'attend pour t'enseigner le métier, et laisse-là
ton bâton, ton manteau de peau et ta zampogne dans
ta chambre ; il te faut un autre costume et d'autres
airs maintenant. Mais ton visage, ajouta-t-elle en
riant, et en me passant la main sur la joue pour en
écarter les boucles blondes, ton visage est bien doux
pour la face d'un porte-clefs ; il faudra que tu te
fasses, non pas méchant, mais grave et sévère :
voyons, fais une moue un peu rébarbative, quoique
tu n'aies pas encore un poil de barbe.

—Soyez tranquille, madame, lui répondis-je, en pâlissant d'émotion, je ne rirai pas souvent en faisant mon métier ; je n'ai pas envie de rire en voyant la peine d'autrui et, de plus, je n'ai jamais été rieur, tout en jouant, pour ceux qui rient, des airs de fête.

CLXXV.

En parlant ainsi, nous descendions déjà lentement les marches noires de l'escalier mal éclairé par des meurtrières grillées, qui donnaient tantôt sur la cour, tantôt sur les belles campagnes de Lucques.

—Voilà ton porte-clefs, dit-elle en souriant à son mari et en me poussant, toute honteuse, devant le *bargello*, assis entre deux guichets, au bas des degrés, devant une grosse table chargée de papiers et de trousseaux de clefs luisantes comme de l'argent à force de tourner dans les serrures.

Le *bargello* regardait tantôt sa femme, d'un air de joie, tantôt moi d'un air de doute :

—Ce visage-là ne fera pas bien peur à mes prisonniers, dit-il en souriant; mais, après tout, nous sommes chargés de les garder et non de leur faire peur. Il y a bien des innocents et des innocentes dans le nombre ; il ne faut pas leur tendre leur morceau de pain et leur verre d'eau au bout d'une barre de fer : il est assez amer sans cela le pain des prisons ; viens, mon garçon, que je te montre ton ouvrage de tous les jours, et que je t'apprenne ton métier.

A ces mots, il se leva, prit un gros trousseau de clefs dans une armoire de fer, dont il avait lui-même la clef suspendue à la boutonnière de sa veste de cuir, et il appela d'une voix forte un tout petit garçon qui allait et venait dans une grande cuisine, à côté du guichet.

—Allons, *piccinino?* lui dit-il, c'est l'heure du déjeuner des prisonniers, prends ta corbeille et apporte-leur, derrière moi, leur *provende!*

CLXXVI.

Le *piccinino* dont la provende était déjà toute

prête dans un immense *canestre* de joncs plein de morceaux de pain tout coupés, de *prescuito* et de *caccia cavallo* (jambon et fromage à l'usage du peuple), et portant, de l'autre main, une cruche d'eau plus grande que lui, sortit de la cuisine et marcha, derrière le *bargello* et moi, vers la porte ferrée de la cour des prisonniers. On y arrivait de la maison du *bargello* par un large couloir souterrain, où les pas résonnaient comme un tonnerre sous nos bois de sapins.

CHAPITRE VI

CLXXVII.

Le *bargello* tira des verrous, tourna des clefs énormes dans les serrures, en me montrant comment il fallait m'y prendre pour ouvrir la petite porte basse encastrée dans la grande, et comment il fallait bien refermer cette portelle sur moi, avant d'entrer dans la cour, de peur de surprise ; puis nous nous trouvâmes dans le préau.

C'était une espèce de cloître entouré d'arcades basses tout autour d'une cour pavée, où il n'y avait qu'un puits et un gros if, taillé en croix, à côté du puits. Cinq ou six couples de jolies colombes bleues roucoulaient tout le jour sur les margelles de l'auge, à côté du puits, offrant ainsi, comme une moquerie du sort, une image d'amour et de liberté, au milieu des victimes de la captivité et de la haine.

Sous chacune des arcades de ce cloître qui entourait la cour, s'ouvrait une large fenêtre, en forme de lucarne demi-cintrée par en haut, plate par en bas, grillée de bas en haut et de côté à côté, par des barres de fer qui s'encastraient les unes dans les autres chaque fois qu'elles se rencontraient de haut en bas ou de gauche à droite, de façon qu'elles formaient comme un treillis de petits carrés à travers lesquels on pouvait passer les mains, mais non la tête. Chacun de ces cachots sous les arcades était la demeure d'un prisonnier ou de sa famille, quand il n'était pas seul emprisonné. Un petit mur à hauteur d'appui, dans lequel la grille était scellée par le bas, leur servait à s'accouder tout le jour pour respirer, pour regarder le puits et les colombes, ou pour causer de loin avec les prisonniers des autres loges qui leur faisaient face de l'autre côté de la cour.

CLXXVIII.

Quelques-uns étaient libres dans leur cachot et pouvaient faire cinq ou six pas d'un mur à l'autre ; les plus coupables étaient attachés à des anneaux rivés dans les murs du cachot, par de longues chaînes nouées à leurs jambes par des anneaux d'acier. On ne voyait rien au fond de leur loge à demi obscure qu'un grabat, une cruche d'eau et une litière de paille fraîche semblable à celle que nous étendions dans l'étable sous nos chèvres. Le pavé de la loge était en pente et communiquait, par une grille sous leurs pieds, avec le grand égout de la ville où on leur faisait balayer leur paille tous les matins.

Ils mangeaient sans table ni nappe, assis à terre, sur leurs genoux. Ils se taisaient, ou ils parlaient entre eux, ou ils chantaient, ou ils sifflaient tout le reste du jour.

Quand on voulait leur passer leur nourriture, on les faisait retirer au fond de la loge, comme les lions ou les tigres qu'on montre dans la ménagerie ambulante de Livourne ; on faisait glisser au milieu du cachot une seconde grille aussi forte que la première; on déposait entre ces deux grilles ce qu'on leur apportait, puis on ressortait.

On refermait aux verrous le premier grillage, on faisait remonter par une coulisse, dans la voûte, la seconde barrière; ils rentraient alors en possession de toute la loge et ils trouvaient ce qu'on leur avait apporté dans l'espace compris entre les deux grilles. Ils ne pouvaient ainsi ni s'échapper ni faire de mal aux serviteurs de la prison.

Deux manivelles à roues, placées extérieurement sous les arcades, servaient à faire descendre ou remonter tour à tour ces forts grillages de fer, qu'aucun marteau de forgeron n'aurait pu briser du dedans, et qu'une main d'enfant pouvait faire manœuvrer du dehors.

CLXXIX.

Le *bargello* m'enseigna la manœuvre dans le

premier cachot vide que nous rencontrâmes, à droite, en entrant dans cette triste cour.

— Grâce à Dieu! me dit-il en marchant lentement sous le cloître, les loges sont presque toutes vides depuis quelques mois : Lucques n'est pas une terre de malfaiteurs; le peuple des campagnes est trop adonné à la culture des champs qui n'inspire que de bonnes pensées aux hommes, et le gouvernement est trop doux pour qu'on conspire contre sa propre liberté et contre son prince. Le peu de crimes qui s'y commettent ne sont guère que des crimes d'amour, et ceux-là inspirent plus de pitié que d'horreur aux hommes et aux femmes : on y compatit tout en les punissant sévèrement. C'est du délire plus que du crime; on les traite aussi par la douceur plus que par le supplice.

En ce moment, continua-t-il, nous n'avons que six prisonniers : quatre hommes et deux femmes. Il n'y en a qu'un dont il y ait à se défier, parce qu'il a tué, dit-on, un sbire, en trahison, dans les bois.

Je frissonnai, je pâlis, je chancelai sur mes jambes, comprenant bien qu'il s'agissait de Hyeronimo; mais, comme je marchais derrière le *bar-*

gello, il ne s'aperçut pas de mon trouble et il poursuivit :

CLXXX.

Un des hommes est un vieillard de Lucques qui n'avait qu'un fils unique, soutien et consolation de ses vieux jours ; la loi dit que quand un père est infirme ou qu'il a un membre de moins, le podestat doit exempter son fils du recrutement militaire ; les médecins disaient au podestat que ce vieillard, quoique âgé, était sain et valide, et qu'il pouvait parfaitement gagner sa vie par son travail.

— Ma vie ! dit avec fureur le pauvre père, ma vie ! oui, je puis la gagner, mais c'est la vie de mon enfant que je veux sauver de la guerre, et vous allez voir si vous pourrez le refuser à sa mère et à moi.

A ces mots, tirant de dessous sa veste une hache à fendre le bois qu'il y avait cachée, il posa sa main gauche sur la table du recruteur et, d'un coup de sa hache, il se fit sauter le poignet de la main gauche, aux cris d'horreur du podestat !

CLXXXI.

Les juges l'ont condamné; c'était juste; mais quel est le cœur de père qui ne l'absout pas, et le cœur de fils qui n'adore pas ce criminel? Nous l'avons guéri, et ma femme a pour lui les soins d'une sœur.

Je sentis des larmes dans mes yeux.

— Celle-là, poursuivit-il en passant devant la loge silencieuse d'une pauvre jeune femme en costume de montagnarde, qui allaitait un petit enfant tout près des barreaux, celle-là est bien de la mauvaise race des Maremmes de *Sienne,* dont les familles récoltent plus sur les grandes routes que dans les sillons; cependant l'enfant ne peut faire que ce que son père lui a appris.

Elle était nouvellement mariée à un jeune brigand de *Radicofani,* poursuivi par les gendarmes du Pape jusque sur les confins des montagnes de Lucques; elle lui portait à manger dans les roches couvertes de broussailles de myrte qui dominent d'un côté la mer, de l'autre la route de l'État romain. Plusieurs arrestations de voyageurs étrangers et plusieurs coups de tromblon tirés sur les chevaux pour rançonner les voitures avaient signalé la présence d'un brigand, posté dans les cavernes de ces broussailles.

Les sbires avaient reçu ordre d'en purger, à tout risque, le voisinage ; ils furent aperçus d'en haut par le jeune bandit.

—Sauve-toi, en te courbant sous les myrtes, lui dit sa courageuse compagne, et laisse-moi dépister ceux qui montent à ta poursuite ; une fille n'a pas à craindre d'être prise pour un brigand.

A ces mots, la jeune Maremmaise poussa son amant à gauche, dans un sentier qui menait à la mer; quant à elle, elle saisit le tromblon, la poire à poudre, le sac à balles et le chapeau pointu du brigand, et, se jetant à gauche, sous les arbustes moins hauts que sa tête, elle se mit à tirer, de temps en temps, un coup de son arme à feu en l'air, pour que la détonation et la fumée attirassent les sbires tous de son côté, et laissassent à son compagnon le temps de descendre par où on ne l'attendait pas, vers la mer ; elle laissait voir, à dessein, son chapeau calabrais par-dessus les feuilles, pour faire croire aux gendarmes que c'était le brigand qui s'enfuyait en tirant sur eux.

Quand elle reconnut que sa ruse avait réussi et que son amant était en sûreté, dans une barque à voile triangulaire qui filait comme une mouette le long des écueils, elle jeta son tromblon, son chapeau, sa poudre et ses balles dans une crevasse, et elle se laissa prendre sans résistance. Elle n'avait tué personne, et n'avait exposé qu'elle-même aux coups de feu des gendarmes. Mais eux, honteux et indignés d'avoir été trompés par une jeune fille qui leur avait fait prendre une proie pour une autre, l'amenèrent enchaînée à Lucques, où les juges ne purent pas moins faire que de la condamner, tout en l'admirant.

Elle est en prison pour cinq ans et elle y nourrit de son lait, mêlé de ses larmes, le petit brigand qu'elle a mis au monde six mois après la fuite de son mari ; son crime, c'est d'être née dans un mauvais village et d'avoir vécu en compagnie de mauvaises gens ; mais ce qu'elle a fait pour un bandit qui l'aimait, si elle l'avait fait pour un honnête homme, au lieu d'être un crime, ne serait-ce pas une belle action ?

CLXXXII.

Il ne me fut pas difficile d'en convenir, car je portais déjà envie, dans mon cœur, au dévouement de ma prisonnière; en passant devant sa loge, je jetai sur elle un regard de respect et de compassion.

—Pour celui-là, me dit le *bargello,* il a tiré sur les chevreuils de monseigneur le duc dans la forêt réservée à ses chasses ; mais sa femme, exténuée par la faim, n'avait, dit-on, plus de lait pour allaiter les deux jumeaux qui suçaient à vide ses mamelles taries de misère. C'est bien un voleur, si vous voulez, les juges ont bien fait de le punir, lui-même ne dit pas non, mais ce vol-là pourtant, qui est-ce qui ne le ferait pas, si on se trouvait dans la même angoisse que ce pauvre braconnier de la forêt? Le duc lui-même en est bien convenu ; aussi, pendant qu'il retient le mari pour l'exemple dans la prison de Lucques, il nourrit généreusement la femme et les enfants dans sa cahute.

CLXXXIII.

Celui-ci en a pour bien plus longtemps, dit-il, en regardant, au fond d'une loge, un beau jeune garçon vêtu des habits rouges des galères de Livourne. C'est ce qu'on appelle une récidive, c'est-à-dire deux crimes dans un. Le premier de ses méfaits, je ne le sais pas; il devait être bien excusable, car il était bien jeune accouplé, par une chaîne au bras, à un autre vieux galérien de la même galère. On dit que c'est pour avoir dérobé, dans la darse de Livourne, une barque sans maître, avec une voile et des rames pour faire évader son frère, déserteur et prisonnier dans la forteresse; le frère se sauva en Corse, dans la barque volée au pêcheur, et lui paya pour les deux.

Le vieux galérien avec lequel il fut accouplé avait une fille à Livourne, blanchisseuse sur le port, une bien belle fille, ma foi! qui ressemblait plus à une princesse qu'à une lavandière. Elle ne rougissait pas, comme d'autres, de son père galérien ; plus il était avili, plus elle respectait, dans son vieux père, l'auteur de ses jours, et la honte et la misère. Elle travaillait honnêtement de son état pour elle et pour lui, et pour lui encore plus que pour elle. On la voyait sur sa porte tous les matins et tous les soirs, quand la bande des galériens allait à l'ouvrage ou en revenait, soit pour balayer les rues et les égouts de la ville, soit pour curer les immondices de la mer dans la darse, prendre la main enchaînée du vieillard, la baiser, et lui apporter tantôt une chose, tantôt une autre : pain blanc, *cocomero*, tabac, rosolio; ceci, cela, toutes les douceurs enfin qu'elle pouvait se procurer pour adoucir la vie de ce pauvre homme.

CLXXXIV.

—Celui qui est là, dit-il plus bas en indiquant de l'œil le beau jeune forçat tout triste contre ses barreaux, celui qui est là, et qui était, comme je te l'ai dit, accouplé par le bras au vieux galérien, avait ainsi tous les jours l'occasion de voir la fille de son compagnon de galère et d'admirer, sans rien dire, sa beauté et sa bonté. Elle, de son côté, sachant que le jeune était plein d'égards et d'obéissance pour le vieux, soit en portant le plus qu'il pouvait le poids de la chaîne commune, soit en faisant double tâche pour diminuer la fatigue du vieillard affaibli par les années, avait conçu involontairement une vive reconnaissance pour le jeune galérien; elle le regardait, à cause des soins pour son père, plutôt comme son frère que comme un criminel réprouvé du monde.

Elle avait souvent l'occasion de lui parler, et toujours avec douceur, soit pour le remercier de ses attentions à l'égard du vieillard, soit pour le remercier du double travail qu'il s'imposait pour son soulagement.

Ces conversations, d'abord rares et courtes, avaient fini par amener, entre elle et lui, une amitié secrète, puis enfin un amour que ni l'un ni l'autre ne savaient bien dissimuler. Cet amour éclata en dehors à la mort du père. Tant qu'il avait vécu, la bonne fille n'avait pas voulu tenter de délivrer son amant pour ne pas priver son vieux père des douceurs qu'il trouvait dans son jeune camarade de chaîne, et pour qu'on ne punît pas le vieillard de l'évasion du jeune homme; mais quand son père fut mort et que la pauvre enfant pensa qu'on allait donner je ne sais quel compagnon de lit et de fers à son amant, alors elle ne put plus tenir à sa douleur, à sa honte, et elle pensa à se perdre, s'il le fallait, pour le délivrer ; un signe, un demi-mot, une lime cachée dans un morceau de pain blanc rompu du bon côté, malgré le surveillant, sur le seuil de sa porte; un rendez-vous nocturne, indiqué à demi-voix pour la nuit suivante, sur la côte à l'embouchure de l'Arno, furent compris du jeune homme.

Sa liberté et son amante étaient deux mobiles plus que suffisants pour le décider à l'évasion : ses fers, limés dans la nuit, tombèrent sans bruit sur sa paille; il scia un barreau de la loge où il était seul encore depuis la mort de son compagnon. Parvenu à l'embouchure de l'Arno avant le jour, en se glissant d'écueils en écueils, invisible aux sentinelles de la douane, il y trouva sa maîtresse et un un bon moine qui les maria secrètement; la nuit suivante, ils se procurèrent un esquif pour les conduire en Corse à force de rames; là, ils espéraient vivre inconnus dans les montagnes de *Corte ;* la tempête furieuse qui les surprit en pleine mer et qui les rejeta exténués sur la plage de Montenero, trompa leur innocent amour.

La fille, punie comme complice d'une évasion des galères, est ici dans un cachot isolé, avec son petit enfant; elle pleure et prie pour celui qu'elle a perdu en voulant le sauver. Quant à celui-ci, on l'a muré et scellé pour dix ans dans ce cachot où il ne trouvera ni amante pour scier ses fers, ni planche pour l'emporter sur les flots. Il n'y a rien à redire aux juges ; ils ont fait selon leur loi, mais la loi de Dieu et la loi du cœur ne défendent pas d'avoir de la compassion pour lui.

CLXXXV.

Je me sentais le cœur presque fendu en écoutant le récit de la fille du vieux galérien, séduite par sa reconnaissance, et du jeune forçat séduit par la liberté et par l'amour.

Ici le *bargello* se pencha vers moi, baissa la voix,

et me dit en me montrant la dernière loge grillée, sous le cloître, au fond de la cour :

— Il n'y a qu'un grand criminel ici, qui n'inspire ni pitié ni intérêt à personne, c'est celui-là, ajouta-t-il en me montrant du doigt et de loin la loge de Hyeronimo. Oh! pour celui-là, on dit que c'est une bête féroce qui vit de meurtres dans les cavernes de ses montagnes. Il a, d'un seul coup, tué traîtreusement un sbire et blessé deux gardes du duc; il n'emportera pas loin l'impunité de ses forfaits et personne ne pleurera sur sa fosse; il est d'autant plus dangereux que l'hypocrisie la plus consommée cache son âme astucieuse et féroce, et qu'avec le cœur d'un vrai tigre, il a le visage candide et doux d'un bel adolescent; il faut trembler quand on l'approche pour lui jeter sa nourriture. Ne lui parlons pas, son regard seul pourrait nous frapper, si ses yeux avaient des balles comme son tromblon; fais-lui jeter son morceau de pain de loin, à travers la double grille, par la main du *piccinino*, et, les autres jours, ne te risque jamais à entrer dans sa loge, sans avoir la gueule des fusils des sbires de la porte derrière toi.

CLXXXVI.

A ces mots, le *bargello* revint sur ses pas pour sortir de la cour, et je crus que j'allais m'évanouir de contentement, car, s'il m'avait dit : Entre dans cette loge, et que Hyeronimo et moi, nous nous fussions vus ainsi tout à coup, devant le *bargello*, face à face, sans être d'intelligence avant cette rencontre, un cri de surprise et un élan l'un vers l'autre nous auraient trahis certainement.

La Providence nous protégea bien tous deux, en inspirant au *bargello*, sur la foi des sbires, cette terreur et cette horreur pour le pauvre innocent.

Rien qu'à son nom et à l'aspect de son cachot, mes jambes fléchissaient sous mon corps. Le *piccinino*, pour cette fois, resta après nous dans la cour et fit tout seul la distribution des vivres aux prisonnières et aux prisonniers.

Le *bargello* rentra dans son greffe, et sa femme, survenant à son tour, m'enseigna complaisamment tout ce que j'avais à faire dans la maison : à aider le cuisinier dans les cuisines, à tirer de l'eau au puits, à balayer les escaliers et la cour, à nourrir les deux gros dogues qui grondaient aux deux portes, à jeter du grain aux colombes, à faire les parts justes de pain, de soupe et d'eau aux prisonniers, même à porter trois fois par jour une écuelle de lait à la captive de la deuxième loge pour l'aider à mieux nourrir son enfant, qu'elle ne suffisait pas à allaiter par suite du chagrin qui la consumait, la pauvre jeune mère !

CLXXXVII.

— Mais quand tu seras seul sous le cloître, le long des loges, me dit-elle, comme m'avait dit son mari, ne te fie pas et prends bien garde au meurtrier du sbire dans le dernier cachot, au fond de la cour ; bien qu'il soit bien jeune et qu'il te ressemble quasi de visage, on dit que nous n'en avons jamais eu de si méchant ; mais nous ne l'aurons pas longtemps à ce qu'on assure ; les sbires et les gardes qui sont acharnés contre ce louveteau, ont déjà été appelés en témoignage, personne ne s'est présenté pour déposer contre eux, et le jugement à mort ne tardera pas à faire justice de celui qui a donné la mort à son prochain.

CLXXXVIII.

— Le jugement à mort! m'écriai-je involontairement, en écoutant la femme du *bargello*. Il est pourtant bien jeune pour mourir!

— Oui, reprit-elle, mais n'était-il pas bien jeune aussi pour tuer, faudrait-il dire? et si on le laissait vivre avec ses instincts féroces, n'en ferait-il pas mourir bien d'autres avant lui?

— C'est vrai, pourtant, dis-je, en baissant la tête, à la brave femme, de peur de me trahir. Seulement, qui sait s'il est vraiment criminel ou s'il est innocent?

— On le saura avant la fin de la journée, dit-elle, car c'est aujourd'hui que le conseil de guerre est convoqué pour venger le pauvre brigadier des sbires; mais que peuvent dire ces avocats devant le cadavre de ce brave soldat tué derrière un arbre, en faisant la police dans la montagne?

Je ne répondis rien en apprenant que le jugement serait rendu le jour même où j'entrais en service près de Hyeronimo, dans sa propre prison. Mon cœur, resserré par les nouvelles de la maîtresse du logis, se fit si petit dans ma poitrine que je me sentis aussi morte que mon ami.

Cependant, qui sait, me dis-je en m'éloignant et en reprenant un peu mes sens, qui sait si l'on ne pourrait pas lui faire grâce encore à cause de sa jeunesse? Qui sait si on ne lui donnera pas le temps de se préparer au supplice en bon chrétien, de se confesser, de se repentir, de se réconcilier avec les hommes et avec le bon Dieu? Et qui sait si, pendant ce temps, je ne pourrai pas, comme la fille du galérien de Livourne, trouver moyen de le faire sauver de ses fers, fallût-il mourir à sa place? Car, pourvu que Hyeronimo vive, qu'importe que je meure; n'est-ce pas lui seul qui est capable, par ses deux bras, de gagner la vie de mon père, de ma tante et du pauvre chien de l'aveugle? Et puis s'il était mort, comment pourrais-je vivre moi-même? Avons-nous jamais eu un souffle qui ne fût pas à nous deux? Nos âmes ont-elles jamais été un seul jour plus séparées que nos corps? Les balles qui frapperaient sa poitrine n'en briseraient-elles pas deux?

Et puis enfin, ajoutai-je avec un rayon d'espérance dans le cœur, puisque la Providence a fait ce miracle, sur le pont de Saltochio, de me faire ramasser par cette noce, de me conduire juste, au pas de ces bœufs, chez le *bargello* où il respire, d'inspirer la bonne pensée de me prendre à leur service à ces braves gardiens de la prison, de me permettre ainsi de me faire entendre d'Hyeronimo avec l'assistance de notre zampogne, de le voir et de lui parler tant que je le voudrai, sans que personne soupçonne que je sais où il est, et que la clef de son cachot est dans les mains de celle qui lui rendrait le jour au prix de sa vie ; qui sait si cette Providence n'avait pas son dessein caché sous tant de protection visible? et si...

CLXXXIX.

La voix du *piccinino* interrompit ma pensée en me disant que c'était l'heure de porter la nourriture aux dogues du préau, de jeter des criblures de graines aux colombes du puits, et de renouveler l'eau dans les cruches des prisonniers, comme on m'avait appris le matin qu'il fallait faire.

— C'est bien, dis-je à l'enfant, la corde du puits est trop dure à faire tourner sur la poulie pour tes doigts, et tu ne pourrais pas non plus m'aider à faire descendre et remonter la double grille dans sa rainure jusqu'aux voûtes des loges; amuse-toi là, dans le vestibule du cloître, à tresser la paille qui sert de litière aux détenus, je ferai bien seul l'ouvrage pénible, contente-toi de surveiller la porte extérieure et de m'avertir si le *bargello* ou sa femme venait à m'appeler.

— Oh! le *bargello* et sa femme, me dit l'enfant, ils ne nous appelleront pas de la journée, ils viennent de sortir tous les deux pour aller au tribunal entendre l'accusateur de ce scélérat de montagnard qui est ici couché, comme un louveteau blessé dans sa caverne, et pour demander aux juges à quelle heure ils devront le faire conduire demain devant eux, pour le juger par demandes et par réponses.

CXC.

J'affectai l'air indifférent à ces paroles du petit enfant; je lui donnai cinq ou six grosses bottes de paille des prisons à tresser proprement pour le pavé des cachots, et je lui recommandai bien de ne pas se déranger de son ouvrage entre les deux portes, jusqu'au moment où il aurait fini tout son travail et où je viendrais le chercher pour étendre les nattes avec lui sur les dalles des cachots.

Quand l'enfant, sans soupçon, fut assis par terre, occupé à tresser sa première natte, j'ouvris la seconde porte donnant sur la cour du cloître, une corbeille de criblure de froment à la main pour les ramiers, et je me dirigeai vers le puits, pour tirer l'eau dans les auges et pour en remplir les cruches des prisonniers.

Tous et toutes levèrent les yeux sur ma figure pour s'assurer d'un coup d'œil si le nouveau porte-clefs (car ils savaient le mariage de l'ancien avec la jolie fille du *bargello*) adoucirait ou aggraverait leur peine par sa physionomie et par le son de sa voix brusque ou douce; ils me remercièrent poliment de mon service, hommes, femmes ou enfants, et je vis clairement sur leurs figures l'étonnement et la consolation que leur causait un visage si jeune qui, au lieu de reproche à la bouche, roulait des larmes dans ses yeux, et qui semblait avoir plus de pitié pour eux qu'ils n'avaient eux-mêmes peur de lui.

Comme le *bargello* m'avait dit sur celui-ci et sur celle-là tout ce qu'il y avait à savoir, je fus compatissante avec les hommes, attendrie avec les femmes et caressante avec les enfants, comme avec les colombes de la cour, prisonnières sans avoir fait de faute au bon Dieu.

CXCI.

Tout le monde servi, monsieur, je m'avançai toute tremblante et toute pleurant d'avance, ma cruche à la main, vers la dernière loge du cloître, au fond de la cour, où, selon le *bargello*, habitait le meurtrier.

Un pilier du cloître cachait la lucarne de cette dernière loge du fond de la cour aux autres prisonniers, en sorte qu'il y faisait sombre comme dans une caverne.

Je m'en réjouissais, ma tante, et je rabattais tant que je pouvais les larges bords de mon chapeau calabrais sur mes yeux, pour que l'ombre étendue du chapeau empêchât aussi le pauvre meurtrier, surpris, de me reconnaître d'un premier regard et de jeter un premier cri qui nous aurait trahis aux autres prisonniers du cloître.

CXCII.

J'approchai donc doucement, lentement, comme quelqu'un qui brûle d'arriver et qui cependant craint presque autant de faire un pas en avant qu'en arrière. Mes yeux se voilaient, mes tempes battaient, des gouttes de sueur froide suintaient de mon front; quand je fus à une enjambée ou deux de la lucarne ferrée, au fond de laquelle j'allais apercevoir celui qu'ils appelaient le meurtrier, mes jambes refusèrent tout à fait de faire un dernier pas, mes mains froides s'ouvrirent d'elles-mêmes, le trousseau de clefs d'un côté, la cruche pleine d'eau de l'autre, tombèrent à la fois sur les dalles, et je tombai moi-même contre la muraille, entre le trousseau sonore et la cruche d'eau cassée. Les prisonniers crurent que c'était un faux pas contre les dalles du cloître qui avait causé l'accident; personne, heureusement, n'y prit garde; j'eus le temps de revenir à moi, de sentir le danger et de réfléchir au moyen d'entrer dans la loge du meurtrier sans que le saisissement trop soudain lui fît révéler involontairement qui j'étais aux oreilles de ses compagnons de peine.

Je ramassai les clefs, je balayai les tessons de la cruche dans la cour, et je revins sur mes pas, comme si j'allais chercher un autre vase pour porter son eau au meurtrier. C'est sous ce prétexte que je passai aussi dans le vestibule, devant le *piccinino* occupé à tresser attentivement ses nattes de paille. Mais aussitôt que je fus rentrée dans le corridor des cuisines, comme si j'allais y prendre une fiasque neuve à la place de celle que je venais de répandre, je m'élançai en bonds rapides, par les marches de l'escalier, jusqu'au sommet de la tour, je pris la zampogne sur mon lit, je la mis sous mon bras et je redescendis, aussi vite que j'étais montée, jusqu'aux cuisines.

J'y pris une fiasque, et la montrant, ainsi que la zampogne, au *piccinino*, je lui dis que n'ayant plus rien à faire dans la cour, après mon service fini, j'allais pour passer le temps, à l'ombre des arcades du cloître, jouer quelques airs de mon métier aux malheureux enfermés sans amusement dans leurs loges; le *piccinino*, qui avait bon cœur, qui aimait, comme tous les enfants, le son de la zampogne, n'y entendit aucune malice et trouva que c'était une pensée du bon Dieu que de rappeler la liberté aux captifs et le plaisir aux malheureux. S'il avait été plus avancé en âge et en réflexion, il aurait bien pensé le contraire, n'est-ce pas, monsieur? Mais c'était un enfant, et je me hâtai de profiter de son ignorance.

CXCIII.

J'entrai donc de nouveau dans la cour ; j'allai remplir ma cruche neuve dans l'auge des colombes, et je revins, ma cruche pleine dans la main, sous le cloître, comme si j'allais laver les dalles du cloître devant les grilles depuis la première jusqu'à la dernière. Je m'étais dit, au moment où je cassais ma cruche : Si nous nous revoyons sans nous être avertis que nous allons nous revoir, Hyeronimo et moi, nous sommes perdus ; il faut donc nous avertir sans nous parler avant de nous rencontrer face à face ; quel moyen? Il n'y en a qu'un, la zampogne. Allons la chercher ; tirons-en quelques sons d'abord faibles et décousus, dans la cour, bien loin du cachot du meurtrier ; éveillons ainsi son attention, puis taisons-nous pour lui donner le temps de revenir de son étonnement ; puis recommençons un peu plus fort et d'un peu plus près, pour lui faire comprendre que c'est moi qui approche ; puis, taisons-nous de nouveau ; puis, avançons en jouant plus haut des airs à nous seuls connus, pour qu'il ne doute plus que c'est bien moi et que, de pas en pas et de note en note, il sente que je vais précautieusement à lui, et qu'il soit tout préparé à me revoir et à se taire quand la zampogne se taira et que j'ouvrirai la première grille de son cachot.

CXCIV.

C'est ce que je fis, ma tante, et cela réussit aussi juste que cela m'avait été inspiré dans mon malheur ; ma zampogne jeta d'abord quelques sons aussi courts et aussi doux que les souffles d'un nourrisson qui se réveille, puis des morceaux d'airs tronqués et expirants comme des pensées qu'on n'achève pas dans un rêve, puis des ritournelles qu'on entend à la Saint-Jean, dans les rues, et qui sont dans l'oreille de tout le monde.

Les pauvres prisonniers et prisonnières, tout réjouis, se pressaient à leurs grilles, écoutaient les larmes aux yeux et me remerciaient, à mesure que je passais devant leur lucarne, de leur donner ainsi un souvenir de leur jour de fête.

Le meurtrier, qui avait paru au premier moment à sa lucarne, les deux mains crispées à ses barreaux, ne s'y montrait plus ; j'en fus réjouie malgré l'impatience que j'avais de le voir ; je compris qu'il avait reconnu l'instrument de son père, et qu'il s'attendait à quelque chose de moi, semblable à la surprise qu'il avait eue la nuit, du haut de la tour, en entendant l'air d'Hyeronimo et de Fior d'Aliza, que l'un de nous deux seul pouvait jouer à l'autre, puisque nous ne l'avions appris à personne.

CXCV.

Aussi, pour bien le confirmer dans l'idée qu'il allait

me voir apparaître, quand je fus à la dernière arcade au tournant du cloître avant son grillage, je m'assis sur le socle de l'arcade et je jouai doucement, lentement, amoureusement, l'air de la nuit dans la tour, afin qu'il comprît bien que j'étais là, à dix pas de lui, et qu'il entendît pour ainsi dire battre mon cœur dans la zampogne; et je finis l'air, non pas comme d'habitude, par ces volées de notes qui semblaient s'élancer vers le ciel, comme des alouettes joyeuses montant au soleil, mais je le finis par deux longs, lugubres et tendres soupirs de l'instrument qui semblait bien plutôt pleurer que chanter, hélas! comme moi-même!...

Aucun bruit ne sortit de la loge du meurtrier, je compris à ce silence que mon intention avait été saisie par Hyeronimo, et que je pouvais, sans danger, laisser la zampogne, reprendre ma cruche et ouvrir le cachot.

Je m'approchai donc avec plus de confiance de la sombre lucarne, assombrie encore par le noir pilier, et je jetai un regard furtif à travers les barreaux de fer du premier grillage; je ne vis que deux yeux fixes qui me regardaient du fond du cachot, tout au fond de la nuit régnant derrière la seconde grille.

C'était lui, ma tante! qui ne savait encore que penser et qui me regardait du fond de l'ombre.

A ma vue, quelque chose remua sous un tas de chaînes et se leva de la paille, sur son séant, en tendant deux bras enchaînés vers le jour et vers moi.

C'était lui, mon père! Je le devinai plutôt que je ne le reconnus aux traits de son visage, tant l'ombre était noire dans la caverne du pauvre innocent. Je mis un doigt sur mes lèvres pour lui dire, sans parler, de se taire, et, déposant ma cruche de l'autre main, j'ouvris, comme on me l'avait montré le matin, la première grille, et j'entrai tout entière dans la première moitié du cachot où je n'étais séparée d'Hyeronimo que par la seconde grille.

Je m'élançai, les bras aussi tendus vers les siens, avec tant de force, que mon front meurtri semblait vouloir enfoncer les barreaux noués par des nœuds de fer, comme mes agneaux quand ils se battent, pour sortir de l'étable, contre la cloison d'osier qui les enferme.

Mais lui, en voyant ce chapeau de Calabre, ces

cheveux coupés, ces habits d'homme sur le corps de sa sœur dont il ne reconnaissait que peu à peu le visage, semblait pétrifié à sa place et laissait retomber ses bras devant lui, avec un bruit de chaînes qui consternait l'oreille. Il avait plutôt l'air de quelqu'un qui recule au lieu de quelqu'un qui avance, il semblait pétrifié par les murs de sa prison.

—Quoi! tu ne reconnais pas Fior d'Aliza, lui dis-je à demi-voix, parce qu'elle a changé d'habits et qu'elle a coupé ses cheveux pour te rejoindre! C'est moi, c'est ta sœur, c'est mon père et ma tante, c'est tout ce qui t'aime entré avec moi dans ton sépulcre pour t'arracher à la mort au prix de leur propre vie, s'il le faut, ou du moins pour mourir avec toi si tu meurs.

CXCVI.

Ma voix, qu'il reconnut, lui ôta le doute, et il s'élança à son tour vers moi de toute la longueur de sa chaîne rivée au mur dans le fond de la prison; elle était juste assez longue pour que le bout de nos doigts, mais non pas nos lèvres, pussent se toucher.

Nous les entrecroisâmes aussi serrés et aussi forts que les nœuds de son grillage de fer, et nous nous mîmes à pleurer sans rien dire, en nous regardant à travers nos larmes, comme ces âmes du purgatoire qui se regardent à travers les limbes d'une flamme à l'autre, dans les images, le long du chemin.

CXCVII.

Je finis, la première, par sangloter tellement qu'aucune parole articulée ne pouvait sortir tout entière de mes lèvres. Mais lui, plus fort, plus homme, plus courageux, revenu de son premier étonnement parla le premier.

Le son de sa voix m'entra comme une musique dans tout le corps, je crus qu'un esprit de lumière tait entré dans la caverne et m'avait parlé.

—Comment es-tu là, ma pauvre âme? me dit-il. Qui t'a appris où j'étais moi-même? Que veut dire cet habit d'homme dont tu es travestie? cette zampogne que j'ai entendue la nuit dernière du haut du ciel et qui s'est approchée tout à l'heure, comme une mémoire et une espérance, de ma lucarne? Que fait le père? Que fait la tante? Le chien est-il mort? Qui est-ce qui a soin de leur nourriture? Quelle est ton idée en les quittant et en prenant ce déguisement pour me suivre?

CXCVIII.

—Mon idée, répondis-je, je n'en sais rien ; je n'en ai eu qu'une dans le cœur quand je t'ai vu garrotté par les sbires et emmené par eux à la mort, je n'ai pas pu me retenir de descendre où tu allais, et je suis descendue à Lucques, comme la pierre qui roule de la montagne en bas dans la plaine par son poids et par sa pente, sans savoir pourquoi et sans pouvoir s'arrêter ; voilà.

Alors je lui racontai précipitamment comment j'avais pris les habits et la zampogne de mon oncle dans le coffre, afin de ne pas être exposée, comme une pauvre fille, aux poursuites, aux insolences et aux libertinages des hommes dans les rues; comment mon oncle et ma tante avaient voulu s'opposer par force à mon passage, comment le père Hilario leur avait dit, au nom du bon Dieu : Laissez-la faire son idée; comment il avait promis d'avoir soin d'eux, à défaut de leurs deux enfants, dans la cabane; comment une noce, qui avait besoin d'un musicien, m'avait ramassée sur le pont du *Cerchio;* comment cette noce. s'était trouvée être la noce de la fille du *bargello ;* comment leur gendre, en s'en allant de la maison avec sa *sposa*, avait laissé vacante la place de serviteur et de porte-clefs de la prison ; comment la femme et le mari, trompés par mes vêtements et contents de ma figure, m'avaient offert de les servir à la place du partant; comment j'avais pressenti que la prison était la vraie place où j'avais le plus de chance de trouver et de servir mon frère prisonnier ; comment j'avais joué de ma zampogne, dans ma chambre haute au sommet de la tour, pendant la nuit, afin de lui faire connaître, par notre air de la grotte, que je n'étais pas loin et qu'il n'était pas abandonné de tout le monde, au fond de son cachot, où il avait été jeté par les sbires ; comment le *bargello* m'avait appris mon service le matin et comment j'ayais compris que le meurtrier c'était lui ; comment j'étais parvenue, petit à petit, à l'empêcher de pousser aucun cri en me revoyant; comment je le verrais à présent à mon aise, et sans qu'on se doutât de rien, tous les jours ! Enfin tout.

CXCIX.

Il restait comme ébahi de surprise et d'ivresse en m'écoutant, et il m'arrosait les doigts de larmes chaudes, comme si son cœur était un foyer, en m'écoutant et en dévorant mes pauvres mains de ses lèvres; mais quand j'ajoutai que ma pensée était de gagner de plus en plus la confiance du *bargello*, de dérober la grosse clef de la prison, de me procurer une lime et de la lui apporter pour qu'il sciât sa chaîne, de lui ouvrir moi-même du dehors les deux portes grillées du cachot et de le faire évader vers la mer quand on saurait son jugement par les juges de Lucques :

CC.

—Oh! cela, s'écria-t-il, jamais! jamais! Je ne limerai pas ma chaîne, je ne m'évaderai pas de la prison en te laissant derrière moi prisonnière à ma place, et punie pour la complicité dans l'évasion d'un homicide; je ne me sauverai pas du duché avec toi, en enlevant en toi la seule nourricière et la seule consolation de nos deux pauvres vieux, avec leur chien, dans la montagne. Non, non, je mourrai plutôt mille fois pour un faux crime, que de vivre par un vrai crime dont toi et eux vous seriez punis à jamais pour moi! Pourquoi donc est-ce que je voudrais vivre et comment donc pourrais-je vivre alors, puisque je ne regrette rien que toi et eux dans ce bas monde, et qu'en me sauvant c'est toi et eux que j'aurai sacrifiés et perdus?

CCI.

Je n'avais pas pensé à cela, monsieur, et, tout en déplorant qu'il ne voulût pas suivre mon idée de le faire sauver, je ne pus m'empêcher d'avouer qu'il disait trop juste et qu'à sa place j'aurais certainement dit ainsi moi-même. Mais une pauvre fille des montagnes, amoureuse et désolée, mon père et ma tante, excusez-moi cela, ne pense pas à tout à la fois; je ne pensais alors ni à moi, ni à vous, mais au pauvre Hyeronimo. Si j'ai eu tort, j'en ai été bien punie.

Quand nous eûmes ainsi longtemps parlé bouche à bouche, cœur à cœur, à travers les froides grilles du cachot, trois coups de marteau de l'horloge de la cour, résonnant comme un tremblement de l'air, sous les souterrains, nous apprit que trois heures s'étaient écoulées dans une minute et qu'il était temps de nous arracher l'un à l'autre, si nous ne voulions pas être surpris par le retour du *bargello*.

Nous convînmes ensemble que tel ou tel air de

ma zampogne, pendant la nuit, du haut de ma tour, voudrait dire telle ou telle chose : peine, consolation espérance, bonne nouvelle, absence ou présence du *bargello* et toujours amour! Car le poids du cœur en fait découler enfin les secrets, ma tante! Et cette fois, malgré notre silence et notre ignorance de nous-mêmes jusque-là, nous n'avions pas pu nous cacher que nous nous aimions, non-seulement de naissance, mais d'amour, et que l'absence ou la mort de l'un serait la mort de l'autre.

J'avais bien rougi en lui avouant ce que je sentais, sa voix avait bien tremblé en me confessant pour la première fois que je ne faisais pas deux avec lui dans son idée et dans ses rêves, et que s'il n'avait rien osé dire encore à sa mère et à son oncle pour qu'on nous fiançât ensemble à San Stefano, c'était à cause de mes silences, de mes tristesses, de mes éloignements de lui depuis quelques mois, qui lui avaient fait douter s'il ne me causerait pas de la peine en me demandant pour fiancée à nos parents; il me dit même qu'il ne regrettait en ce moment ni la prison ni la mort, puisque son malheur avait été l'occasion qui avait forcé le secret de mon cœur.

Oh! que nous nous dîmes de douces paroles alors, à travers les barreaux, ma mère! et que même en ne nous parlant pas, mais en nous entendant seulement respirer, nous étions contents! Il me semblait que je buvais du lait par les pores, et qu'une douceur que je n'avais jamais éprouvée me coulait dans toutes les veines et m'allanguissait tous les membres, comme si j'allais mourir et que la mort fût à la fois une mort et une résurrection. Je présume que le paradis sera quelque chose comme l'éternelle surprise et l'éternel aveu d'un premier amour, entre ceux qui s'aimaient et qui ne se l'étaient jamais dit!

CCII.

Au second battement de marteau de l'horloge qui nous avertissait, je m'en allai à contre-cœur en reculant, en revenant, en reculant encore, comme si nous ne nous étions pas tout dit; mais le danger pressait : je refermai la grille sur lui, je ramassai ma zampogne et je revins m'asseoir sur les marches du cloître et de la cour, vis-à-vis du puits des colombes, et, pour que personne ne se doutât de rien parmi les prisonniers et les prisonnières, j'eus l'air de m'être endormie pour la sieste, au pied d'un pilier, et je me mis à jouer des airs de zampogne comme pour passer le temps.

Ah! mes airs cette fois n'étaient pas tristes, allez! Je ne sais pas où je les prenais, mais le bonheur de savoir qu'il m'aimait et le soulagement que j'éprouvais de lui avoir osé dire enfin : Je t'aime! l'emportaient sur tout, prison, grilles, chaînes, échafaud même; la zampogne semblait plutôt délirer que jouer sous mes doigts, et les notes qui s'échappaient criaient de joie, insensées, comme les eaux de la grotte, amassées dans le bassin et longtemps retenues, quand nous ouvrons les rigoles, s'élancent en cascades en se précipitant en écume et en bondissant au lieu de couler, et je me disais : Il m'entend, et ce délire est un langage à son oreille qui lui apprend ce que ma bouche n'a pas achevé de lui confesser.

Les prisonniers se pressaient aux lucarnes et croyaient peut-être que j'étais tombée en folie. Les colombes mêmes battaient des ailes comme de plaisir à m'entendre, ces jolies bêtes se regardaient, se becquetaient, se lissaient les plumes et semblaient se dire : Tiens ! en voilà une qui est donc aussi amoureuse que nous !

CCIII.

A propos des colombes, ma tante, j'ai oublié de vous dire qu'une idée m'était venue, en quittant Hyeronimo, de me servir de ces doux oiseaux pour nos messages de la tour au cachot et du cachot à ma chambre haute.

Vous savez comme j'étais habile à apprivoiser les oiseaux à la montagne, et comme je les retenais sans cage, sur le toit, à la fenêtre et jusque sur mon lit. Je dis donc à Hyeronimo ce que je voulais faire.

—Émiette, lui dis-je, tous les matins, un peu de la mie de ton pain de prison, et répands ces miettes, toutes fraîches, sur le bord intérieur du mur à hauteur d'appui où tu t'accoudes quelquefois pour regarder couler l'heure au soleil ; petit à petit, la plus hardie viendra becqueter entre les barreaux, puis jusque dans ta main ; tu lui caresseras les plumes sans la retenir, et tu la laisseras librement s'envoler, revenir et s'envoler encore ; bientôt elle aura pour toi l'amitié que toutes les bêtes ont naturellement pour l'homme qui ne leur fait point de mal ; tu la prendras dans ton sein, elle becquettera jusqu'à tes lèvres, elle se laissera faire tout ce que tu voudras d'elle ; moi, de mon côté, je vais en prendre une sur la margelle du puits et l'emporter sous ma chemise, dans mon sein, là-haut, dans ma chambre ; je l'empêcherai seulement une heure ou deux de s'envoler, je lui donnerai des graines douces et du maïs sucré sur le bord de ma fenêtre, et je la lâcherai ensuite pour qu'elle rejoigne ses compagnes dans la cour ; tu la reconnaîtras au bout de fil bleu que j'aurai noué à ses jambes roses, et c'est celle-là que tu apprivoiseras de préférence en faisant peur aux autres ; au bout de deux ou trois jours, tu verras qu'elle viendra à tout moment te visiter et qu'à tout moment aussi elle remontera de la lucarne à ma tour, pour redescendre encore de ma tour à ton cachot.

J'effilerai ma veste et ma ceinture et, quand le fil sera blanc, rouge ou bleu, cela voudra dire : Bonne nouvelle ! et, quand il sera brun ou noir, cela voudra dire : Prenons garde, tremblons et prions ! Toi, tu lui attacheras un fil à la patte pour me dire : Je pense à toi, je t'ai comprise, je suis content ou je suis en peine. Nous saurons ainsi, à toute heure, grâce à ce messager, ce qui se remue dans nos cœurs ou dans nos sorts, sans que la présence du *bargello* dans la cour puisse empêcher nos confidences.

CCXIV.

Quand le *bargello* rentra du tribunal et qu'il entendit la zampogne dans la cour, il vint à moi.

—C'est bien, me dit-il, mon garçon, j'aime que ma prison soit gaie et que mes prisonniers aient de bons moments que Dieu leur permette de prendre, même en leur donnant tant de mauvais jours.

Gaie !... Elle ne le sera pas longtemps, ajouta-t-il à voix basse et en se parlant à lui-même.

Je pâlis sans qu'il s'en aperçût, et je me doutais qu'on avait peut-être jugé à mort celui qu'ils appelaient le meurtrier. Je n'osai rien témoigner de mon angoisse, de peur de me révéler, et j'attendis que le *bargello* fût ressorti de la prison pour faire parler, si j'osais, sa bonne femme.

Hélas! je n'eus pas grand'peine à provoquer ces renseignements; dès que je la rencontrai, en sortant du cloître, dans la cuisine où j'allais chercher les paniers de provende pour le souper des prisonniers :

—Tu auras trop tôt une écuelle de moins à leur servir, me dit-elle avec une vraie compassion.

—Quoi! dis-je avec peine, tant le désespoir me serrait la gorge, le meurtrier a été jugé?

—A mort! murmura-t-elle en me faisant un signe de silence avec ses lèvres.

—A mort! m'écriai-je en laissant retomber le panier sur le carreau.

—Pauvre enfant, dit-elle, on voit bien que tu as bon cœur, car tu as pâli à l'idée du supplice d'un misérable qui ne t'est rien, pas plus qu'à moi, ajouta-t-elle, et pourtant je n'ai pas pu m'empêcher de pâlir, de trembler et de pleurer moi-même, tout à l'heure, quand j'ai entendu l'officier accusateur du conseil de guerre conclure son long discours par ce mot terrible : « la mort! » sous les balles des sbires, sur la place des exécutions de Lucques, et son corps livré au bourreau, comme celui d'un décapité par la hache, et enseveli par les frères de la Miséricorde dans le coin du *Campo-Santo* réservé aux meurtriers, avec la croix rouge sur leur sépulcre. Il ne reste plus qu'à lui signifier son jugement et à le faire ratifier par monseigneur le duc.

Mais, me dit-elle, garde-toi de rien dire dans la prison de ce que je te dis là, mon enfant; les meurtriers même sont des chrétiens, le repentir leur appartient comme à nous tous pour racheter là-haut le crime qu'on ne leur peut pas remettre ici-bas. Il ne faut pas les faire mourir autant de fois qu'il y a de minutes entre le jour où on les condamne et le jour où on les frappe avec le fer ou avec le plomb. Quand le duc a signé le jugement, quand il n'y a plus d'appel et plus de remède à leur sort, on les instruit avec ménagement du supplice qui les attend; on leur laisse quatre semaines de grâce entre l'arrêt et l'exécution pour bien se préparer avec leur confesseur à paraître résignés et purifiés devant Dieu, et pendant tout cet intervalle de temps, qui s'écoule entre la signification du jugement et la mort, on les traite non plus comme des criminels qu'on maudit, mais comme des malheureux déjà innocentés par le supplice qu'ils vont subir.

C'est une belle loi de Lucques, n'est-ce pas, celle-là, c'est une loi de vrais chrétiens qui donne le temps de revenir à Dieu avant que de quitter la terre, et qui suppose déjà innocents ceux à qui Dieu lui-même va pardonner au tribunal de sa miséricorde? On les délivre alors de leurs chaînes, on les laisse s'entretenir librement dans le cloître avec leurs parents, leurs amis, leurs femmes, et surtout avec les prêtres ou les religieux, de quelque couvent que ce soit, qu'ils demandent pour se préparer au grand passage. Tu pourras alors laisser le meurtrier, ses membres libres, aller et venir de sa loge dans la chapelle de la prison, au fond de la cour, sous le cloître, entendre les offices des morts qu'on lui récitera tous les jours, et jouir enfin de toutes les douceurs compatibles avec sa réclusion.

CCV.

Je buvais toutes ces paroles et je roulais déjà dans ma pensée, avec l'horreur de notre sort à tous les deux, le rêve d'y faire échapper, malgré lui s'il le fallait, celui qui ne voulait pas vivre sans moi et après lequel moi-même je ne voulais que mourir.

Quand je fus peu à peu, en apparence, remise des confidences de la bonne femme, je repris le panier et je rentrai dans la cour pour distribuer la soupe du soir de loge en loge. Lorsque je fus arrivée à la dernière loge, dont le pilier du cloître empêchait la vue aux autres, j'appelai à voix basse Hyeronimo et je lui dis rapidement ce que m'avait dit longuement la maîtresse des prisons, afin que, si c'était pour lui la mort, la voix qui la lui annonçait la lui fît plus douce, et que, si c'était la vie, la parole qui la lui apportait la lui fît plus chère.

— Mais c'est la vie ! lui dis-je, Hyeronimo, mon frère, mon compagnon dans le paradis comme sur la terre, ce sera la vie, sois-en sûr ! Tu ne me refuseras pas de la recevoir de ma main pour nos parents; ces quatre semaines de soulagement de ta chaîne descellée du mur, de prières, de visites, de consolations, d'entretiens avec le prêtre appelé par toi dans ton cachot, nous offriront un moyen ou l'autre de nous sauver ensemble de ces murs.

— Oh! si c'est ensemble, dit-il, en me jetant un regard qui semblait réfléchir le firmament et éclairer le cachot tout entier; oh! si c'est ensemble, je le veux bien, je le veux comme je veux respirer pour vivre : avec toi, tout; sans toi, rien; me délivrer par ta captivité à ma place, plutôt mourir un million de fois au lieu d'une!

CCVI.

Je vis qu'avec ce pieux mensonge de me sauver avec lui, j'en ferais ce que je voudrais au dernier moment.

— Eh bien! lui dis-je, je vais me procurer la lime à l'aide de laquelle une pauvre prisonnière, qui est ici à côté avec son petit enfant, a scié les fers du beau galérien, son fiancé, et, quand j'aurai la lime je serai bien aussi habile qu'elle à scier un des barreaux, qu'elle l'a été à scier un chaînon du bagne.

J'avais déjà mon idée, mon père !

— Va donc ! et que Dieu et ses anges te bénissent, murmura tout bas Hyeronimo ; mais souviens-toi qu'entre la liberté sans toi et la mort avec toi, je n'hésiterai pas une heure, fût-elle ma dernière heure !

CCVII.

Je le quittai tranquille et préparé à recevoir, sans se troubler, le lendemain, la signification de l'arrêt par la bouche du président du conseil de guerre.

Je m'approchai avec un visage gracieux, compatissant, de la loge de la femme du galérien qui donnait le sein à son nourrisson ; je la plaignis, je la flattai d'une prochaine délivrance, de la certitude de retrouver son amant après sa peine accomplie ; je la provoquai à me raconter toutes les circonstances que déjà je connaissais de ses disgrâces ; je fis vite amitié avec elle, car ma voix était douce, attendrie encore par l'émotion que j'avais dans l'âme depuis le matin ; de plus nous étions du même âge, et la jeunesse ne se défie de rien, pas plus que l'amour et le chagrin.

Enfin, après une heure d'entretien, nous étions bons amis, quoique je fusse le porte-clefs et elle la prisonnière.

— Est-ce que vous ne donneriez pas beaucoup, lui demandai-je, pour que votre petit eût deux tasses de lait au lieu d'une ?

— Oh ! dit-elle, je donnerais tout, car le petit souffre de la faim avec mon lait, qui est si rare et si amer sans doute; mais je n'ai plus un baïoque à donner contre du lait. Que faire ?

— Est-ce que vous ne possédez aucun objet de petit prix à faire vendre pour vous procurer un petit adoucissement de plus pour le petit qui est si maigre ?

— Moi, dit-elle, en paraissant chercher dans sa mémoire sans y rien trouver : non, je n'ai plus rien au monde, dans les poches de ma veste, que sa boucle d'oreille de laiton cassée, qu'il m'avait donnée le jour de nos noces, et la lime que je lui avais achetée pour limer sa ceinture de fer et qu'il m'a rendue en s'évadant, comme deux reliques de notre amour et de notre délivrance. Mais, excepté le cœur de celle à qui ces reliques rappellent des heures tristes ou douces, qui est-ce qui donnerait un carlin de cela?

— Moi, lui dis-je, non point des carlins ou des baïoques, parce que je n'en ai point à ma disposition, mais deux écuelles de lait au lieu d'une, parce que je puis doubler à mon gré les rations des prisonniers, et cela dans votre intérêt, ajoutai-je, car si on venait à visiter les poches des détenus et qu'on y découvrît cette lime, on supposerait que vous l'avez sur vous pour en faire mauvais usage et on doublerait peut-être le temps de votre peine ou on vous en enlèverait sans doute la consolation.

— Oh! Dieu, dit la jeune mère, serait-on bien assez barbare! Mais vous avez peut-être raison, dit-elle, en fouillant dans ses poches avec précipitation. Tenez! voilà la boucle d'oreille et la lime sourde, et elle me glissa par-dessous les barreaux un petit peloton de fil noir qui contenait les deux reliques de son amant.

Elle pleurait en me les remettant, et ses doigts semblaient vouloir retenir ce que me tendait sa main. Je pris le peloton, je le déroulai, je pris la lime, que je glissai entre ma veste et ma chemise, et je lui rendis la boucle d'oreille cassée, qu'elle baisa plusieurs fois en la cachant dans sa poitrine.

CCVIII.

Ce fut ainsi qu'à tout risque je me procurai cette lime que je n'aurais pu me procurer dans la ville de Lucques, parce qu'une fois entré en fonctions, un porte-clefs ne peut plus sortir des murs, et parce que, si j'avais fait acheter une lime par le *piccinino* ou par un autre commissionnaire de la prison, on aurait soupçonné que j'avais été corrompue par un de mes captifs, et que je voulais à prix d'argent lui fournir le moyen de s'évader.

CCIX.

Le lendemain, de grand matin, pendant que je

balayais le vestibule et la geôle, un grand nombre de messieurs, vêtus de robes noires et rouges, vinrent lire au pauvre Hyeronimo son arrêt et lui signifier que le duc ayant ratifié la sentence, il n'avait plus de recours qu'en Dieu et qu'il avait quatre semaines et quatre jours pour se préparer à la mort.

Il devait être fusillé sur les remparts de Lucques, au milieu d'une petite place, devant la caserne des sbires, en réparation de ceux de cette caserne qu'il avait tués ou blessés.

Par bonheur, je n'assistai pas à la lecture de la sentence parce que, dans ces occasions, la justice ne laissait entrer avec elle que le *bargello*.

Quand ils sortirent, les hommes noirs disaient entre eux :

— Quel dommage qu'un si jeune homme et un si bel adolescent ait un visage si trompeur et si candide! Avez-vous vu de quel front tranquille et résigné il a entendu son arrêt sans vouloir ni confesser son crime, ni demander sa grâce, ni insolenter la justice? Ce serait un bien grand innocent, si ce n'était pas le plus précoce des hypocrites.

CCX.

Pendant que j'entendais sans lever la tête de dessus le pavé, que je faisais semblant de laver avec mon eau et mon éponge, Dieu sait ce que je pensais en moi-même de la justice des hommes qui voit le crime et qui ne lit pas dans les cœurs.

Le dernier des juges qui sortait dit à l'autre :

— Il est fâcheux qu'on n'ait pas pu découvrir où cette jeune fille, sa complice, s'est enfuie de leur caverne dans les bois comme une biche sauvage, on aurait eu par elle tous les motifs et tous les détails du forfait !

Je compris par là qu'on m'avait cherchée et que, sans doute, on me cherchait encore, et que je devais plus que jamais éviter de me laisser reconnaître pour ce que j'étais. Toutes les fois qu'on frappait du dehors à la porte de fer de la prison, je laissais le *piccinino* aller tirer le verrou aux étrangers, et, sous un prétexte ou l'autre, je montais dans ma tour pour éviter les regards des sbires ou des curieux.

J'y passais mon temps à prier Dieu, et à apprivoiser la plus jeune des colombes.

Il ne m'avait pas fallu beaucoup de jours pour la priver et pour en faire l'innocente messagère entre la lucarne de ma chambre et la lucarne du meurtrier ; à toutes les pensées que j'avais, je lui mettais un nouveau fil à la patte, tantôt brun, tantôt rouge, tantôt blanc, comme mes pensées elles-mêmes, selon leur couleur ; puis je battais mes mains l'une contre l'autre pour l'effrayer un peu, afin qu'elle s'envolât vers Hyeronimo et qu'elle le désennuyât par ses caresses.

Hyeronimo, de son côté, lui baisait la gorge et lui remettait toujours à la patte le fil bleu de sa ceinture, qui voulait dire : amour ou amitié entre lui et moi. Ah! si nous avions su écrire ! Mais où aurions-nous appris nos lettres? nos pères, nos mères, nos oncles ne savaient que par cœur leurs prières. Hormis les courts moments où mon service m'appelait dans la cour et où je pouvais entrer dans le cachot et baiser ses chaînes, nos seuls moyens de communication ensemble étaient donc la colombe et la zampogne.

Je continuai à en jouer tous les soirs et une partie des nuits, pour reporter, par les sons, la pensée d'Hyeronimo en haut, vers moi et vers nos beaux jours dans la montagne. La femme du *bargello* aimait bien les airs que je jouais ainsi pour un autre, et elle me disait le matin :

—Je ne sais pas ce qu'il y a dans ta zampogne, mais elle me fait rêver et pleurer malgré moi, comme si elle disait je ne sais quoi de ma jeunesse à mon cœur ; ne crains pas, mon garçon, d'en jouer tout à ton aise, même quand tu devrais me tenir éveillée pour l'entendre : j'ai plus de plaisir à veiller qu'à dormir, en l'écoutant.

Les pauvres prisonniers me disaient de même :

—Au moins notre oreille est libre quand notre âme suit dans l'air les sons qui chantent ou qui prient avec ton instrument.

Mais il n'y avait que Hyeronimo qui comprît ma pensée et la sienne dans les joies ou dans les tristesses de la zampogne : nos deux âmes s'unissaient dans le même son !

La pauvre femme du forçat seule ne s'y plaisait pas.

—Ah! soupirait-elle en soulevant son beau nourrisson endormi du mouvement de sa poitrine, à présent qu'il n'y est plus, je ne pense plus seulement à la musique ; quand un air ne tombe pas dans un cœur, qu'importe ? Ce n'est que du vent.

Mais quels moments délicieux, quoique tristes, comptaient pour lui et pour moi les voûtes de son cachot, quand j'y rentrais le matin avant que le *bargello* fût levé, pendant que le *piccinino* dormait encore et que personne ne pouvait nous surprendre ou nous entendre !

A peine, dans ces moments-là, regrettions-nous d'être en prison, tant le bonheur de nous être avoué notre amour nous inondait tous les deux! Qu'est-ce qu'il me disait, qu'est-ce que je lui disais, je n'en sais plus rien ; pas beaucoup de mots peut-être, rien que des soupirs, mais dans ces silences, dans ce peu de mots, il y avait d'abord la joie de savoir que nous nous étions trompés et bien trompés, monsieur, en croyant depuis six mois que nous avions de l'aversion l'un pour l'autre, tandis que c'était par je ne sais quoi que nous nous fuyions comme deux chevreaux qui se cherchent, qui se regardent, qui se font peur et qui reviennent pour se fuir et se chercher de nouveau, sans savoir pourquoi.

Ensuite la pensée des jours sans fin que nous avions passés ensemble, depuis que nous respirions et que nous grandissions dans le berceau, dans la cabane, dans la grotte, dans la vigne, dans les bois, sans songer que jamais nous pourrions être désunis l'un d'avec l'autre, et puis ceci, et puis cela, que nous n'avions pas compris d'abord dans nos ignorances, et que nous nous expliquions si bien à présent que nous nous étions avoué notre penchant, contrarié par nous seuls, l'un vers l'autre; et puis la fatale journée de la coupe du châtaignier, et puis celle de ma blessure par le tromblon du sbire, quand il avait étanché mon sang sur mes bras avec ses lèvres; et puis ma folie de douleur et ma fuite de la maison sans savoir où j'allais pour le suivre, comme la mousse suit la pierre que l'avalanche déracine; et puis ma pauvre tante et mon père aveugle abandonnés à la grâce de Dieu et à la charité du père Hilario, dans notre nid vide; et puis l'espérance que les anges du ciel nous délivreront des piéges de la mort où nous étions pris, tels que deux oiseaux, pour nous punir d'en avoir déniché, les printemps, tant d'autres dans nos piéges de noisetier, quand nous étions enfants; et puis la confiance de nous sauver de là, plus tard, d'une manière ou d'autre, car les quatre semaines et les quatre jours nous paraissaient si longs, que nous ne pensions jamais en voir la fin.

Vous savez, monsieur, quand on est si jeune et que l'on compte si peu de mois dans la vie passée, les mois à venir paraissent longs comme des années. Nous nous croyions sûrs, après nous être ainsi rejoints, de rencontrer une bonne heure dans tant d'heures devant nous, et nous jouissions de nos minutes d'entretien comme si elles avaient formé des heures et que les heures n'eussent pas formé des semaines.

CHAPITRE VII

CCXI,

—Mais vous, pauvres gens, aveugles et abandonnés à vous deux dans cette cabane, sans nièce et sans fils, et presque sans chien, que se passait-il, pendant ce temps, dans votre esprit ? demandai-je à l'aveugle, père de Fior d'Aliza.

—Ah ! monsieur, me répondit l'aveugle, il ne se passait rien les premiers jours que des désolations, des désespoirs et des larmes. Quelle mort attendait Hyeronimo à Lucques, devant les juges trompés et irrités par les sbires ? Quels hasards dangereux rencontrerait Fior d'Aliza sur ces chemins inconnus et dans une ville étrangère, au milieu d'hommes et de femmes acharnés contre l'innocence, si l'on venait à découvrir son déguisement ? Où trouverait-elle un gîte pour les nuits, sa nourriture pendant les jours ? Comment, vermisseau comme elle était, ainsi que nous, aux yeux des riches et des puissants, parviendrait-elle soit à pénétrer vers son cousin dans des cachots, soit à s'introduire dans des palais gardés par des sentinelles, pour tomber à genoux devant monseigneur le duc ?

Comment, si elle était jamais reconnue par un des pèlerins ou des sbires extasiés de sa beauté, quand ils l'avaient aperçue sur notre porte, échapperait-elle aux poursuites du chef des sbires qui avait commis tant de ruses pour l'obtenir de sa tante ? Comment connaîtrions-nous nous-mêmes ce qui se passait là-bas, au pays de Lucques, sans nouvelles de nos enfants, si nous n'y descendions pas nous-mêmes, ou bien, si nous parvenions à y descendre, les exposant à être reconnus rien qu'en demandant à l'un ou à l'autre si on les avait vus ?

Obligés de rester dans notre ignorance, si nous nous traînions jusqu'à Lucques, ou mourant de nos inquiétudes, si nous n'y descendions pas ! Ah ! monsieur, le sommeil n'était pas venu une heure de suite sur nos yeux depuis le jour du malheur; nous n'avions la nuit d'autre bruit dans la cabane que le bruit contenu de nos sanglots, mal étouffés sur nos bouches, et de temps en temps les cris de douleur involontaires du petit chien, couché sur le pied de mon lit, quand sa jambe coupée, qui n'était pas encore guérie, lui faisait trop mal, et qu'il implorait ma main pour le retourner sur sa paille.

Non, je ne pense pas, quoi qu'on en dise là-haut au couvent quand on y prêche sur les peines de l'enfer aux pèlerins, que les peines mêmes de l'enfer puissent dépasser nos peines dans notre esprit.

Quant à la nourriture, nous n'y pensions seulement pas, bien que nous n'eussions plus, pour soutenir nos misérables corps et pour nourrir le chien Zampogna, que quelques croûtes de pain dur, que le père Hilario nous avait laissées dans sa besace jusqu'à son retour.

Voilà tout ce qui se passait au gros châtaignier, monsieur : la misère, et le chagrin qui empêchait de sentir la misère.

CCXII.

Le septième jour pourtant nous eûmes deux grandes consolations, car la Providence n'oublie pas même ceux qui paraissent les abandonnés de Dieu.

Premièrement, le petit chien Zampogna fut tout à fait guéri de sa jambe coupée et commença à japper un peu de joie autour de nous en gambadant sur ses trois pattes, devant la porte, comme pour me dire : Maître, sortons donc et allons chercher ceux qui manquent à la maison ; je puis à présent te servir et te conduire comme autrefois ; fie-toi à moi de choisir les bons sentiers et d'éviter les mauvais pas ; et il s'élançait sur le chemin qui descend vers Lucques comme s'il eût compris que ses deux amis étaient là-bas ; puis il revenait pour s'y élancer encore.

CCXIII.

Secondement, le père Hilario remonta pénible=

ment et tout essoufflé par le sentier de la ville au couvent, et, jetant sa double besace pleine comme une outre sur la table du logis :

—Tenez, nous dit-il, voilà l'aumône de la semaine pour le corps; le prieur m'a dit de quêter d'abord pour vous comme les plus misérables; le couvent ne manque de rien pour le moment, grâce aux pèlerinages de la Notre-Dame de septembre qui va remplir les greniers de farine et les celliers d'outres de vin.

Et puis, ajouta-t-il, voilà l'aumône de l'esprit. Écoutez-moi bien.

Alors, il nous raconta qu'il avait frappé à toutes les portes de Lucques pour savoir si l'on avait entendu parler d'un homicide commis dans la montagne, sur un brigadier de sbires, et si l'on savait quelque chose du sort qu'on réservait au jeune montagnole; qu'on lui avait répondu qu'il serait jugé prochainement par un conseil de guerre et, qu'en attendant, il était renfermé dans un des cabanons de la prison, sous la surveillance du *bargello;* que le *bargello* était incorruptible, mais très-humain, et qu'il n'aggraverait certainement pas jusqu'à l'échafaud les peines du pauvre criminel. Il ajouta que, même après le jugement, on avait encore le recours en grâce auprès de monseigneur le duc et que, dans tous les cas, le condamné avait encore un sursis de quatre semaines et de quatre jours entre l'arrêt suprême et l'exécution ; enfin que, pendant ces quatre semaines et ces quatre soleils de sursis, le condamné, soulagé de toutes ses chaînes derrière sa grille, ne subissait plus le secret, mais qu'il était libre de recevoir dans sa prison ses parents, les prêtres, les moines charitables et tous les chefs des confréries pieuses de la ville et des montagnes, tels que frères de la Miséricorde, frères de la Sainte-Mort, pénitents noirs et pénitents blancs, dont l'œuvre est de secourir les prisonniers, de sanctifier leurs peines et même leur supplice.

A ce mot, monsieur, nous tombâmes, ma belle-sœur et moi, à la renverse contre la muraille, les mains sur nos yeux, en criant : Est-il bien possible ! Quoi ! aurait-on bien le cœur de supplicier un pauvre enfant innocent dont tout le crime a été de défendre nous et sa cousine?

CCXIV.

—Rassurez-vous un peu, nous dit le frère quêteur, sans toutefois trop compter sur la justice des hommes, qui n'est souvent qu'injustice aux yeux de Dieu et qui n'a pour lumière que l'apparence au lieu de la vérité.

—Et ma fille? ma fille? ma Fior d'Aliza, s'écriait ma belle-sœur, n'en avez-vous donc appris aucune nouvelle par les chemins ou sur les places de Lucques?

—Aucune, répondit le vieux frère, c'est en vain que j'ai demandé discrètement aux portes de tous les couvents où l'on distribue gratis de la nourriture aux nécessiteux, vagabonds, mendiants ou autres, si l'on avait vu tendre son écuelle à un jeune et beau pifferaro des montagnes; c'est en vain que j'ai demandé aux marchands sur leurs portes, aux vendeuses de légumes sur leur marché, si elles avaient entendu de jour ou de nuit la zampogne d'un musicien ambulant jouant des airs, au pied des Madones, dans leurs niches ou devant le portail des chapelles. Tous et toutes m'ont affirmé que, depuis la noce de la fille du *bargello* avec un riche *contadino* des environs, on n'avait pas entendu une seule note de zampogne dans la ville, attendu que ce n'était pas la saison où les musiciens des Abruzzes descendaient après les moissons dans les plaines.

Ces réponses uniformes m'avaient donné d'abord à penser que votre fille n'avait pas osé entrer à Lucques et qu'elle errait çà et là dans les villages voisins, comme un enfant qui regarde les fenêtres des maisons et qui voudrait bien y pénétrer, sans oser toutefois s'approcher des portes. Puis, en réfléchissant mieux et en me demandant comment la noce d'un *contadino* avec la fille du *bargello* avait pu trouver un *pifferaro* pour entrer en ville, dans une saison où il n'y a pas un seul musicien ambulant dans la plaine de Lucques, je me suis demandé à moi-même si ce musicien inconnu qui jouait pour cette noce jusqu'au seuil de la prison, n'y aurait pas été poussé par l'instinct de s'y rapprocher, un jour ou l'autre, de celui qu'elle aime, et, sans vouloir interroger personne de la prison, dans la crainte d'apprendre ainsi aux autres ce que je voulais savoir moi-même, je n'ai fait que saluer la femme du *bargello* sur sa porte, et j'ai passé; mais quand la nuit a été venue, je me suis porté à dessein dans ma stalle de la chapelle voisine, et j'ai écouté de toutes oreilles si aucune note de zampogne ne résonnait dans les cours ou dans le voisinage de la prison.

Eh bien! vous me croirez si vous voulez, pauvres gens, ajouta-t-il, mais avant que l'*Ave Maria* eût sonné dans les cloches de Lucques, un air de zampogne est descendu, comme un concert des anges, d'une lucarne grillée tout au haut de la tour du *bargello*.

Et vous me croirez encore, si vous avez de la foi, j'ai reconnu, tout comme je reconnais votre voix à tous les deux à présent, la vraie voix et le vrai air de la zampogne de votre frère et de votre mari, mort des fièvres en revenant des Maremmes; et, bien plus encore, ajouta-t-il, l'air que j'ai entendu si souvent jouer dans la grotte par vos deux enfants, pendant que je montais ou que je descendais par votre sentier! J'ai cru d'abord à un rêve; j'ai écouté longtemps après que les cloches de l'*Ave Maria* se taisaient sur la ville, et le même air de l'instrument de votre frère a continué à se faire entendre à demi-son dans la tour, par-dessus les toits de la prison.

CCXV.

—Dieu ! s'écria ma belle-sœur, est-ce qu'on l'aurait bien jetée dans cet égout d'une prison, la belle innocente ! Oh ! laissez-moi descendre vite à la ville pour qu'on me la rende avant qu'elle ait été salie dans son âme par le contact avec ces malfaiteurs et ces bourreaux !

—Arrêtez-vous, femme, arrêtez-vous quelques jours comme je me suis arrêté moi-même après avoir entendu, de peur de dévoiler prématurément un mystère qui contient peut-être le salut de vos deux enfants.

CCXVI.

—Oui, j'ai pensé en moi-même : ne disons rien ;

qu'il nous suffise de soupçonner qu'elle est là; que son cousin n'y est probablement pas loin d'elle; que le bon Dieu, en permettant ce rapprochement, a peut-être un dessein de bonté sur le pauvre prisonnier comme sur vous-mêmes, et attendons que le mystère s'explique avant d'y mêler nos indiscrètes curiosités et nos mains moins adroites que celles de l'amour innocent !

Car je suis vieux, voyez-vous, mes braves gens, il y a longtemps que ma barbe est blanche; j'ai vu passer et repasser bien des nuages sur de beaux jours et ressortir bien de beaux jours des nuages, et j'ai appris qu'il ne fallait pas trop se presser, même dans ses bons desseins, de peur de les faire avorter en les pressant de donner leur fruit avant l'heure, car il y a des choses que Dieu veut faire tout seul et sans aide; quand nous voulons y mêler d'avance notre main il frappe sur les doigts, comme on fait aux enfants qui gâtent l'ouvrage de leur père ! Ainsi, faites comme moi : priez, croyez et prenez patience !

CCXVII.

Mais, tout en prenant patience, ajouta le sage frère quêteur, je n'ai pas pourtant perdu mon temps et toutes mes peines à Lucques et aux environs pendant la semaine.

Écoutez encore, et remettez-moi ces grimoires de papier, ces sommations et ces actes que Nicolas del Calamayo, le conseil, l'avocat et l'huissier de Lucques, vous a fait signifier l'un après l'autre pour vous déposséder du pré, de la grotte, des champs, des mûriers, de la vieille vigne et du gros châtaignier, au nom de parents que vous ne vous connaissiez pas dans les villages de la plaine du Cerchio ; c'était peut-être une mauvaise pensée qui me tentait l'esprit, ajouta le frère, mais, quand j'ai su la passion bestiale du chef des sbires pour votre belle enfant, sauvage comme une biche de votre forêt; quand j'ai appris qu'un homme si riche et si puissant dans Lucques vous avait demandé la main d'une fille de rien du tout, nourrie dans une cabane; quand on m'a dit que la petite l'avait refusé, et qu'à la suite de ce refus obstiné pour l'amour de vous et de son cousin, le sbire s'était présenté tout à coup et coup sur coup, muni de soi-disant actes endormis jusque-là, qui attribuaient, champ par champ, votre petit bien au chef des sbires, acquéreur des titres de vos soi-disant parents d'en bas, je n'ai pu m'empêcher d'entrevoir là-dedans des hasards bien habiles, et qui avaient bien l'air d'avoir été concertés par quelque officier scélérat de plume, comme il y en a tant parmi ces hommes à robe noire qui grignotent les vieux parchemins, comme des rats d'église grignotent la cire de l'autel.

Je suis allé trouver mon vieil ami de Lucques, le fameux docteur Bernabo, qui, quoique retiré de ses fonctions d'avocat du duc, donne encore des consultations gratuites aux pauvres gens de Lucques et des villes voisines. Il me connaît depuis quarante ans pour avoir été quêter toutes les semaines à sa porte, et pour m'avoir toujours donné autant de bonnes grâces pour moi que de bouteilles de vin d'*Aleatico* pour le monastère.

Je lui ai demandé la faveur de l'entretenir après

son audience, en particulier; quand le monde a été dehors de sa bibliothèque, je lui ai demandé, à voix basse, s'il pouvait me donner des renseignements aussi secrets qu'en confession sur un certain scribe attaché au tribunal de Lucques, nommé Nicolas del Calamayo.

—Eh quoi! m'a-t-il répondu en riant et en me regardant du capuchon aux sandales, frère Hilario, est-ce que vous avez attendu vos quatre-vingts ans pour déserter la piété et l'honneur, et pour avoir besoin, dans quelque mauvaise affaire, d'un mauvais conseil ou d'un habile complice?

—Pourquoi me dites-vous cela? ai-je répondu au docteur Bernabo, qui ne rit pas souvent.

—Mon brave frère Hilario, m'a-t-il répliqué très-sérieusement alors, c'est qu'on ne se sert de ce drôle de Nicolas del Calamayo que quand on a un mauvais coup de justice à faire ou une mauvaise cause à justifier par de mauvais moyens.

—Et le chef des sbires de Lucques, son ami? ai-je poursuivi, en sondant toujours la conscience du docteur Bernabo.

—Le chef des sbires, m'a-t-il répondu, n'est pas

un coquin aussi accompli que son ami Nicolas del Calamayo : l'un est le serpent, l'autre est l'oiseau que le serpent fascine et attire dans la gueule du vice.

Le chef des sbires n'est qu'un homme léger, débauché et corrompu, qui ne refuse rien à ses passions quand on lui offre les moyens de les satisfaire, mais qui, de sang-froid, ne ferait pas le mal si on ne lui présentait pas le mal tout fait. Vous savez que ce caractère-là est le plus commun parmi les hommes légers; leur conscience ne leur pèse pas plus que leur cervelle, et ce qui leur fait plaisir ne leur paraît jamais bien criminel.

Tel est, en réalité, le chef des sbires; son plus grand vice, c'est son ami Nicolas del Calamayo !

—Eh bien! seigneur docteur, dis-je alors à Bernabo, je vais vous exposer une affaire grave et compliquée dans laquelle le chef des sbires a un intérêt, et Nicolas del Calamayo, les deux bras jusqu'aux coudes.

—Je vous écoute, dit Bernabo.

Je lui ai raconté alors le hasard qui fit rencontrer la belle Fior d'Aliza par le sbire en société de son ami

Nicolas del Calamayo : la demande, le refus, l'entêtement du sbire, l'obstination de la jeune fille, puis la dépossession, pièce à pièce, par les soins du procureur Nicolas del Calamayo, au moyen d'actes présentés par lui à la justice, actes revendiquant pour des parents, au nom d'anciens parents inconnus dont le sbire avait acheté les titres, tout le petit héritage de vos pères et de vos enfants.

En m'écoutant, le vieux docteur en jurisprudence fronçait le sourcil et se pinçait les lèvres avec un sourire d'incrédulité et de mépris qui montrait assez ce qui se passait dans son âme.

—Avez-vous sur vous ces pièces? me dit Bernabo.

—Non, répondis-je.

—Eh bien ! apportez-les-moi la première fois que vous descendrez du monastère à la ville ; je vous en rendrai bon compte après les avoir examinées, et si elles me paraissent suspectes dans leur texte, comme elles le sont déjà à mes yeux dans leurs circonstances, rapportez-vous-en à moi pour faire une enquête secrète et gratuite chez les prétendus parents ou ayants droit de votre pauvre aveugle. La meilleure charité à faire aux braves gens, c'est de démasquer un coquin comme ce Nicolas del Calamayo avant de mourir, et de lui arracher des ongles ses victimes.

Allez, frère Hilario, et mettez-vous seulement un sceau de silence sur votre barbe ; qui sait si, en sauvant le patrimoine de ces pauvres gens, nous ne parviendrons pas aussi à découvrir quelque embûche tendue à la vie du criminel, peut-être innocent, qu'on va juger sur de si vilaines apparences !

CCXVIII.

Le frère termina son récit en prenant les pièces dans l'armoire.

—Ah ! que nous font les biens, la vigne, le pré, le châtaignier, la maison même, nous écriâmes-nous, ma belle-sœur et moi. Qu'on prenne tout, qu'on nous jette tout nus dans le chemin, mais qu'on nous rende nos deux pauvres innocents !

—Résignez-vous à la volonté de Dieu, quel que soit le sort d'Hyeronimo, nous dit-il en s'en allant ;

je monte au monastère pour instruire le prieur de votre angoisse et du motif de mes absences. Je lui demanderai de séjourner à la ville autant que ma présence pourra être utile au prisonnier pour ce monde ou pour l'autre; je remonterai jusqu'ici dès que j'aurai une bonne ou une mauvaise nouvelle à vous rapporter d'en bas; ne cessez pas de prier.

—Ah! répondîmes-nous tout en larmes, si nous cessions de prier nous aurions donc cessé de trembler ou d'espérer pour la vie de nos enfants, nous aurions bien plutôt cessé de vivre!

CCXIX.

Il s'en alla, et nous entendîmes, pendant la nuit suivante, son pas lourd, lent et mesuré, qui faisait rouler les cailloux sur le sentier en redescendant du monastère vers la ville.

Nous restâmes douze grands jours sans le voir remonter et sans rien apprendre de ce qui se passait en ville. Hélas! il craignait sans doute de nous informer trop tôt de la condamnation sans remède de Hyeronimo ; mais chaque heure de silence nous paraissait le coup de la mort pour tous les quatre! Voilà tout, monsieur.

CHAPITRE VIII

CCXX.

—A toi, maintenant, dit l'aveugle à Fior d'Aliza, raconte à l'étranger ce qui s'était passé dans la prison pendant cette lugubre agonie de nos deux âmes dans la cabane.

—Voilà, monsieur, reprit naïvement la belle *sposa*, après avoir retiré le sein à son nourrisson qui s'était endormi sur la coupe.

Le lendemain du jugement à mort, comme je vous ai dit, le bourreau vint avec les hommes noirs au cachot. Ils portaient des outils, des grands ciseaux et des charbons rouges, comme s'ils avaient voulu supplicier un saint Sébastien ; mais ce n'était pas cela, au contraire ; le bourreau coupa l'anneau de fer qu'il avait rivé les premiers jours à la chaîne scellée dans le mur ; il fit fondre le plomb qui rivait le clou des menottes aux poignets et les entraves aux pieds ; il laissa le prisonnier libre de tous ses membres ; il ouvrit la deuxième grille de fer qui rétrécissait de la moitié son cachot ; il ouvrit de même une petite porte basse toute en plaques de tôle qui donnait accès par un corridor souterrain, étroit, surbaissé et sombre, dans la petite chapelle des condamnés à mort.

Cette chapelle, pas plus large que notre cabane, faisait partie des cloîtres par le côté de la cour ; par le côté opposé, derrière l'autel, elle recevait le jour par une fenêtre haute qui ouvrait sur des jardins plantés de légumes et sur un petit verger d'oliviers où les blanchisseuses de la ville étalaient le linge après l'avoir lavé dans un canal du Cerchio.

Ces vergers et ces potagers, déserts pendant la nuit, étaient bornés par le rempart de Lucques ; il n'y avait, sous ce rempart, qu'un étroit passage pour laisser le canal des lavandières rejoindre dans la campagne le lit sinueux du Cerchio.

J'avais vu tout cela du haut d'une échelle, en balayant avec une tête de loup le plafond de la chapelle et les vitraux peints qui garnissaient la fenêtre. Ces vitraux représentaient le supplice du bon malfaiteur dans Jérusalem, demandant pardon au Christ sur sa croix, qui lui promet le paradis. La fenêtre était si étroite, qu'une grosse barre de fer scellée en bas et en haut dans la pierre de taille, derrière le vitrail, suffisait pour empêcher un regard même d'y passer. Les murs avaient deux brasses d'épaisseur; ils étaient construits de blocs de marbre noir aussi lourds que nos rochers, pour que les condamnés à mort qu'on y abandonnait seuls avec Dieu ne pussent pas songer seulement à s'évader. Un confessionnal et un banc de bois noir étaient les seuls meubles de l'oratoire. Un capucin venait tous les matins, à l'aube du jour, dire la messe pour tous les prisonniers; ils l'entendaient, à travers la porte ouverte, chacun, de sa lucarne ouvrant sous le cloître; cela les consolait de voir et d'entendre qu'on priait du moins pour eux; c'était moi qui servais la messe du capucin, armée d'une petite sonnette de cuivre qu'on m'avait appris à sonner à l'élévation; c'était moi qui lui versais le vin et l'eau des burettes dans le calice. Quand il avait fini, on fermait la porte de l'oratoire en dehors avec de gros verrous et un cadenas ; moi seule, comme porte-clefs, je pouvais y entrer quelques moments avant la messe du lendemain pour allumer les deux petits cierges, remettre de l'huile dans la lampe, et du vin et de l'eau dans les burettes du vieux prêtre à moitié aveugle.

CCXXI.

Ah ! ce fut un beau moment, ma tante, que celui où, du haut de ma chambre, dans ma tour, j'entendis le *bargello* conduire lui-même le forgeron au cachot, et où les coups de marteau qui descellaient les fers du prisonnier retentirent dans le cloître et jusqu'à ma fenêtre. Je tombai sur mes deux genoux devant la lucarne pour remercier Dieu de ce qui était pourtant un signe de mort, et je me dis en moi-même : Voilà qu'on lui rend ses membres, à toi maintenant de lui rendre la liberté et la vie !

CCXXII.

Quand tout fut rentré dans le silence ordinaire du cloître, et que le *bargello* en fut sorti avec le forgeron et les hommes noirs de la justice, j'y entrai sans bruit avec la provende et les cruches d'eau des prisonniers; je ne fus pas lente, croyez-moi, à distribuer à chacun sa portion, à ouvrir et à refermer leurs grilles; les pieds me brûlaient de courir au cachot de votre enfant. Il se tenait encore tout au fond, debout sur sa paille, de peur de se trahir en se précipitant trop vite vers moi; mais, quand j'eus ouvert sa grille d'une main toute tremblante, il bondit comme un bélier du fond de l'ombre, il me prit dans ses bras et m'étouffa contre son cœur, où je me sentais mourir et où je restai longtemps sans que lui ni moi nous pussions proférer une seule parole; lui baisait mes cheveux, moi ses mains, tels que nous nous serrions, vous et moi, ma tante, quand, après une longue absence dans les bois après mes chèvres, je revenais le soir plus tard que vous ne m'attendiez sous le châtaignier.

Quand nous nous fûmes bien embrassés et bien arrosés de nos pleurs, sans pouvoir parler pour avoir trop à nous dire, je passai mon bras droit autour de son cou, lui son bras autour du mien, et il commença à me dire :

—Que font-ils là-haut?

—Je m'en fie au bon Dieu et au père Hilario, leur ami, répondis-je.

—Que je t'ai coûté de tourments et à eux, reprit-il, ma pauvre Fior d'Aliza! hélas! et que je vous en coûterai bien d'autres quand se lèvera le matin où nous devrons nous séparer pour jamais!

—Qu'est-ce que tu dis donc, repliquai-je, en cachant mon front dans sa veste où pendait encore un reste de sa chaîne, n'est-ce pas moi qui te coûte la prison et la vie? N'est-ce pas pour l'amour de moi que tu as saisi le tromblon à la muraille et tiré ce mauvais coup pour venger mon sang sur ces brigands?

Mais non, non, tu ne mourras pas pour moi, continuai-je, ou bien je mourrai avec toi moi-même!

Mais nous ne mourrons ni toi ni moi, si tu veux écouter mes conseils.

CCXXIII.

Alors je lui montrai la lime de la *sposa* du galérien cachée entre ma veste et ma chemise ; je lui indiquai du doigt la petite porte basse encore fermée, qui menait du fond de son cachot dans le couloir de la chapelle.

—C'est par là, lui dis-je, le visage tout rayonnant d'assurance (car l'amour ne doute de rien), et c'est par là qu'ils croient te mener à la mort, et c'est par là que je te mènerai à la vie.

Je n'en dis pas plus ce jour-là sur les moyens que je rêvais pour sa délivrance; il me pressa en vain de lui tout expliquer :

—Non, non, ne me le demande pas encore, répondis-je, car si tu savais tout d'avance, tu refuserais peut-être encore ton salut de mes mains, ou bien tu pourrais le laisser échapper dans l'oreille des prêtres qui vont venir pour te résigner peu à peu à ton supplice. Il vaut mieux te mettre la clef en main sans savoir comment on la forge; c'est à toi de te fier à moi, et c'est à moi d'être ton père et ta mère, puisque je les remplace seule ici.

—Oh! me dit-il en me serrant les mains et en les élevant dans les siennes vers la voûte du cachot, je le veux bien ; tu es mon père et ma mère sous la figure de ma sœur, mais tu es bien plus encore, car tu es moi aussi, et plus que moi, ajouta-t-il, car je me donnerais mille fois moi-même pour te sauver une goutte de tes yeux seulement.

Il me dit alors des choses qu'il ne m'avait jamais dites et que je ne comprenais que par le tremblement de sa voix et par le froid de sa main sur mon épaule, mais des choses si douces à entendre, à voir, à sentir, que je ne pouvais y répondre que par des rougeurs, des pâleurs et des soupirs qui paraissaient lui faire oublier tout à fait sa mort, comme tout cela me faisait oublier la vie ! On eût dit qu'une muraille venait de tomber entre lui et moi et que nous nous parlions en nous reconnaissant pour la première fois. Oh! que j'oubliais la prison, l'échafaud, le supplice et tout au monde, et que je bénissais à part moi ce malheur qui lui arrachait cette confession forcée de son cœur qu'il n'aurait peut-être jamais ouvert en liberté et au soleil.

CCXXIV.

Je ne sais pas combien durèrent tantôt ces entretiens, tantôt ces silences entre nous ; mais nos deux cœurs étaient devenus si légers depuis que nous les avions soulagés involontairement du secret de notre amour, que nous aurions marché au supplice la main dans la main, allègrement et sans sentir seulement la terre sous nos pieds ! Ce que c'est que l'amour cependant, une fois qu'on a compris qu'on s'aime et qu'on découvre tout étonnée dans le cœur d'un autre le même secret qu'on se cachait à soi-même, et que ces deux secrets n'en font plus qu'un entre deux !

Il paraissait aussi enivré du peu que je lui disais par mes mots entrecoupés, par mon front baissé, par mon agitation, que je l'étais moi-même, seulement par le son timide de sa voix.

CCXXV.

L'heure, qui sonna midi au cadran de la tour, nous rappela à peine que le temps comptait encore pour nous, car nous nous croyions vraiment dans le temps qui ne compte plus, dans l'éternité.

—Adieu! lui dis-je en retirant ma main de la sienne ; voici ce qu'il faut faire, vois-tu, Hyeronimo : il faut penser à ta chère âme comme un homme qui va mourir, bien que nous ne mourrons pas, je le crois fermement. Parmi tous ces moines, ces pénitents et ces prêtres qui vont venir tous les jours pour t'exhorter et te préparer à la mort par les sacrements, il faut dire que tu préfères les frères de l'ordre des Camaldules, qui t'ont enseigné la religion dans ton enfance, et que tu serais plus résigné et plus content si l'on pouvait t'accorder pour confesseur le vieux frère Hilario, du couvent de la montagne, dont tu as l'habitude, et qui daignera bien descendre pendant quelques semaines à Lucques pour adoucir tes derniers moments ; le *bargello* m'a dit qu'on ne refusait rien aux condamnés de ce qui peut leur ouvrir le paradis en sortant de la prison ; la présence de cet ami de la cabane dans ton cachot et dans la ville de Lucques, où il est connu et aimé, qui sait ? pourra peut-être intéresser pour toi les braves gens ; et qui sait encore s'il ne pourra pas arriver jusqu'à monseigneur le duc et t'obtenir la grâce de la vie ? Quand le *bargello* va venir te visiter ce matin avec les pénitents noirs et les frères de la Miséricorde, dis-leur ton désir d'obtenir ici la présence du frère Hilario, le vieux quêteur des Camaldules de San Stefano. Le bon Dieu fera le reste ; nous saurons par lui des nouvelles de nos pauvres parents ; je me ferai connaître de lui avec confiance, il ne me trahira pas de peur de t'enlever ta dernière consolation jusqu'à l'heure suprême ; nous lui ferons transmettre nos propres messages à la cabane, il empêchera ta mère et mon père de désespérer, et, si nous devons mourir, soit l'un ou l'autre, soit tous les deux, il les soutiendra dans leur misère et dans leurs larmes.

CCXXVI.

Tout ainsi convenu, je me retirai de la cour; les confréries de la Sainte-Mort, introduites par le *bargello*, ne tardèrent pas à y entrer avec lui. Hyeronimo, après avoir écouté leurs exhortations au repentir et leurs offres de prières, leur répondit, avec reconnaissance, que le seul service qu'il eût à implorer d'eux, c'était la visite et les consolations du frère Hilario, qu'à lui il se confesserait, mais à aucun autre, et que s'ils voulaient son salut dans l'autre vie, c'était le seul moyen de le décider au repentir de ses fautes et à l'acceptation de son supplice.

Ils lui promirent d'envoyer un messager au monastère pour demander au supérieur de faire descendre le vieux camaldule et de l'autoriser à demeurer dans un autre couvent de la ville, ou même dans la prison, jusqu'au jour de la mort du meurtrier des sbires.

CCXXVII.

Le lendemain, avant le soleil levé, on frappa à la porte de la prison, c'était le frère Hilario; le *bargello* l'introduisit dans la cour et dans le cachot d'Hyeronimo, et les laissa seuls ensemble dans la chapelle.

J'avais eu soin de ne pas me montrer, de peur qu'une exclamation du bon frère quêteur ne révélât involontairement ma ruse et ma personne au *bargello*. Quand je redescendis de ma tour dans le préau pour mon service, Hyeronimo avait eu le temps de prévenir le moine de ma présence.

—Je le savais, lui dit notre saint ami, la zampogne que j'avais entendue au sommet de la tour de la prison m'avait révélé la présence de Fior d'Aliza derrière ces grilles; seulement j'ignorais par quel artifice la pauvre innocente avait pu s'introduire si près de toi. Rassure-toi, avait-il ajouté, je ne serai pas plus dur que la Providence, je ne séparerai pas avant la mort ceux qu'elle a réunis; je ne ferai rien connaître au *bargello* ni à sa femme de votre secret;

il est peut-être dans les desseins de cette Providence.

Après avoir parlé ainsi et prié un moment avec Hyeronimo dans l'oratoire, le saint prêtre en sortit, et, me rencontrant sous le cloître, il me donna son chapelet à baiser, et il me le colla fortement sur les lèvres comme pour me dire : Silence !

Je me gardai bien, à cause des autres prisonniers, d'avoir l'air de connaître le frère quêteur. Je restai longtemps à genoux, pleurant tout bas contre la muraille, après qu'il fût sorti du cloître. Il s'en alla demander asile à un couvent voisin de son ordre, promettant à la femme du *bargello* de revenir tous les matins dire la messe, et tous les soirs donner la bénédiction au jeune criminel.

CCXXVIII.

Quand il fut sorti, j'entrai dans le cachot sous l'apparence de mon service.

Hyeronimo me dit à son aise que le moine ne m'avait pas blâmée de ma ruse, qu'il ne la trahirait pas jusqu'après sa mort ; qu'il avait un faible espoir d'obtenir, non sa liberté, mais sa vie de monseigneur le duc, si ce prince, qui était à Vienne en Autriche, revenait à Lucques avant le jour marqué dans le jugement pour l'exécution ; mais que si, malheureusement, le duc retardait son retour dans ses États, personne autre que le souverain ne possédait le droit de grâce, et qu'il n'y avait qu'à accepter la mort de Dieu, comme il en avait accepté la vie ; que, dans cette éventualité terrible, le père Hilario le confesserait au dernier moment, lui donnerait le sacrement et ne le quitterait pas même sur l'échafaud, jusqu'à ce qu'il l'eût remis pardonné, sanctifié et sans tache, entre les mains de Dieu.

Hyeronimo, en me racontant cela sans pleurer, me dit qu'une seule chose lui coûtait trop pour qu'il pût jamais se résigner à mourir sans désespoir et sans soif de vengeance contre le chef des sbires, son véritable assassin, et que cette chose (ici il hésita et il fallut pour ainsi dire l'arracher parole par parole de ses lèvres), c'était de mourir sans que nous eussions été, lui et moi, mariés ou tout au moins, ne fût-ce qu'un jour, fiancés sur la terre, puisque, selon la croyance de notre religion et selon la parole des moines de la montagne, les âmes qui avaient été unies indissolublement ici-bas par la bénédiction des fiançailles ou du mariage, étaient à jamais unies et inséparables dans le ciel comme sur la terre, dans l'éternité comme dans le temps !

En disant cela, il se cachait le visage entre ses deux mains, et on voyait de grosses larmes glisser entre ses doigts et tomber sur la paille comme des gouttes de pluie.

Je ne pus pas y tenir, ma tante, et je collai mes lèvres sur ses doigts qui me cachaient son visage.

—Je ne savais pas cela, mon cousin, lui dis-je, enfin, en lui desserrant ses doigts mouillés du visage pour voir ses yeux ; je ne croyais pas que, quand on s'aimait dans ce monde, on pouvait jamais cesser de s'aimer dans l'autre, lui dis-je en pleurant à mon tour ; est-ce qu'on a donc deux âmes ? une pour la terre, une pour le ciel ? une pour le temps, une pour l'éternité ? Quant à moi, je ne m'en sens qu'une, et elle a toujours été autant dans ta poitrine que dans la mienne ; l'idée de voir, de penser, de respirer seulement sans toi, ici ou là, ne m'est jamais venue.

Il me serra encore plus étroitement contre lui-même.

—Mais, puisque c'est ainsi et que tu le crois, toi qui es plus savant que moi, je le veux autant que toi, repris-je, plus que toi encore, car toi tu pourrais bien peut-être vivre ici ou dans le paradis sans moi, mais moi je ne pourrais ni respirer seulement dans ce monde, ni sentir le paradis dans l'autre, si j'étais séparée de toi ! Ainsi, ne vivons pas, ô mon frère ! ne mourons pas sans avoir échangé deux anneaux de fiançailles ou de mariage que nous nous rendrons après la mort pour nous reconnaître entre toutes ces âmes qui habitent là-haut, dans le bleu, au-dessus des montagnes. Oh ! Dieu, que deviendrions-nous si nous venions à nous perdre dans cet infini où tu me chercherais éternellement, comme dit l'histoire de Francesca de Rimini.

CCXXIX.

—Mais quel moyen ? me dit-il en se désespérant et en ouvrant ses deux bras étendus en croix derrière lui, tel qu'un homme qui tombe à la renverse.

Je songeai un peu, puis je lui dis :

—Je crois que j'en sais un !

—Et lequel? s'écria-t-il en se rapprochant de moi comme pour mieux entendre.

—Rien que la vérité, répondis-je. Dis au père Hilario, ton confesseur, et qui donnerait son sang pour ton salut, ce que tu viens de me dire, dis-lui que tu mourras dans l'impénitence finale et dans le désespoir sans pardon, si, avant de mourir, tu n'emportes pas la certitude de mourir inséparable de moi après cette vie, et de vivre *sposo e sposa* dans le paradis, puisque nous n'avons pu vivre ainsi dans ce monde, et que, pour t'assurer que le paradis ne sera pour nous deux qu'une absence et qu'une attente de quelques années d'un monde à l'autre, il faut que nous ayons été époux, ne fût-ce qu'un jour dans notre malheur. Jure-lui, par ton salut éternel, que, sans cette charité de sa part, il sera responsable à Dieu de la perdition de nos deux âmes, de la tienne par la vengeance que tu emporteras dans l'éternité contre nos ennemis les sbires ; de la mienne, par le désespoir qui me fera maudire à jamais la Providence à laquelle je ne croirais plus après toi ! Il est bon, il est saint, il nous aime, il risquera sa vie même pour nous sauver. Il consentira, par vertu, à nous fiancer secrètement pour le paradis avant le jour de ton supplice (si ce jour fatal doit jamais luire !), ou à nous fiancer pour ce monde, si tu parviens à t'enlever par la fuite à tes bourreaux !...

CCXXX.

Cette idée parut l'enlever d'avance à la nuit du cachot et le transporter tout éblouissant d'espérance au ciel ; je crus voir dans sa figure rayonnante un de ces anges Raphaël du cloître de Pise, qui éclairent, de la lumière de leur visage et de leurs habits, la nuit de la Nativité à Bethléem.

—Je n'aurai pas de peine à suivre ton idée, me dit-il en nous séparant, car ce ne sera que la vérité que je dirai au père Hilario, en parlant comme tu viens de dire. Voici l'heure à laquelle il vient m'entretenir de Dieu, après la bénédiction de l'*Ave Maria* (sept heures du soir), je vais lui révéler notre amour et lui arracher son consentement, si Dieu l'inspire de nous l'accorder. Tiens la fenêtre de ta lucarne ouverte, et prie Dieu pour notre salut, contre les vitres; si tu ne vois rien venir avant la nuit sur le bord de la tour, c'est qu'il n'y aura point d'espoir pour nous, et que je n'aurai point pu fléchir le frère ; mais, si je suis parvenu à le fléchir ou à l'incliner seulement à notre union avant la mort, je lâcherai la colombe, et elle ira, comme celle de l'arche, te porter la bonne nouvelle avant la nuit : une paille de ma couche, attachée à sa patte, sera le signe auquel tu reconnaîtras qu'il y a une terre ou un paradis devant nous.

CCXXXI.

Je montai précipitamment à la tour, avant le moment où le *bargello* allait ouvrir l'oratoire au camaldule et la grille intérieure au prisonnier, et je priai avec tant de ferveur la Madone et les saints, à genoux devant la lucarne, que je ne sentis plus couler le temps, et que la sueur de mon front avait mouillé la pierre comme une gouttière, avant que le bruit des ailes de la colombe contre la vitre me fît tressaillir et relever le front.

Quel bonheur! L'oiseau apportait à sa patte un long brin de paille reluisant comme l'or d'une feuille de maïs au soleil! Je dénouai le brin de paille, je le baisai cent fois convulsivement, je le cachai dans ma poitrine, je baisai les ailes de l'oiseau, je lui donnai à becqueter tant qu'il voulut dans ma main et sur ma bouche remplie de graines fines, puis je détachai de mon corsage un fil bleu, couleur du paradis, j'en fis un collier à l'oiseau, et je le laissai s'envoler vers la lucarne du cloître, où l'attendait son ami le meurtrier!

CCXXXII.

Mais quand ce message muet eut été ainsi échangé entre nous, je ne pus contenir toute ma joie en moi-même, je saisis toute joyeuse la zampogne suspendue au dossier de mon lit ; sans y chercher aucun air de suite, je lui fis rendre en désordre toutes les notes éparses et bondissantes qui répondaient, comme un écho ivre, à l'ivresse désordonnée de ma propre joie : cela ressemblait à ces hymnes éclatantes que l'orgue de San Stefano jette, parfois, les jours de grande fête, à travers l'encens du chœur, et qui sont comme le *Te Deum* de l'amour! Ce fut si fort et si long, monsieur, que le *bargello* me dit le lendemain :

—Tu as donc bien peu de cœur, Antonio (c'est ainsi qu'il m'appelait), tu as donc bien peu de cœur de jouer des airs si gais aux oreilles de ces pauvres gens des loges qui pleurent leurs larmes devant Dieu, et surtout aux oreilles de l'homicide qui compte ses dernières heures sur la paille de son cachot!

CCXXXIII.

Je rougis, comme si, en effet, j'avais commis une malséance de bon cœur, je baissai les yeux et je me tus.

Dans la journée, je ne voyais que l'heure de vi-

siter Hyeronimo pour savoir de lui les résultats de
sa confidence au père Hilario. Je ne pus approcher
de son cachot qu'à la nuit tombante, après l'office
du soir, que le vieux prêtre était venu réciter dans
l'oratoire des prisonniers. Le *bargello* et sa femme
étaient venus y assister par dévotion et par charité
d'âme avant de remonter dans leur chambre, en me
laissant le soin d'éteindre les cierges et de tout ranger
dans le cloître avant de me coucher. Le *piccinino*
dormait déjà d'un sommeil d'enfant, dans le petit
lit qu'on lui avait fait dans sa niche, à côté des gros
chiens, sous les premières marches de l'escalier.

CCXXXIV.

Hyeronimo, cette fois, me parut plus fou de joie
mal contenue que je ne l'étais moi-même ; il courait
et ressautait autour de son cachot, comme un bélier
quand il voit entrer dans l'étable la bergère qui va
lui ouvrir la porte des champs ; il voulut m'embrasser sur le front comme les autres jours, je me
dérobai.

—Non, non, dis-je, raconte-moi d'abord tout ce qui s'est passé entre le père et toi ! Nous aurons bien le temps de nous aimer après ! Qu'est-ce que tu as dit ? qu'est-ce qu'il a répondu ?

—Eh bien ! reprit Hyeronimo, je n'ai pas eu de peine à amener l'entretien où tu m'avais conseillé de le conduire ; car de lui-même, en me revoyant si pâle et si morne, il m'a demandé de lui ouvrir mon cœur comme je lui avais ouvert ma conscience, et de bien lui dire s'il me restait devant le Seigneur aucun mauvais levain de vengeance contre ceux qui avaient causé par malice ma faute et ma mort, si funeste et si prématurée ?

Alors je lui ai tout dit, juste comme tu m'avais dit toi-même, et je me suis montré incapable de pardonner jamais dans le fond du cœur, ni dans ce monde, ni dans l'autre, à ceux qui m'avaient séparé de toi et toi de moi, à moins d'avoir la certitude en mourant que tu ne serais jamais à un autre sur la terre et que je serais éternellement ton fiancé dans le paradis.

Il m'a bien grondé de ces sentiments, qui lui ôtaient tout droit de m'absoudre avant la dernière heure, puisqu'il ne pouvait, au nom du Christ, pardonner à ceux qui n'avaient pas pardonné; il m'a bien prêché, bien tourné et retourné de toutes les façons pour me faire désavouer ma haine et ma vengeance ; mais c'était comme s'il avait parlé à la pierre du mur ou au fer de la grille : j'ai été inexorable dans ma résolution d'emporter mon ressentiment dans mon âme, à moins d'emporter dans l'autre monde l'anneau du mariage qui nous unirait au moins dans l'éternité.

Il a paru réfléchir en lui-même longtemps, comme un homme qui doute sans rien dire; puis, en se levant pour s'en aller :

—Me promettez-vous, m'a-t-il, si cette grâce du mariage *in extremis* avec celle que vous aimez plus que le ciel et qui vous aime plus que sa vie vous est accordée, me promettez-vous d'embrasser le chef des sbires de bon cœur, et de bénir vos bourreaux, au lieu de maudire en mourant vos ennemis?

—Oui, mille fois oui, me suis-je écrié, ô mon père! et je le ferai de bon cœur encore, car ne devrai-je pas plus de bonheur que de malheur à ceux qui m'auront donné ainsi une éternité avec

Fior d'Aliza pour quelques misérables années sur la terre !

CCXXXV.

—Eh bien ! m'a-t-il dit alors, tranquillisez votre pauvre âme malade, mon cher fils, ce que vous demandez est bien difficile, impossible à obtenir des hommes peut-être, mais Dieu est plus miséricordieux que les hommes, et celui qui a emporté la brebis égarée sur ses épaules ramène au bercail l'âme blessée par tous les chemins. Je n'oserais prendre sur moi seul, sans l'aveu de mes supérieurs, sans le consentement de vos parents et sans la permission de l'évêque, d'unir secrètement deux enfants qui s'aiment dans un cachot, au pied d'un échafaud, et de mêler l'amour à la mort, dans une union toute sacrilége, si elle n'était toute sainte.

Mais si Dieu permet, pour votre salut éternel, ce que les hommes réprouveraient sans souci de votre âme ; si le Christ dit oui par l'organe de ses ministres, qui sont mes oracles, soyez certain que je ne dirai pas non, et que j'affronterai le blâme des hommes pour porter deux âmes pures à Dieu !

Je vais d'abord consulter l'évêque aussi rempli de charité que de lumière, je monterai ensuite à San Stefano pour obtenir les dispenses de mes supérieurs ; je confierai ensuite à votre mère et au père de Fior d'Aliza, la mission sacrée dont je suis chargé auprès d'eux ; j'obtiendrai facilement pour eux l'autorisation d'entrer avec moi dans votre prison, pour recevoir les derniers adieux du condamné, et pour ramener leur fille et leur nièce, veuve avant d'être épouse, dans leur demeure ; préparez-vous par la pureté de vos pensées, par la vertu de votre pardon à l'union toute sainte que vous désirez comme un gage du ciel, et surtout ne laissez rien soupçonner ni au *bargello* ni à ceux qui vous visiteront par charité, du mystère qui s'accomplira entre l'évêque, vous, votre cousine, vos parents et moi ; les hommes de Dieu peuvent seuls comprendre ce que les hommes de la loi ne sauraient souscrire ! Vous nous perdriez tous, et vous, hélas ! le premier.

A ces mots, il m'a béni et j'ai baisé ses sandales.

Voilà, mot à mot, les paroles du père Hilario ; mais j'ai bien vu à son accent et à son visage qu'il avait plus de confiance que de doute sur le succès de sa confidence à l'évêque et à ses supérieurs, et que mon désir était déjà ratifié dans sa pensée.

CCXXXVI.

Nous passâmes ainsi ensemble ce soir-là, et tous les autres, de longs moments qui ne nous duraient qu'une minute, parlant de ceci, de cela, de ce que faisaient ma tante et mon père sous le châtaignier, de ce que nous y ferions nous-mêmes si jamais nos angoisses venaient à finir, soit par la grâce de monseigneur le duc, soit par la fuite que nous imaginions ensemble dans quelque pays lointain, comme Pise, les Maremmes, Sienne, Radicofani ou les Apennins de Toscane ; il se livrait avec délices à cette idée de fuite lointaine, où je serais tout un monde pour lui, lui tout un monde pour moi ; où nous gagnerions notre vie, lui avec ses bras, moi avec la zampogne ; et où, après avoir amassé ainsi un petit pécule, nous bâtirions, sous quelque autre châtaignier, une autre cabane que viendraient habiter avec nous sa vieille mère et mon pauvre père aveugle, sans compter le chien, notre ami Zampogna, que nous nous gardions bien d'oublier ; mais, cependant, tout en ayant l'air de partager ces beaux rêves, pour encourager Hyeronimo à les faire, je me gardais bien de dire toute ma pensée à mon amant, car je savais bien que je ne pourrais assurer son évasion sans me livrer à sa place, à moins de perdre le *bargello* et sa brave femme, qui avaient été si bons pour moi, et que je ne voulais à aucun prix sacrifier à mon contentement, car les pauvres gens répondaient de leurs prisonniers âme pour âme, et le moins qu'il pouvait leur arriver, si je me sauvais avec Hyeronimo, c'était d'être expulsés, sans pain, de leur emploi qui les faisait vivre, ou de passer pour mes complices et de prendre dans le cachot la place du meurtrier et de leur porte-clefs.

Cela, monsieur, vous ne l'auriez pas voulu faire, n'est-ce pas? car cela n'aurait été ni juste, ni reconnaissant ; le mal pour le bien, est-ce que cela se doit penser seulement? Et puis, faut-il tout vous dire? j'avais encore une autre raison de tromper un peu Hyeronimo sur ma fuite avec lui hors de la ville : c'est que je ne pouvais lui donner le temps d'assurer sa fuite qu'en amusant quelques heures ses ennemis et en leur livrant une vie pour une autre ; or, peu m'importait de mourir, pourvu que lui il vécût pour nourrir et consoler mon père et ma tante.

Qu'est-ce donc que j'étais en comparaison de lui, moi? deux yeux pour pleurer? Cela en valait-il la peine? Non, j'avais mon plan dans mon cœur et il ne m'en coûtait rien de me sacrifier pour mon amant, puisque j'étais sûre qu'il viendrait me rejoindre dans le paradis.

CCXXXVII.

Les heures que nous passions ainsi deux fois par jour, seul à seul, à nous reconsoler et à rêver à deux dans notre cachot (car c'était vraiment autant le mien que le sien), étaient les plus délicieuses que j'eusse passées de ma vie; en vérité, j'aurais voulu que toutes les heures de notre vie fussent les mêmes, et que les portes de ce paradis de prison ne se rouvrissent jamais pour nous deux; quand on a ce que l'on aime, qu'est-ce donc que le reste? qu'un ennui.

J'aurais voulu que ces heures ne coulassent pas, ou bien que toutes nos heures passées et futures fussent contenues dans une de ces heures.

CCXXXVIII.

Mais, hélas! l'ombre du cloître n'en descendait que plus vite sur la cour, et les étoiles ne s'en levaient pas moins dans le coin du ciel qu'on apercevait du fond du cachot; il fallait nous séparer, coûte que coûte, de peur que ma veille dans la cour ne parût trop longue au *bargello;* sa femme et lui étaient bien contents de mon service; ils ne cessaient pas, les braves gens, de se féliciter de ma fidélité, de mon assiduité à mon devoir, et des soins que je prenais des prisonniers, des chiens et des colombes. Quel crime c'eût été de les livrer à la ruine et à la prison, en récompense de leur confiance? Ce n'était pas là ce que ma tante m'avait appris en me faisant répéter mon catéchisme.

CCXXXIX.

Au bout d'une demi-semaine, d'une attente si douce et cependant si inquiète, le frère Hilario revint de son couvent : il raconta à Hyeronimo que l'évêque et le prieur n'avaient pas balancé à lui accorder le consentement, l'autorisation, les dispenses ecclésiastiques, motivées sur le salut du meurtrier repentant, à qui le pardon et la résignation ne coûteraient rien s'il mourait avec le droit et la certitude de retrouver, dans le paradis des repentants, l'éternelle union avec celle qu'il aimait, union dans le temps, symbole de l'union de l'éternité bienheureuse.

— Je sais, lui avait dit l'évêque, que cette superstition pieuse est dans le pays de Lucques une opinion populaire que rien ne peut extirper dans les campagnes ; mais c'est la superstition de la vertu et de l'amour conjugal, utile aux mœurs; il n'y a aucun mal à y condescendre pour la fidélité des époux et surtout pour le salut des condamnés.

Le supérieur de San Stefano avait dit de même. Quant à la mère d'Hyeronimo et à mon père, comment auraient-ils hésité à donner un consentement à une union sainte de tout ce qu'ils aimaient sur la terre, surtout quand ils espéraient que cette union serait peut-être le gage de la grâce accordée à Hyeronimo et tout au moins de mon retour auprès d'eux, si l'iniquité des hommes le retenait en captivité après sa commutation de peine.

Muni de toutes ces autorisations, le père Hilario avait amené avec lui, à la ville, le père aveugle avec le chien qui le conduisait, et ma tante qui les précédait de quelques pas, pour éclairer de la voix les mauvais pas de la descente à son beau-frère.

Le père Hilario les avait conduits tous les deux, comme des mendiants sans asile qu'il avait rencontrés sur les chemins; il avait obtenu pour eux un coin obscur sous le porche du couvent de Lucques qu'il habitait lui-même; ils y recevaient la soupe qu'on distribuait deux fois par jour aux habitués de la communauté; sur leurs deux parts, ils en avaient prélevé une pour le petit chien à trois pattes de l'aveugle, le pauvre Zampogna. La petite bête semblait comprendre qu'il y avait un mystère dans tout cela, et, couché sur les pieds de son maître ou sur le tablier de ma tante, il les regardait avec étonnement et il avait cessé d'aboyer, comme il avait l'habitude de faire à notre porte, au passage des pèlerins.

CCXL.

—Prenez bien garde, avait dit à nos parents le père Hilario, de rien révéler ni au *bargello,* ni à sa femme, ni à personne du secret qui se passe entre Hyeronimo, Fior d'Aliza, vous et moi; un seul mot, un seul geste perdrait, non-seulement la vie, mais le salut même de votre cher enfant, s'il doit mourir.

Ma tante et mon père l'avaient bien promis; mais j'aime mieux laisser ma tante, à son tour, vous raconter ce qui s'était dit et ce qui se dit ensuite entre eux et Hyeronimo, quand ils se revirent, car je n'y étais pas, monsieur, le jour de la reconnaissance.

CHAPITRE IX

CCXLI.

La tante alors, au lieu de parler, se prit à pleurer à chaudes larmes, le visage caché dans son tablier.

— Pardonnez-moi, monsieur, me dit-elle enfin, rien qu'en y pensant je pleure toujours les yeux de ma tête.

Mettez-vous à nôtre place, pauvres vieux que nous étions, l'un privé de la lumière, l'autre de son mari, tous les deux de leurs chers enfants, leur unique soutien, lui allant chercher sa fille qui ne voudrait peut-être pas revenir tant elle aimait son cousin, moi allant revoir mon fils pour lui faire le dernier adieu au pied d'un échafaud ou tout au plus à la porte d'un bagne perpétuel, la plus grande grâce qu'il pût espérer, si monseigneur le duc revenait avant le jour fatal, et tous n'ayant pour appui dans une ville inconnue qu'un vieillard chancelant avec sa besace et son bâton, demandant pour eux l'aumône aux portes.

C'est pourtant comme cela que nous entrâmes à Lucques, monsieur, moi disant mon chapelet derrière le frère quêteur, et lui, en montrant mon beau-frère, marchant à tâtons derrière nous, guidé par son pauvre chien estropié.

Hélas! qu'aurait pensé mon pauvre défunt mari, s'il nous avait vus ainsi du haut de son paradis, lui qui m'avait laissée en mourant si jeune et si nippée, avec une si belle enfant au sein; son frère, avec ses deux yeux, riche d'un si beau domaine autour du gros châtaignier; son fils, riant dans son berceau auprès du foyer petillant des sarments de la vigne, honorés dans toute la montagne et faisant envie à tous les pèlerins qui montaient ou descendaient par le sentier de San Stefano?

Et maintenant, son fils condamné pour homicide, au fond d'un cachot, sur la paille, attendant le jour du supplice; son frère ayant perdu la lumière du firmament; moi, flétrie et pâlie par les soucis, loin de ma fille que j'allais retrouver sans qu'il me fût permis de l'embrasser seulement quand je la reverrais!

Tous nos biens passés dans les mains des hommes de loi, ruinés, mendiants, et, qui plus est, déshonorés à jamais dans la montagne par un homicide commis à notre porte, comme dans un repaire de brigands, bien que nous fussions honnêtes! Mais qui le savait, excepté Dieu et le moine? Voilà pourtant, monsieur, ce que nous étions devenus en si peu de temps, et comment nous entrions dans la ville de Lucques. Pourrais-je ne pas pleurer, quand j'y pense?

CCXLII.

Le lendemain du jour où le père Hilario nous avait déposés dans la niche obscure, sous l'escalier du couvent de Lucques, près de la prison où l'on servait la soupe des pauvres, il vint nous reprendre avec une permission du juge pour aller revoir tant que nous voudrions le condamné à mort dans sa prison, parce que nous étions sa seule famille; le *bargello* avait l'ordre de nous ouvrir la porte à toute heure du jour, pourvu que le confesseur de l'homicide, frère Hilario, fût avec nous.

C'est ainsi que nous entrâmes, tout tremblants de peur et de désir à la fois, dans la grande cour vide de la prison, où roucoulaient les colombes, qui semblaient pleurer comme nous et se parler d'amour comme nos deux enfants.

Le *bargello* et sa femme avaient eu l'égard de ne pas entrer avec nous et de refermer la porte derrière nous pour ne pas assister indiscrètement au désespoir d'un oncle et d'une mère qui venaient compter les dernières heures de leur enfant et de leur neveu.

Fior d'Aliza, avertie par le moine, avait eu le soin de ne pas s'approcher non plus trop près pour que nous ne nous jetassions pas follement, en nous revoyant, dans les bras les uns des autres; mais j'aperçus sa tête si belle et tout éplorée qui s'avançait, malgré elle, pour nous entrevoir de derrière un noir pilier du cloître, où elle se cachait bien loin de nous! Ah! que sa vue me fit peine et plaisir à la fois, monsieur! Je sentis fléchir mes jambes sous moi, et, sans l'épaule de mon frère, à laquelle je me retins, je serais tombée à terre; le petit chien Zampogna, qui l'avait reconnue avant nous, jappa de joie en voulant s'élancer vers elle, mais je le retins par sa chaîne, et nous fûmes bientôt devant la grille ouverte du cachot d'Hyeronimo.

CCXLIII.

Il nous attendait, le pauvre enfant; il se jeta, quand il nous vit, aux genoux de son oncle et de moi comme pour nous demander pardon de toutes les tribulations involontaires que l'ardeur de défendre sa cousine et nous avait fait fondre sur la maison. Son oncle pressait sa tête contre ses genoux chancelants d'émotion ; moi, je pleurais sans rien lui dire que son nom dans mes sanglots, en tenant sa main toute mouillée dans la mienne.

Le petit chien, qui avait reconnu son ami, secouait sa chaîne pour s'élancer sur Hyeronimo, jappait de toute sa joie, et, ne pouvant s'appuyer, pour le lécher, sur ses deux pattes, roulait sur nos jambes en recommençant toujours à s'élancer vainement, jusqu'à ce que Hyeronimo l'eût embrassé aussi, à son tour, en pleurant. Enfin, monsieur, c'était une désolation dans le cachot, où l'on entendait plus de sanglots et de jappements que de paroles.

A la fin, le père Hilario, n'y pouvant plus tenir lui-même, nous dit en pleurant aussi :

—Asseyez-vous sur cette paille et causez en paix, je vais m'écarter pendant tout le temps que vous voudrez, avant l'heure où l'on apporte la soupe aux prisonniers, et, pour que vous puissiez voir du moins celle à laquelle la prudence vous interdit de parler ici, je vais me promener avec le porte-clefs sous le cloître : chaque fois que nous passerons, elle et moi, devant le cachot, vous pourrez la contempler, pauvre tante ! et elle pourra entrevoir d'un coup d'œil, sans détourner trop la tête, tout ce qu'elle chérit ici-bas; ne lui parlez que des yeux et du geste du fond de la loge, elle ne vous parlera que par son silence ; vous aurez assez le temps de lui parler tous de la langue, si je parviens jamais à vous la rendre par la grâce de Dieu, et surtout empêchez bien le chien de japper et de s'élancer vers elle contre la grille, quand nous passerons et repasserons devant le cachot.

CCXLIV.

Ainsi fut fait, monsieur, et nous ne pûmes rien nous dire tant que nous n'entendîmes pas s'approcher sous le cloître le bruit des sandales du moine et des pas légers de Fior d'Aliza.

À ce moment, je me collai seule contre la grille, et je bus des yeux le visage de ma chère enfant. Mon Dieu! qu'elle était belle! mais qu'elle était pâle dans son costume sombre de gardien d'une prison! Ses yeux, en me regardant à la dérobée, pendant qu'elle pouvait être entrevue de nous en passant et repassant, étaient tellement voilés de larmes mal contenues, qu'on ne pouvait les voir que comme on voit une pervenche mouillée à travers les gouttes d'eau au bord de la source. Comme le cloître était bien long et que le frère Hilario marchait pesamment, à cause de son âge, nous causions, Hyeronimo, mon frère et moi, pendant la distance d'un bout du cloître à l'autre bout ; le chien même semblait s'en mêler, monsieur, et ses yeux semblaient véritablement pleurer autant que les miens, quand je regardais Fior d'Aliza ou Hyeronimo. Il n'y avait que le père qui ne pleurait pas, hélas! parce que ses yeux aveugles ne donnaient plus de larmes; mais son cœur n'en était que plus noyé!

CCXLV.

Ce que nous dîmes tous les trois, pendant ces deux heures que le père Hilario fit durer, à sa grande fatigue, le plaisir et la peine, comment pourrais-je vous le redire? Un jour n'y suffirait pas. Jugez donc ce que quatre personnes qui ne font qu'une, et qui sentent le cachot sous leurs pieds et la mort sur leur tête par le supplice prochain d'un seul d'entre eux, prêt à les tuer tous d'un seul coup, peuvent se dire!

Hyeronimo nous confessa que son bonheur, s'il

devait vivre, et son salut éternel, s'il devait mourir, tenait au refus ou au consentement que nous lui donnerions de laisser consacrer avant son dernier jour son union avec sa cousine (*sorella*, comme nous disons, nous); sachant combien sa *sorella* le chérissait de tous les amours et n'ayant pas nous-mêmes de plus cher désir que ce mariage, comment aurions-nous pu refuser au pauvre mourant?

C'était nous qui lui avions donné son idée que les époux sur la terre se retrouvaient dans le paradis! Nous lui aurions donc refusé son paradis à lui-même, si nous avions dit non, l'aveugle et moi?

Il nous bénit mille et mille fois de notre condescendance à son amour, et il nous répéta tout ce que le père Hilario lui avait appris de la condescendance de l'évêque; outre le souci qu'il avait de nous, en nous laissant dans la misère par son supplice, dans ce supplice il ne semblait redouter qu'une chose, c'est que sa mort ne fût avancée par quelque événement avant que le prêtre eût accompli sa promesse, en bénissant cette union secrète et en consacrant sa passion devant l'autel.

CCXLVI.

—Oh! pressez-le, nous disait-il les mains jointes, pressez-le de faire ce qu'il a promis pour que je vive en paix mes derniers jours, et que je n'emporte pas mon désespoir dans l'autre vie !

Nous ne répondîmes que par des larmes, et quand Fior d'Aliza revenait à passer, elles redoublaient tellement dans le cachot que nous en étions comme étouffés pendant sa promenade au fond du cloître.

La dernière fois qu'elle passa devant les barreaux, je ne pus pas me retenir, et je dis à demi-voix, de manière qu'elle m'entendît sans que les autres puissent m'entendre :

—Fior d'Aliza, que veux-tu de nous?

Elle répondit sans se retourner, comme quelqu'un qui regarde le bout de ses pieds en parlant.

—Lui, ou mourir avec lui !

Cela fut dit et, cela dit, monsieur, quand nous ressortîmes à l'heure que nous avait indiquée le père Hilario, nous la vîmes qui s'éloignait de lui en courant, pour remonter dans sa chambre avant notre sortie de la geôle. Le *bargello* et sa femme ne s'étonnèrent pas de voir nos yeux rouges, eux qui sont habitués à entendre des sanglots du cœur dans leur puits, comme nous autres à entendre le sanglotement de l'eau dans les sources.

CCXLVII.

La tante se tut.

— A toi maintenant, dit-elle à Fior d'Aliza ; il n'y a que toi qui saches ce que tu pensais pendant que nous nous reconsolions en causant ainsi, peut-être pour la dernière fois, avec notre pauvre Hyeronimo.

Voyons, parle au monsieur avec confiance ; c'est ton tour maintenant d'ouvrir ton cœur, maintenant que le jour du bonheur est proche, et de le vider de tout ce qu'il contenait de rêves et de larmes, pour n'y laisser place qu'au bonheur et à la reconnaissance que tu vas goûter pendant le reste de ta vie.

— Oh! oui, raconte-nous cela toi-même, dit l'aveugle en joignant ses deux mains sur la table ; je me le ferais bien raconter tous les soirs de ma vie sans me rassasier jamais des miséricordes du bon Dieu pour nous.

—Eh bien! dit Fior d'Aliza, je vais obéir à mon père et à ma tante, mais cela me rend toute honteuse. Comment une fille si innocente et si simple que j'étais a-t-elle bien pu avoir tant de ruse. Ah! c'est l'ange de la parenté et de l'amour; ce n'est pas moi; mais enfin voilà.

CCXLVIII.

Je ne me couchai pas, vous pensez bien, n'est-ce pas? Je me jetai tout habillée sur mon lit; je fermai les yeux et je recueillis en moi toutes mes forces dans ma tête pour inventer le moyen de nous sauver ensemble ou de le faire sauver au dernier moment, en le trompant innocemment lui-même et en mourant pour lui toute seule. Et voici ce que mon ange me dicta dans l'oreille, comme si une voix claire et divine m'eût parlé tout bas; car, encore une fois, ce n'était pas moi qui discutais avec moi-même; mes lèvres étaient fermées et la parole d'en haut me parlait sans me laisser répondre et comme si quelqu'un m'avait commandée. Je le crus du moins, et voilà pourquoi je n'essayai même pas de contredire cette voix qui portait avec elle la conviction.

Le sauver tout seul en te laissant mourir ou captive à sa place, cela ne se peut pas, disait en moi la voix céleste; tu sens bien qu'il n'y consentirait jamais, lui qui t'aime plus que sa vie et qui a risqué sa liberté et sa vie pour te venger des sbires qui t'avaient blessée et avaient cassé la patte de ton chien ! Non, il n'y faut pas penser; alors comment donc faire, car tu ne peux le faire évader qu'en le trompant lui-même?

Ici la voix s'interrompit longtemps comme quelqu'un qui cherche ; puis elle reprit :

—Oui, une fois que vous serez mariés, il faut le tromper lui-même et lui faire croire qu'il doit partir le premier, t'attendre ensuite au rendez-vous sous l'arche du pont, au pied de la montagne où tu as rencontré la noce de la fille du *bargello*, jusqu'à ce que tu viennes le rejoindre par un autre chemin un peu avant la nuit, et que vous partiez ensemble par des chemins détournés au bas de la montagne pour sortir des États de Lucques et pour atteindre avant le jour les frontières des États de Toscane, dans les Maremmes de Pise. Alors on ne vous pourra rien, et vous vous louerez tous les deux aux propriétaires d'un *podere* pour faire les moissons, lui comme coupeur, et toi comme lieuse de gerbes; ou bien lui comme bûcheron, et toi comme ramasseuse de fagots dans les sapinières du bord de la mer. Pour cela, qu'as-tu à faire? Dès demain, il faut achever de scier un barreau de fer de la lucarne derrière l'autel de la chapelle des prisonniers, de manière à ce qu'il ne tienne plus en place que par un fil, et laisser la lime à côté, pour qu'un coup ou deux de lime lui permette de le faire tomber en dehors dans le verger de la prison, et qu'à l'aide de l'égout qui ouvre dans ce verger, au pied de la lucarne, et qui traverse les fortifications de la ville, Hyeronimo se trouve hors des murs, libre dans la campagne... Et toi, pourquoi ne le suivrais-tu pas? me dit la voix, et pourquoi préfères-tu mourir à sa place, plutôt que de risquer la liberté en le suivant dans sa fuite?...

—Ah! me répondit la voix dans ma conscience, c'est que si je me sauvais derrière lui, le *bargello* et sa femme, si bons et si hospitaliers pour moi, seraient perdus, et qu'on les soupçonnerait certainement d'avoir été corrompus par nous, à prix d'argent, pour tromper la justice, et le moins qui pourrait leur arriver serait le déshonneur, la prison, et qui sait, peut-être la peine perpétuelle pour prix de leur charité pour moi, le mal pour le bien! la ruine et la prison pour un bon mouvement de leur cœur! Non! plutôt mourir que de me sauver la vie par un tel crime! Et comment jouieras-tu en paix de la liberté et de ton bonheur avec Hyeronimo, en pensant que d'autres versent autant de larmes de douleur éternelle que tu en verses de bonheur dans les bras d'Hyeronimo? Et lui-même, si juste et si bon, est-ce qu'il pourrait vivre de la mort d'autrui? Non, non, non, il aimerait mieux mourir! Ce n'est pas là ce que notre tante et notre père nous ont enseigné le soir dans la cabane, à la clarté de la lampe, dans le catéchisme; d'ailleurs sans catéchisme, le cœur, ce catéchisme intérieur, ne nous le dit-il pas?

CCXLIX.

Donc il faut le tromper pour le sauver; je lui dirai : Fuis, je t'en ai préparé les moyens pour la nuit où tu seras mis seul en chapelle et je vais te rejoindre; ce n'est pas même un mensonge, car, morte ou vivante, je le rejoindrai bientôt. Puis-je vivre sans lui? puis-je même mourir sans que mon âme vole sur ses pas et le rejoigne comme la colombe rejoint le ramier quand il meurt ou quand il émigre de la branche avant elle?

Il fut donc décidé que je le tromperais pour ne pas tromper le *bargello* et sa femme.

—Quand il sera libre, continua la voix, tu revêtiras le froc et le capuchon des pénitents noirs qu'il aura laissé tomber de la fenêtre en s'enfuyant, et tu reviendras dans son cachot, avant le jour, prendre sa place, pour que les sbires te mènent au supplice, en croyant que c'est lui qu'ils vont fusiller pour venger le capitaine; tu marcheras en silence devant eux, suivie des pénitents noirs ou blancs de toute la ville qui prieront pour toi; et quand tu seras arrivée au lieu du supplice, tu mourras en prononçant son nom, heureuse de mourir pour qu'il vive!

Voilà, monsieur, voilà exactement ce que l'ange me dit. Je ne l'aurais pas inventé, en toute ma vie, de moi-même. J'étais trop simple et trop timide, mais l'ange de l'amour conjugal en invente bien d'autres, allez! Je l'ai bien compris quand je fus sa femme!

CCL.

Après ce miracle, je m'endormis comme si une main divine avait touché ma paupière et calmé mon pauvre cœur.

Ma résolution était prise d'obéir, sans lui rien dire qu'au moment où le prince qu'on attendait dans Lucques serait arrivé, et qu'il aurait ou ratifié ou ajourné l'exécution. C'était notre dernier espoir.

Hélas! il fut trompé encore; le lendemain à mon réveil, le *bargello* me dit négligemment, comme je passais pour mon service dans le préau, que le prince venait d'écrire à son ministre qu'il ne fallait pas l'attendre et qu'il était retenu en Bohême par les chasses.

Tout fut perdu ; mes jambes me manquèrent sous moi ; mais le *bargello* ne s'aperçut pas de ma pâleur, parce qu'il ne faisait pas jour encore dans le vestibule grillé du préau. Il crut que je dormais encore à moitié, ou que le retour du prince m'était indifférent comme l'ajournement du supplice du meurtrier.

CCLI.

J'entrai dans le préau et je courus dans la loge d'Hyeronimo; le père Hilario y était déjà, il était venu lui annoncer que tout espoir de grâce était perdu par l'absence du prince qui voulait chasser le faisan en Bohême, et que le jour de la mort était fixé à trois jours de là pour le condamné ; il recevait sa dernière confession et la promesse de lui apporter le sacrement du mariage et le sacrement de l'eucharistie avec celui de l'extrême-onction, la veille de sa mort. Puis, se tournant vers moi à demi-morte :

— Je vous laisse ensemble, me dit-il; mes deux enfants, demain, avant la nuit, vous serez unis pour un jour et séparés le jour suivant pour un peu de temps ! Que l'éternité vous console du jour qui passe ! Je vais annoncer le désespoir à vos pauvres parents ! Fior d'Aliza, venez avec moi pour qu'ils ne meurent pas sous le coup; vous leur resterez, n'est-ce pas? et le souvenir d'Hyeronimo revivra pour eux en vous.

CCLII.

Je n'étais déjà plus triste, parce que je savais ce que l'ange m'avait dit la nuit, et je le suivis, avec l'autorisation du *bargello,* jusqu'à la loge sous l'escalier de son couvent voisin. Avant qu'il ouvrît la bouche, je fis un signe invisible à ma tante et je lui fis comprendre que l'exécution n'aurait peut-être pas lieu. Elle le dit tout bas à mon père sans que le père Hilario s'en aperçût; puis ils reçurent la fatale nouvelle avec la résignation apparente de ceux qui n'ont plus rien à craindre ici-bas, que la fin de tout.

Le père Hilario leur dit seulement qu'il viendrait les chercher le lendemain secrètement, avant le lever du jour, pour donner devant eux la bénédiction mortuaire et la bénédiction nuptiale à leurs enfants. Il leur enseigna en même temps de garder le silence sur l'objet de la cérémonie, de prier Dieu dans leur cœur et de se taire devant le *baryello*, pendant que lui, le père Hilario, dirait la messe des morts et que l'enfant de chœur qui servirait la messe entendrait, sans les comprendre, les paroles latines prononcées par le prêtre sur la tête des deux fiancés.

Je les embrassai tout en larmes, et je rentrai avec le père Hilario dans le guichet. Quelle journée, monsieur, que celle-ci, et comme j'aurais voulu tout à la fois en presser et en ralentir les heures! les unes pour mourir tout de suite et pour aller l'attendre dans le paradis, dont je n'aurais vu que quelques heures sur la terre, et les autres pour lui rendre la liberté et la vie, lui sacrifiant à son insu la mienne.

CCLIII.

Enfin elle passa; je n'osai pas, par mauvaise honte, m'approcher beaucoup de la loge où Hyeronimo m'attendait, sans vouloir m'appeler, la tête en ses deux mains, appuyé sur la grille du cachot, me regardant à travers les mèches de ses cheveux rabattus sur sa tête; et moi, du haut de ma fenêtre, plongeant mes regards furtifs sur sa figure immobile dans la demi-ombre de sa loge.

Je ne sentais ni la faim ni la soif, monsieur, et je dis à la femme du *bargello* que j'étais malade, pour me dispenser de m'asseoir à table avec ces braves gens. Je ne dormis pas non plus, mais je priai pendant la nuit tout entière pour que mon bon ange et ma patronne intercédassent auprès de Dieu, et pour que le jour suivant me fît sa *sposa,* et pour qu'ils me donnassent le surlendemain, jour fixé pour sa mort, la force et l'adresse de mourir pour lui.

Bien longtemps avant que le jour blanchît les montagnes de Lucques, je lavai sur mon visage la trace de mes larmes, je peignai mes blonds cheveux et je me regardai au miroir à la lueur de ma lampe, pour que ce jour-là, du moins, je fusse un peu belle pour l'amour de mon mari ; puis je mis ma chemise blanche de femme ornée d'une gorgère de dentelle sous ma veste d'homme dont je laissai passer la broderie entre les boutons de mon gilet, afin que quelque chose au moins rappelât en moi la femme et m'embellît aux yeux de mon fiancé.

Il faut compatir, ma tante, à la vanité des femmes ; même quand elles vont mourir, elles veulent, malgré tout, laisser une image d'elles avenante, dans l'œil de celui qu'elles aiment.

CCLIV.

Je descendis et je remontai trois ou quatre fois l'escalier de la tour, croyant que mes mouvements hâteraient le jour, et m'avançant jusqu'à la porte de la rue pour écouter si je n'entendais pas les pas lourds du père Hilario, et les pas légers de l'enfant de chœur faisant tinter sa sonnette dans l'ombre devant lui ;

mais rien, toujours rien, et je remontai pour redescendre encore ; la dernière fois, le père Hilario allait sonner, quand je prévins le bruit en ouvrant la porte du guichet devant lui, comme si j'avais été l'ange qu'on voit peint sur la muraille de la cathédrale de Pise et qui ouvre la porte du cachot à Pierre, en tenant un flambeau en avant, pendant que les deux gendarmes dormaient, la tête sur leur bras, sans voir et sans entendre.

Je mis mon doigt sur mes lèvres pour que le vieillard et l'enfant ne réveillassent pas le *bargello ;* vous savez que j'avais assez mérité sa confiance pour qu'il me laissât la clef du préau. Je fis entrer le prêtre et l'enfant. Nous traversâmes sans bruit la cour de la prison ; le prêtre, l'enfant de chœur et moi, nous entrâmes dans la loge d'Hyeronimo. Je marchais la dernière et je baissais la tête.

Hyeronimo était aussi tremblant que moi ; il ne me dit rien. Le père Hilario ouvrit la porte du corridor qui menait du cachot, par un couloir sombre, à la chapelle. L'enfant alluma les cierges et la messe commença. Je ne savais ce que j'entendais, tant mes oreilles me tintaient d'émotion.

Le père et ma tante assistaient seuls, dans l'ombre, muets comme deux statues de pierre sculptée, contre un pilier de la cathédrale ; ils étaient entrés en même temps que nous, par la porte extérieure de la chapelle donnant sur la cour. Je les voyais sans les voir. Hyeronimo regarda sa mère, et le père pleurait sans nous voir. Après l'élévation, le prêtre nous fit approcher, et déployant sur nos deux têtes un voile noir, que l'enfant de chœur prit pour un linceul du condamné, il nous glissa à chacun un anneau dans la main et nous bénit en cachant ses larmes.

—Aimez-vous sur la terre, mes pauvres enfants, nous dit-il tout bas, pour vous aimer à jamais dans le paradis ; je vous unis pour l'éternité.

Hyeronimo trembla de tous ses membres, se leva, s'appuya à la muraille et retomba à genoux. L'enfant croyait qu'il tremblait de sa mort prochaine et se mit lui-même à sangloter. Le père Hilario se hâta de dépouiller ses habits de prêtre et m'entraîna avec lui hors de la cour avant que personne fût debout dans la prison ; je lui ouvris la porte de la rue.

Je remontai doucement dans ma tourelle, et je tombai à genoux, au pied de mon lit, pour remercier Dieu de la plus grande de ses grâces de vivre un jour la *sposa* d'Hyeronimo et de mourir le second jour pour lui avec la confiance de lui préparer son lit nuptial dans le paradis.

CCLV.

De tout le jour, monsieur, je ne sortis pas de ma tour. Le *piccinino* fit tout seul le service des prisonniers. Il porta à manger au meurtrier, mais le meurtrier, à ce qu'il me dit, ne toucha pas à ce qu'on lui avait préparé pour son repas de mort ou de noce; il était muet déjà comme la tombe. Les frères pénitents vinrent plusieurs fois dans la soirée réciter les prières des agonisants pour lui dans la cour; la dernière fois, ils ouvrirent la porte et lui dirent que la religion avait des pardons pour tout le monde, et que, s'il voulait se repentir et mourir en bon chrétien, il n'avait qu'à emprunter le lendemain l'habit de la confrérie pour marcher au supplice, où tous les pénitents noirs l'accompagneraient en priant pour son âme.

Cette robe, qu'on mettait par-dessus ses habits, ressemblait à un linceul qui cachait les pieds et les mains en traînant jusqu'à terre ; en abattant son capuchon percé de deux trous à la place des yeux, on voilait entièrement son visage.

Hyeronimo, à qui j'avais fait la leçon, parce que la femme du *bargello* m'avait raconté cette coutume, accepta l'habit et le déposa sur son lit pour le revêtir le lendemain, et remercia bien les frères de la Sainte-Mort. Il resta seul, et le jour s'éteignit dans la cour. Je m'y glissai sans rien dire avant le moment où le *bargello* allait la fermer.

Il crut que la faiblesse de mon âge me rendait trop pénible, ce soir-là, la vue d'un homme qui devait mourir le lendemain et dont on entendait déjà l'agonie tinter dans tous les clochers de Lucques et même aux villages voisins. Quant à lui et à sa femme, ils ne se couchèrent seulement pas, les braves gens, mais ils se relayèrent toute la nuit derrière la porte du préau, pour dire en pleurant les psaumes de la pénitence. Que Dieu le leur rende à leur dernier jour, ils ont bien prié, et pour moi sans le savoir ! Mais nous sommes dans un monde où rien n'est perdu, n'est-ce pas, ma tante ?

CCLVI.

Moi, cependant, j'avais promis à Hyeronimo de revenir passer avec lui la dernière nuit, sans crainte d'être découverte, puisque je ne devais plus le quitter qu'après qu'il serait sauvé et me dévoiler qu'après être morte à sa place.

En disant cela, ses yeux tombèrent involontairement sur le berceau du charmant enfant que son pied balançait avec distraction sur le plancher et qui dormait en souriant aux anges, comme on dit dans le patois de Lucques.

—A peine me fus-je glissée furtivement dans la loge, qu'il éteignit du souffle la lampe, que tout resta plongé dans la nuit.

Nous nous assîmes sur le bord de son lit, la main dans la main, puis il m'embrassa pour la première fois, sans que je fisse de résistance, et la nuit de nos noces commença par ces mots cachés au fond du cœur, qu'on ne dit qu'une fois et qu'on se rappelle toute sa vie.

Nuit terrible, où toutes nos larmes étaient séchées par nos baisers, et tous nos baisers interrompus par nos larmes. Ah! qui vit jamais comme moi l'amour et la mort se confondre et s'entremêler tellement, que l'amour luttait avec la mort et que la mort était vaincue par l'amour. Ah! Dieu me préserve de m'en souvenir seulement! Je croirais la profaner en y pensant; c'est comme une apparition qui reste, dit-on, dans les yeux, mais que le cœur ne confie jamais aux lèvres!

. . . .
. . . .

CCLVII.

—Hyeronimo, lui disais-je, lève-toi; c'est la pointe du jour qui éclaire déjà les barreaux.

—Non, disait-il; il nous reste assez de temps pour fuir avec toi. Ne perdons pas une minute de ce ciel ensemble, qui sait si nous le retrouverons jamais.

—Va, fuis! reprenais-je, ou ton amour va te coûter la vie.

—Non, répétait-il, non, ce n'est pas le jour encore; c'est le reflet de la lune qui éclaire la première ou la dernière heure de la nuit.

Elle se passa ainsi; mais enfin nous entendîmes quatre coups du marteau de l'horloge du couvent voisin sonner les matines. Il me laissa toute baignée de larmes sur la paille qui nous servait de couche, et, s'échappant comme une ombre de mes bras, il courut à la chapelle avant que je pusse l'embrasser encore, et montant jusqu'à la hauteur du barreau de la lucarne scié par moi :

—Adieu, me dit-il tout bas, j'ai assez vécu, puisque vivant ou mort nous sommes époux.

A retrouver sous le pont du Cerchio, me dit-il tout bas, en se laissant glisser de la fenêtre dans l'égout du jardin.

—A retrouver dans le paradis, me dis-je en moi-même, sans regretter seulement la vie.

CCLVIII.

Rentrée par le corridor de la chapelle dans le cachot, je me hâtai de quitter ma veste d'homme et de me revêtir sur ma chemise seule de l'habit de pénitent noir, dont le capuchon rabattu sur mon visage me dérobait à tous les regards.

Je revins ensuite à la chapelle, je rétablis vite le barreau de la fenêtre à sa place, pour qu'on ne s'aperçût pas qu'il avait été déplacé; puis je me mis à genoux la tête entre mes mains devant l'autel, comme un mourant qui a passé la nuit dans les larmes en pensant à ses péchés.

Hélas! je ne pensais qu'à la nuit de larmes que je venais de finir avec Hyeronimo, et à peine à la mort que j'allais subir pour lui et pour le brave *bargello*, afin que les innocents ne payassent pas pour le coupable. J'entendais déjà derrière moi la foule des pénitents noirs et blancs et les frères de la Sainte-Mort qui se pressaient derrière la grille de la chapelle, et qui murmuraient à demi-voix les prières des agonisants.

Le *bargello* et sa femme étaient là pleurant ; ils ne s'étonnaient pas de mon absence, pensant que ma jeunesse et ma pitié pour le prisonnier me retenaient dans ma tour; ne voulant pas me condamner si jeune à un tel spectacle, au contraire, ils bénissaient le bon Dieu.

CCLIX.

Les sbires entrèrent. Les cloches de tous les clochers retentirent. Je me sentais toute froide, mais ferme encore sur mes jambes; je me remis dans leurs mains comme un agneau qu'on mène à la boucherie; ils me firent sortir au milieu des sanglots du *piccinino*, du *bargello* et de sa femme; je leur serrai la main comme pour les remercier de leur service et de leur douleur.

Les rudes mains des sbires me séparèrent violemment et me poussèrent dans la rue. Elle était pleine de monde en deuil que les cloches, annonçant le supplice, et la prière des morts, avaient réveillé et rassemblé dès le matin; un cordon de sbires les tenait à distance; les pénitents, en longues files, m'entouraient et me suivaient : un petit enfant, à côté du père Hilario, marchait devant moi et tendait une bourse aux spectateurs, pour les parents du meurtrier.

On marchait lentement, à cause du vieux moine mon confesseur, qui me faisait des exhortations à l'oreille que je n'entendais pas, et qui s'arrêtait de moment en moment pour me faire baiser le crucifix. Je promenais, du fond de mon capuchon, mes yeux sur cette foule, ne craignant qu'une chose, d'y rencontrer mon père aveugle et ma tante, et de me trahir en tombant d'émotion devant eux, avant d'être arrivée à la place de l'exécution.

Mais je ne vis rien que les visages irrités des sbires et les visages attendris et pieux de la foule. Plus nous approchions et plus elle était épaisse. En passant sur la grande place, devant la façade du palais du duc, voisin des remparts où j'allais mourir, je vis une femme, une belle femme, qui tenait un mouchoir sur ses yeux, agenouillée sur son balcon, et qui rentra précipitamment dans l'ombre de son palais, comme pour ne pas voir le meurtrier pour lequel elle priait Dieu. Mais, en l'absence de son mari, elle n'avait pas le droit de faire grâce!

CCLX.

On me fit monter précipitamment les marches qui conduisaient au rempart, et on me plaça seule avec le père Hilario et le bourreau contre le parapet du Cerchio, afin que les balles qui m'auraient frappée n'allassent pas tuer un innocent hors des murs, de l'autre côté du fleuve. Un peloton d'une douzaine de sbires, commandés par un officier et armés de leurs carabines, chargèrent leurs armes devant moi, et se rangèrent, leur fusil en joue, pour attendre le commandement de tirer.

Eh bien! monsieur, dans ce silence de tout un peuple qui retient son haleine en attendant la voix qui doit commander la mort d'un homme, vous me croirez si vous voulez, mais je ne crois pas avoir pâli, la joie de l'idée qu'en mourant je mourais pour lui me possédait seule, et j'attendais le commandement du feu avec plus d'impatience que de peur!

—Soldats! s'écria d'une voix de commandement l'officier, préparez vos armes!

Les soldats me mirent en joue; à ce moment, le bourreau, qui était derrière moi, un peu à l'abri par un angle du mur, se jeta tout à coup sur moi, et, m'arrachant d'une main rapide et violente le capuchon et la robe de pénitent jusqu'à la ceinture, me découvrit presque nue aux yeux des soldats et de la foule. Ma chemise entr'ouverte laissa mon sein à demi-nu, et mes cheveux, dont le cordon avait été détaché par le geste du bourreau, roulèrent sur mes épaules.

Je crus que j'allais mourir de honte en me voyant ainsi demi-nue devant cette bande de soldats étonnés; ils restaient suspendus comme devant un miracle, car mes mains liées derrière le dos m'empêchaient de recouvrir ma poitrine et mon visage.

Ah! mon Dieu, la mort n'est pas si terrible que ce que je souffris dans cette minute! Un silence de stupeur empêchait de respirer toute la foule.

CCLXI.

Un cri partit en ce moment du côté de l'escalier qui menait au rempart. Un homme s'élança en fendant le rang des soldats. Arrêtez! arrêtez! c'est moi! et il tomba inanimé à mes pieds; le ciel s'obscurcit, la tête me tourna et je me sentis évanouir dans les bras de mon époux. Nous mourûmes tous deux sans nous sentir mourir !

C'était Hyeronimo qui, entendant les cloches du supplice, et en ne me voyant pas arriver sur ses pas sous l'arche du pont, s'était défié enfin de quelque chose, était rentré dans Lucques, avait volé à la porte de la prison, et, apprenant là par le *piccinino* que les sbires me menaient mourir à sa place, avait volé comme le vent sur mes traces, et venait réclamer à grands cris son droit de mort, s'il était encore temps.

Depuis ce moment, je ne vis plus rien, j'étais dans un autre monde. Quand je m'éveillai, j'étais dans un vrai paradis, au milieu d'un appartement tout d'or, de peintures, de glaces et de statues, qui toutes semblaient me regarder, entourée des belles suivantes de la duchesse, qui me faisaient respirer un flacon d'odeur délicieuse, et en présence d'une jeune et admirablement belle femme qui pleurait d'attendrissement près de mon chevet.

Cette belle femme, comme je l'ai su depuis, c'était la duchesse de Lucques elle-même, la souveraine, et bien la souveraine en vérité, de beauté, de bonté et de pitié pour ses sujets. Mais que puis-je vous dire? J'étais vivante, mais j'étais comme dans un rêve. On dit qu'elle m'interrogea, que je lui répondis, qu'elle fut attendrie, qu'elle envoya d'urgence un ordre, non pas de faire grâce, mais de suspendre l'exécution jusqu'au retour de son mari et de ramener Hyeronimo comme meurtrier dans son cachot.

CCLXXII.

Pour moi, elle me confia à la grande maîtresse du palais, pour qu'elle me fît recevoir au couvent des

Madeleines à Lucques, jusqu'au jour où mon père et ma tante viendraient m'y chercher pour me conduire au châtaignier.

Ah! que de bénédictions nous lui donnâmes, quand ce jour fut arrivé et quand la femme du *bargello*, sauvée de tous soupçons par ma ruse, revint avec eux me reprendre, huit jours après au couvent, pour rentrer ensemble dans notre demeure. Le petit Zampogna, joyeux comme nous, marchait plus vite qu'à l'ordinaire en remontant la montagne, comme s'il avait l'espoir d'y retrouver aussi son jeune maître Hyeronimo.

CCLXIII.

Hélas! il n'y était pas, il dut rester tout seul maintenant dans son cachot, les fers aux pieds et aux mains, pendant environ six semaines, jusqu'à ce que les chasses impériales en Bohême fussent closes, et que le duc fût rentré dans ses États pour écouter le rapport de son ministre sur l'affaire; elle préoccupait tellement tout le duché depuis que les sbires avaient été sur le point de fusiller une jeune *sposa* pour son amant, qu'on ne parlait plus d'autre chose.

Pendant ce temps, le père Hilario avait réussi à prouver au docteur Bernabo, la scélératesse de Calamayo pour favoriser le libertinage du capitaine des sbires, et la fausseté des pièces qu'il avait inventées pour nous dépouiller de nos pauvres biens pièce à pièce. Cela parut louche au prince et à ses conseillers, et on décida, qu'en attendant de plus amples renseignements sur le meurtre provoqué du capitaine, que mon père et ma tante rentreraient dans la propriété de la maison, de la vigne et du châtaignier, et que la peine de mort d'Hyeronimo serait convertie (encore était-ce pour ne pas démentir les sbires), en deux ans de galères. Or, comme l'État de Lucques n'avait pas de marine, un traité avec la Toscane obligeait l'État toscan à recevoir les condamnés de Lucques dans les galères de Livourne.

Le père Hilario nous informait toutes les semaines, en remontant au monastère, de toutes ces circonstances. Que de grâces nous rendîmes à la Providence, quand il nous apprit la commutation de peine !

—Celui-là que je portais dans mon sein, s'écria-t-elle en étendant sa belle main gauche sur le berceau, allait donc avoir un père!

Elle ramena le coin de son tablier sur ses yeux pour les essuyer, et elle se tut.

—Hélas! oui, me dit la tante; elle était enceinte, la pauvre enfant, enceinte d'une nuit de larmes.

Ils se turent tous, et Fior d'Aliza, sans rabaisser son tablier, se leva de table et alla derrière la porte donner le sein à son enfant.

CCLXIV.

—Et maintenant, monsieur, reprit la tante en filant sa quenouille, je vais vous dire comment cela se passa, grâce à la Providence et à la bonne duchesse. Elle ne se doutait pas que Fior d'Aliza portait dans son sein un gage d'amour et d'agonie, mais l'amour est plus fort que la mort, écrit le livre qui est là sur la fenêtre, dit-elle en montrant l'*Imitation de Jésus-Christ*; elle savait seulement par l'évêque et par les moines que Fior d'Aliza avait été mariée et qu'elle ne consentirait jamais à laisser son mari se consumer seul dans la honte et dans la peine à Livourne, sans aller lui porter les consolations que la loi italienne autorise les femmes à porter à leur mari captif à la grille de leur cabanon ou dans les rigueurs de leurs chaînes, au milieu de leurs rudes travaux.

Elle craignit pour elle à cause de sa jeunesse et de son extrême beauté qui nous avait déjà fait tant de mal, les dangers et les propos des mauvaises gens qui hantent les grandes villes; elle lui envoya par le père Hilario une lettre de recommandation pour la supérieure des sœurs de charité de Saint-Pierre aux Liens, couvent de Livourne. Ces saintes femmes s'occupent spécialement de la guérison des galériens dans leurs maladies. Elle lui demandait de permettre que la pauvre montagnarde eût un asile dans sa maison pendant la nuit pour y recueillir sa misère, en lui permettant d'en sortir le jour pour voir son mari meurtrier condamné à mort, gracié et commué en deux ans de peine, enchaîné dans les galères du port de Livourne.

CCLXV.

Mais la voilà qui rentre et qui va finir elle-même le récit.

Fior d'Aliza reprit la place qu'elle avait laissée, et continua en regardant sa tante.

— Je partis à pied avec cette lettre, et en promettant à mon père et à ma tante de revenir ainsi de Livourne tous les samedis pour leur rapporter tout ce qui serait nécessaire à leur vie, et pour passer avec eux le dimanche à la cabane, seul jour de la semaine où les galériens ne sortent pas pour travailler dans le port ou pour balayer les grandes rues de Livourne.

Ah! que de larmes nous versâmes en nous séparant au pied de la montagne! N'est-ce pas, ma tante et mon père? Mais enfin ce n'étaient plus des larmes mortelles, et nous avions l'espoir de nous revoir toutes les semaines, et de ramener enfin Hyeronimo libre et heureux auprès de nous.

CCLXVI.

Je marchai du lever du soleil jusqu'à son coucher, mon *mezaro* rabattu et refermé sur mon visage pour que les passants ne m'embarrassent pas de leurs rires et de leurs mauvais propos sur la route, pensant en eux-mêmes, en me voyant si jeune et si seule, que j'étais une de ces filles mal famées de Lucques qui vont chercher à Pise et à Livourne les bonnes fortunes de leurs charmes, auprès des matelots étrangers.

Il était nuit quand j'arrivai à la ville, je me glissai à travers la porte à la faveur d'un groupe de familles connues des gardes de la douane qui rentraient, avant les portes fermées, dans la ville, sans être vue au visage, ni fouillée, ni interrogée ; j'en rendis grâce à la Madone dont la statue dans une niche, sous la voûte de la porte, était éclairée par une petite lampe.

Je demandai un peu plus loin l'adresse de la supérieure des religieuses qui soignaient les galériens. On me prit pour la sœur d'un galérien et on me l'indiqua avec bonté. Je sonnai : la sœur portière ne voulait pas m'ouvrir si tard; mais, à la vue de mon visage innocent, qu'elle entrevit à travers mon *mezaro*, quand je fus obligée de l'écarter pour chercher la lettre de la duchesse, elle me fit entrer et porta la lettre à sa supérieure.

CCLXVII.

La supérieure était une femme âgée et sévère, qui, après avoir lu la lettre, descendit au parloir pour me voir et m'interroger. Quand elle m'eut regardée un moment et interrogée sur mon état de grossesse, qui rendait ma présence au couvent suspecte et inconvenante, sa figure se rembrunit :

—Non, dit-elle, mon enfant, la duchesse n'y a pas pensé! Nous ne pouvons vous recevoir dans une sainte maison comme la nôtre; le monde est si méchant! et il en gloserait à la honte de la religion. Mais, pour répondre autant qu'il est en nous à la protection de la duchesse, voici, me dit-elle en me montrant du geste un hangar dans la cour, un lieu à la fois ouvert et renfermé le soir dans notre enceinte. Les gros chiens du couvent, qui sont bons, sont enchaînés le jour et rôdent la nuit pour nous protéger; on le nettoiera, on le garnira d'un lit et d'une paille propre et fraîche, on y mettra une porte, et vous pourrez vous y retirer tous les soirs, pourvu que vous soyez rentrée avant l'*Ave Maria*, et que vous n'en sortiez qu'après l'*Ave Maria* du matin ; j'aurai soin que la sœur portière vous y porte tous les jours la soupe des galériens malades, et tous les soirs un pain blanc avec les haricots à l'huile et les olives de leur souper. J'irai moi-même vous visiter souvent dans cette cahute et vous porter les consolations et les encouragements que votre figure honnête commence à m'inspirer. Vous pourrez même entendre notre messe de la porte de la chapelle, ici à gauche, par la lucarne des serviteurs du monastère.

CCLXVIII.

Cela dit, elle parut s'attendrir, elle m'embrassa,

elle essuya mon front tout trempé de la sueur du chemin avec mon *mezaro*, et chargea la sœur portière de faire enchaîner les chiens, pour qu'ils ne me mordissent pas pendant cette première nuit en voyant une étrangère.

Mais l'ordre était superflu; c'était un gros chien et une chienne qui n'étaient pas du tout méchants ils parurent tout de suite comprendre que je n'étais pas plus méchante qu'eux; ils flairèrent, sans gronder seulement, mes pieds nus, et en léchèrent la poussière, tellement que je priai la portière de ne pas les enchaîner, mais de me les laisser pour compagnie dans la nuit.

Cela fut ainsi; je m'étendis tout habillée sur la paille, je m'endormis comme une marmotte des hautes montagnes que j'avais, quand j'étais petite, au châtaignier, qu'Hyeronimo avait apprivoisée et qui ne s'éveillait qu'au printemps.

CCLXIX.

Le lendemain, il n'était pas jour encore que je

me revêtis de mon costume de la prison de Lucques pour aller à Livourne voir mon pauvre Hyeronimo. J'avais apporté sa zampogne, afin qu'on me prît pour un *zampognero* des Maremmes, qui viennent jouer dans les rues de Livourne pour consoler les pauvres galériens. Les sentinelles me laissèrent librement passer la grille de l'arsenal et entrer dans la cour intérieure des galériens.

On ne leur refuse pas chez nous, monsieur, en Italie, l'innocent plaisir d'écouter les airs de leurs montagnes, et de causer, tout le temps qu'ils ne travaillent pas, librement avec leurs parents, leur femme, leur fiancée, s'ils en ont, à travers les barreaux de fer de leurs cages qui prennent jour sur leurs cours, ni même de s'entrelacer leurs doigts dans les doigts de celles qu'ils aimaient pendant qu'ils étaient libres.

Il dormait encore; je m'étendis sur les dalles de la cour, sous le rebord de sa loge, qu'on m'avait indiquée en entrant, et je jouai l'air que nous avions inventé ensemble, au gros châtaignier, avant notre malheur. J'entendis un bruit; il bondit de sa couche et s'élança vers les barreaux.

—Fior d'Aliza, est-ce toi? s'écria-t-il.

La zampogne m'échappa des mains, et sa bouche fut sur ma joue.

CCLXX.

Ce que nous dîmes, monsieur, et ce que nous ne dîmes pas, je n'en sais rien; le vent même ne le pourrait pas dire, car il n'aurait pu passer entre ma bouche et la sienne. Nous restâmes une partie de la matinée à parler tout bas ou à nous taire en nous regardant. Je lui demandai pardon de l'avoir voulu tromper, et je lui promis de ne pas le quitter, excepté la nuit, pour l'aider à porter ses chaînes.

Les autres galériens, punis pour des fautes légères, avaient horreur de s'approcher de lui. Les sbires de Lucques, dont il passait pour avoir tué le chef par trahison, l'avaient recommandé aux sbires des galériens comme un monstre de méchanceté. De sorte que ses compagnons, par flatterie pour les gardiens, affectaient la répugnance et l'horreur pour lui, afin de se faire bien venir d'eux.

CCLXXI.

Les samedis de tous les mois, j'allais, comme je l'avais promis à mon père et à ma tante, au châtaignier leur porter des nouvelles de leur enfant, et lui rapporter des châtaignes, et leur porter à eux la nourriture et les petites gouttes de rosolio que j'avais gagnées pour Hyeronimo et pour eux, et je revenais la nuit, sans peur et sans honte, à Livourne, passer la journée dans la cour, auprès de la loge de mon *sposo*, l'écoutant gémir de la fièvre, et veillant quand il dormait.

Que de mois, monsieur, nous passâmes ainsi : lui, toujours plus languissant, moi, toujours vaillante !

Un soir, cependant, le chagrin me saisit tellement dans la nuit, que les douleurs me prirent. La concierge du couvent alla chercher la sage-femme; mais quand elle arriva j'avais déjà un bel enfant sur mon sein. Le même soir je me levai et je le portai embrasser à son père. Huit jours après, je le portai à mon père et à ma tante. Ah! quelle joie ce fut dans la maison! Le père Hilario le baptisa et lui donna le nom de Beppo, qui veut dire « joie dans les larmes. »

De ce jour, j'eus deux soucis au lieu d'un, et je l'emportai partout avec moi pour le faire sourire à son père en le tenant sur le rebord extérieur de la loge; quelquefois même il passait ses petites mains à travers la grille et jouait avec les chaînes d'Hyeronimo; je l'endormais, je l'allaitais, je riais avec lui.

Cela ranimait le pauvre Hyeronimo; il le regardait, il me regardait, il revenait à la santé en jouissant de notre vue. J'avais oublié nos malheurs, et quand je jouais dans la rue de la zampogne, l'enfant paraissait écouter la musique, et les jeunes mères s'arrêtaient pour le contempler et pour m'entendre.

CCLXXII.

Enfin, monsieur, nos deux figures amenaient trop de foule dans la rue, et la supérieure me fit venir pour me dire que l'enfant et moi nous étions trop beaux à présent pour rester plus longtemps à Livourne, que cela pourrait donner lieu à de nouveaux bruits, bien qu'il n'y eût rien à me reprocher que l'enfant, dont tout le monde ne connaissait pas l'origine; que Hyeronimo n'avait plus que six semaines pour achever sa peine, après quoi il pourrait revenir en liberté rejoindre, dans notre montagne, sa femme, son fils, sa mère et son oncle, et qu'il convenait que je disparusse immédiatement de Livourne, où ma jeunesse et ma figure faisaient trop de bruit et de scandale.

Je la remerciai de ses bontés, j'embrassai les deux chiens, mes fidèles gardiens à la cour; je dis adieu en pleurant à Hyeronimo, et je partis en sanglotant, avant le soir, pour la cabane, avec mon enfant sur le dos; je laissai ma zampogne à Hyeronimo pour le délasser de mon absence. Il y a justement demain six semaines qu'il doit être libre des galères; peut-être, monsieur, le voilà qui débouche sur le pont de Lucques où j'ai tant pleuré un jour.

Elle prêta l'oreille du côté du pont.

CCLXXIII.

Après être restée un moment l'oreille tendue du côté du pont, comme si elle devinait le pas de son amant et de son époux, un faible grincement de zampogne se confondit avec le vent, semblable au bourdonnement d'un moucheron, le soir, au soleil couchant, s'éteignit, se reprit, se grossit, et finissant par ne plus laisser de doute, monta rapidement par la montagne et finit par remplir l'oreille de Fior d'Aliza.

—Ah! c'est lui, j'ai reconnu l'air, s'écria-t-elle, et, pâlissant comme si elle allait tomber à terre, ramassant l'enfant dans le becreau, elle le prit dans son sein, l'embrassa, et, s'échappant avec lui vers la porte, courut avec la rapidité de la pierre lancée de haut, au-devant d'Hyeronimo!...

Nous la perdîmes de vue en un clin d'œil, et je restai seul avec les vieillards.

. . . .
. . . .

J'aurais voulu assister à cette scène de retour et

de l'amour dans cette solitude ; puis, je réfléchis que le bonheur suprême a ses mystères comme les extrêmes douleurs que rien ne doit profaner à de tels moments et à de tels retours que l'œil de Dieu ; que je gênerais involontairement, malgré moi, l'échange de sentiments et de pensées qui allaient précipiter ce beau jeune homme des bras de sa *sposa* aux bras de son oncle et de sa mère dans des paroles et dans des silences que ma présence intimiderait et qui ne retrouveraient plus jamais l'occasion de se rencontrer dans la vie.

Je fis un signe à mon chien et nous disparûmes.

CCLXXIV.

Je remontai seul encore au grand châtaignier ; les dernières feuilles tombaient humides sous le beau vent d'équinoxe qui résonnait par bouffées dans la montagne, comme l'orgue de la Toussaint dans la cathédrale des couvents lointains.

Fior d'Aliza jouait avec son enfant sous le rayon du soleil qui tombait de l'arbre dépouillé, à travers les rameaux. Le père et la tante écorçaient les châtaignes que les premières gelées avaient fait fendre sous les feuilles jaunies, et l'heureux Hyeronimo relevait avec de la terre légèrement mouillée le bourrelet de glaise durcie que l'été avait desséché sur le coup de hache des bûcherons, quand il avait donné sa vie pour la vie de l'arbre.

Le bonheur était incrusté sur toutes les figures, comme si aucun accident de la vie ne pouvait jamais l'altérer. Seulement le père Hilario ne pouvait plus sortir du couvent à cause de ses infirmités croissantes, et la reconnaissante famille lui préparait un panier de châtaignes choisies, que Hyeronimo et Fior d'Aliza devaient lui porter, le lendemain, au monastère, en souvenir du salut qu'ils lui devaient.

CCLXXV.

J'entrai avec eux dans leur cabane; tout y était propre, vivant, joyeux, même le petit chien à trois pattes qui me reconnut et me fit fête, parce qu'il se souvenait de m'avoir vu le soir du retour de son jeune maître. Les caresses de ce pauvre animal m'attestèrent une fois de plus combien il prend part aux douleurs et aux joies de l'homme.

Je me rafraîchis avec eux. Jamais Fior d'Aliza n'avait été plus belle; elle portait son enfant comme une vierge de Raphaël, ignorant comment ce fruit d'innocence lui était venu dans une nuit de mort! Elle le regardait sans cesse comme pour voir si c'était un miracle ou un vrai enfant des hommes; puis, reconnaissant dans ses yeux la couleur des siens, et sur ses lèvres le rire gai et tendre d'Hyeronimo, elle le rapprochait de son visage et le baisait avec cette sorte d'ivresse que l'enfant à la mamelle donne à sa mère.

—Que le bon Dieu bénisse à jamais cet arbre, cette maison et cette famille, dis-je tout bas en me retirant; ils sont heureux, et que leur bonheur se perpétue d'âge en âge et de génération en génération!

FIN.

www.ingramcontent.com/pod-product-compliance
Lightning Source LLC
Chambersburg PA
CBHW050606230426
43670CB00009B/1290